常州大学学术著作出版基金资助

法律与政策关系的多元镜像研究

王　峰　著

·南京·

图书在版编目(CIP)数据

法律与政策关系的多元镜像研究 / 王峰著. —南京：东南大学出版社，2023.11
ISBN 978-7-5766-0987-5

Ⅰ.①法… Ⅱ.①王… Ⅲ.①法律—政策—研究 Ⅳ.①D9

中国国家版本馆 CIP 数据核字(2023)第 224742 号

责任编辑：陈　佳　责任校对：咸玉芳　封面设计：王　玥　责任印制：周荣虎

法律与政策关系的多元镜像研究
Falü yu Zhengce Guanxi de Duoyuan Jingxiang Yanjiu

著　　者	王　峰
出版发行	东南大学出版社
出 版 人	白云飞
社　　址	南京市四牌楼 2 号　邮编：210096
网　　址	http://www.seupress.com
电子邮箱	press@seupress.com
经　　销	全国各地新华书店
印　　刷	广东虎彩云印刷有限公司
开　　本	700 mm×1000 mm　1/16
印　　张	17
字　　数	289 千字
版　　次	2023 年 11 月第 1 版
印　　次	2023 年 11 月第 1 次印刷
书　　号	ISBN 978-7-5766-0987-5
定　　价	68.00 元

本社图书若有印装质量问题，请直接与营销部联系。电话(传真)：025-83791830

目 录

导论 ………………………………………………………………… 1
  法律与政策 ……………………………………………………… 1
  理论与语境 ……………………………………………………… 2
  内容安排 ………………………………………………………… 5

上篇　法律与政策的理论镜像

第一章　政策定向法理学及其理论镜像 ………………………… 13
  一、法律的政策科学研究：政策定向法理学的构建目标 ……… 14
  二、作为权威决策的法律：政策定向法理学的主题 …………… 17
  三、作为描述社会过程的方式：政策定向法理学的方法 ……… 22
  四、"法律与政策的理论镜像"：政策定向法理学的意义与价值 … 28
  五、结语："法律、政策与科学"问题的封闭与开放 …………… 36

第二章　法律过程理论里的司法权能观 ………………………… 37
  一、过程法理学的问题与立场 …………………………………… 38
  二、司法权能的概念内涵 ………………………………………… 40

  三、作为程序性思维的司法权能 ……………………………… 48
  四、结语：司法权能概念与法治中国实践 …………………… 55

第三章 批判法学中的法律政治一体论 ……………………………… 58
  一、司法决策中的政治 …………………………………………… 60
  二、社会性建构的政治 …………………………………………… 64
  三、法律的政治意义之迷思 ……………………………………… 71

第四章 韦伯的合法性概念与法律政策分析 ……………………… 80
  一、韦伯的合法性概念 …………………………………………… 81
  二、形式合理的法律与合法性的最高形式 …………………… 86
  三、韦伯合法性概念的检视 ……………………………………… 95
  四、政策分析视野里的合法性概念 …………………………… 101

下编　法治中国语境里的法律与政策问题

第五章 能动司法政策的歧义性问题及其解决 …………………… 107
  一、何谓能动司法政策的歧义性问题 ………………………… 107
  二、能动司法政策的目标交错：专业化的或混合职能的司法
    权属问题之分辨 …………………………………………… 111
  三、能动司法政策的价值两难：实质正义的或形式正义的司法
    价值问题之检讨 …………………………………………… 114
  四、能动司法政策的实践可能：裁判公正的或政治正确的司法
    可行性问题之解决 ………………………………………… 116
  五、非总结意义上的结束语 …………………………………… 121

第六章 司法的公共政策创制功能 ………………………………… 123
  一、司法创制公共政策的过程分析 …………………………… 125
  二、司法创制公共政策的正义考量 …………………………… 130
  三、司法创制公共政策的理论难题 …………………………… 137

四、结语:迈向司法政策制定的过程分析 …………………………… 145

第七章 "合乎自然"司法观的转换性创造 ………………………………… 147
　　一、"合乎自然的司法"之价值共识 ……………………………………… 151
　　二、"合乎自然的司法"之理论核心:"整体性的法律观" …………… 160
　　三、"合乎自然的司法"之哲学根据:"一元论" ……………………… 166
　　四、结语:中国司法观念的转换性创造 ………………………………… 168

第八章 大数据时代司法中的"可操作性政策" ………………………… 171
　　一、"可操作性政策"及其适用方法 …………………………………… 173
　　二、"可操作性政策"适用的价值与风险 ……………………………… 178
　　三、大数据时代"可操作性政策"的适用原则 ………………………… 184
　　四、结语 ……………………………………………………………………… 189

第九章 当代中国"指导性案例"的概念考察 …………………………… 191
　　一、制度实践与观念混淆:判例概念的辨析 ………………………… 192
　　二、两种法律规则概念:判例在内容上的差异 ……………………… 195
　　三、司法者与立法者:适用判例在思维方式上的分殊 ……………… 199
　　四、中国法上的一种创制:指导性案例 ………………………………… 203
　　五、结语:对指导性案例的一种期许 …………………………………… 206

第十章 当代中国司法政策变迁的历时性考察 ………………………… 208
　　一、作为一项公共政策的司法政策 ……………………………………… 209
　　二、新中国"司法政策范式"的变迁 …………………………………… 213
　　三、"司法政策范式"的完整问题域 …………………………………… 225

第十一章 中国司法改革进程中的制度变迁 …………………………… 229
　　一、社会转型:中国司法改革的基本处境 ……………………………… 231
　　二、政治正确性:中国司法改革的嵌入性结构 ………………………… 236
　　三、技术性治理:中国司法改革的行动策略 …………………………… 243
　　四、简短的结论 ……………………………………………………………… 253

第十二章 中国司法治理中的"善治"维度 ……………………… 255
    一、司法治理的概念缘起 ……………………………………… 255
    二、司法治理的"善治"内涵 …………………………………… 257
    三、司法治理的"善治"原则 …………………………………… 260
    四、司法治理之"善治"化的变革策略 ………………………… 264

导 论

法律与政策

一般而言,政策是一种法律渊源。这种渊源的性质对法律目的的实现、实现方式以及实现程度有着重要影响。本书的任务是探讨法律与政策的关系,关注它们是如何相互作用的,又构成了怎样的多元理论镜像等。为此,笔者首先从美国法理学中选取了几个例子,这些例子集中反映了法理学中处理法律与政策之关系的几种不同的理论进路,它们分别是:拉斯韦尔(Harold D. Lasswell)和麦克道格尔(Myres S. McDougal)的"政策定向法理学"(Policy-oriented Jurisprudence)、哈特(H. Hart)和萨克斯(A. Sacks)的"法律过程理论"(Legal Process Theory)以及肯尼迪(D. Kennedy)、昂格尔(R. Unger)等人的"批判法学研究"(Critical Legal Studies)。每一种理论进路恰好对法律与政策的关系持有不同的观点。简略地说,拉斯韦尔和麦克道格尔通过"政策科学"的方法,将法律理解为"一个权威的和控制的决策过程",并且他们解释了"所谓法律中立曾经是、至今仍然是一个破坏性的神话";批判法学研究者则断然拒斥价值无涉的法律模式,他们宣称"法律就是政治",除了社会中的意识形态之战,法律别无他物;哈特和萨克斯相信,"法律是一种合目的性的过程",法庭具有"理性运思的能力",秉持价值中立原则的司法裁判更可能获得公众的尊重。另外,德国学者马克斯·韦伯(Max Weber)无疑是最为杰出、最具影响力的社会理论家之一,其"法的合法性"理论为法律政策学奠定了另一种意义上的根基。例如,凯尔森和以卢埃林为代表的法律现实主义者都十分认同韦伯的理论,并不断予以发挥使其成为法律现代性理论的重要组成部分。

在法理学上,关于法律与政策的大量议论,彼此分离而又相互交织,它们构成了一根遍布结扣的绳索。这正如霍姆斯大法官(O. W. Holmes)所坚持的那样:法律必须与道德严格区分开来,因为法律从业者只关注法律是什么,而非应当是什么;与之有些相悖的是,他却从未放弃过,主张"政策"是如何主宰了法律的发展,特别是以对于那些参与创制法律的政策之"不曾言喻"的确信形式而实现的主宰①。同样如此,分离而又交织在一起的主题贯穿于整本书中。首先是法律政治性问题:关于协调法律与政策的决策多大程度上可以由司法做出而不是立法或行政。其次是法律中政策的地位问题。例如,从法律渊源的性质上来看,政策法律化或者法律政策化,是不是描述两者关系的唯一正确的选项。最后,美国法理学流派中关于法律与政策的分析方法,对于中国法理学和法律实践的价值与意义问题,等等。

易言之,虽然本书中的一些论证主要取决于对美国法理学流派的解读,但笔者并不会认为那就是对美国法律哲学的批判性评述,或者,那就是对中国法律理论和法律实践的某种意义上的发展指南。笔者只是在厘清语境的前提之下,意图以一种理论的方式来认真检讨"法律与政策"这一课题,尤其是与中国法律有关的政策政治与法治善治问题。

理论与语境

考察中国法上的"法律与政策"问题,若脱离中国法的理论和语境,那将是荒谬的;若仅对中国法密切关注而忽视了不可避免的全球维数,那便是愚蠢且荒唐的。这与镜鉴美国法理学流派的理由、方式和限度一样,它们一并成为我们研究法学理论时须明确的一些立场,但并不是这里要详尽讨论的重点。

当我们关注的焦点集中在"法律与政策的多元镜像"问题的时候,实际上,

---

① 参见[英]丹尼斯·劳埃德:《法理学》(第7版),许章润译,法律出版社2007年版,第314页。

便常会陷入"政治正确性"(political correctness)的概念泥淖,即,往往会用一种与正确无关的政治正确性,作为研究它们的理论和语境。这种情形,既会发生在对中国法的研究上,也会发生在对美国法的分析上。据说,美国宪法史上著名的"奇赫姆诉佐治亚案"(Chisholm v. Georgia, 2 Dallas 419 [1793]))①开启了法律与政治理论上的"政治正确性"。当时的主审大法官之一詹姆斯·威尔逊(James Wilson)在判词中指出,当"美国"而不是"美国人民"成为最首要的东西时,"这是政治上不正确的"。由于威尔逊大法官相信,是美国人民而不是美国政府拥有真正的权威,所以把国家置于人民之上就违背了"正确的"法律与政治理论。值得注意的是,他讲的是"正确的"而不是"真的"。这意味着法律与政治领域是,"一个与真理无涉的意见世界,一个此时此地正确的政治理论并不代表它永远正确或者放之四海而皆准,因为正确这个词既不保证时间上的永恒也不保证空间上的无限"②。在这个意义上,我们可以说,美国法上的法律政治性为政治正确性所替换。甚至可以说,连美国人的日常生活都充斥着各种名目的政治正确性。例如,"现在的美国人就真的学会了不说'印第安人'而说'本土美国人',不说'宠物'而说'我们的动物朋友',不说'某人丑怪'而说'看上去很独特'——任何可能对少数族群造成心理创伤的字眼都成为禁忌"③。

与之相近,依据蔡定剑教授等人的研究,在中国法上过分强调政治正确性也曾导致法制不彰的局面。他指出:"法制初创时期,司法机关办案应有所遵循,没有法律依政策是合理的……党在几十年领导国家中,主要就是依靠政策实行对国家的领导。毛泽东同志常说,政策和策略是党的生命。政策是革命政党一切实际行动的出发点,并且表现于行动的过程和归宿。一个革命政党的任务行动都是实行政策。这样,使政策在中国具有很高的权威性和非常广泛的运用。这些思想被运用到政策与法律的关系上,法学教科书中几十年的

---

① 参见王希:《原则与妥协:美国宪法的精神与实践》(增订版),北京大学出版社2014年版,第162页。
② 周濂:《与正确无关的政治正确性》,http://www.aisixiang.com/data/26319.html,最后访问日期2019年10月1日。
③ 周濂:《与正确无关的政治正确性》,http://www.aisixiang.com/data/26319.html,最后访问日期2019年10月1日。

经典说法是,党的政策是法律的灵魂,对法律起着指导作用。法律是政策的保障,法律只是实现党的政策的一种手段和工具……政策才真正具有最高权威。"①在他所描述的这种视域里法律与政策的关系,更多地表现为主从关系或者说主导与附庸的样式,法律的独立价值和目的尚未被充分且恰当地认知与实践。

毋庸置疑,"法律与政策的多元镜像"问题牵涉繁复的理论和语境,其要害之处或许就在于如何避免"与正确无关的政治正确性"的过分侵蚀。但就理论研究本身来说,我们应该"对于法律与政治之间的紧密关系——无论是逻辑上的、价值上的还是事实上的——始终都给予高度认可和不同角度、不同层面、不同程度的阐释"②。

关于上述这种宽泛意义上的"法律与政策的多元镜像",诚如英国学者科特瑞尔(R. Cotterrell)所指出的那样,对于英美法律世界来说,"当法律的主要内容涉及司法解释(和立法、宪法条款或者更早时候先例的解释),以及法官所作出的阐述,法律又如何能够与政治和社会价值相分离呢?在这个意义上,法律必然是某种道德或政治的实践,而不只是一组用于分析的特殊概念"③。或者如姚建宗教授所指出的,"作为一个客观的事实,而且在法治的语境下,法律确实具有自主性,因为法治所表达的乃是'由法律来行的统治'(the rule of law),而确实不是国家以其自身的意志(通过政治来表示)为最权威的统治依据的'通过法律来行的统治'。这样看来,法律与政治的确属于迥然有别的两个不同的社会事物,它们之间的区别是肯定而明确的。但是,从另一个角度来看,法律与政治的区分只是一种相对的区分,也可以说只是一种技术性的区分,或者说是表面上的区分。而在实质上不论是从彼此的构造生成,还是从实际的运作实践来看,法律与政治都始终具有非常密切的内在联结,也就是说,法律与政治始终都是共生的"④。

---

① 蔡定剑、刘丹:《从政策社会到法治社会——兼论政策对法制建设的消极影响》,《中外法学》1999年第2期,第7页。
② 姚建宗:《法律的政治逻辑阐释》,《政治学研究》2010年第2期,第32页。
③ [英]科特瑞尔:《法理学的政治分析:法律哲学批判导论》,张笑宇译,北京大学出版社2013年版,第152页。
④ 姚建宗:《论法律与政治的共生:法律政治学导论》,《学习与探索》2010年第4期,第59页。

总结而言,本书将以共生的法律与政治作为基本预设,经由考察法律与政策的关系,关注它们是如何相互作用的,即这一关乎法治的基础性问题。当然,这并不意味着,我们无须首先明晰何谓"法律与政策的多元镜像"以及法律与政策又为何经由它而互相影响。坦率地说,所谓界定"法律与政策的多元镜像",这种方式本身,并不可取。因为关于"法律与政策的多元镜像"的描述与解释,须结合具体的理论和语境。当然,笔者在本书中的这种探讨及其方式,并不会贬损其他探讨的价值与可能性。但在这里,必须着重申明的是:本书并非在检讨司法过程中的政策因素,而是在多重进路上来检视政策之于司法或法律的法理学意义。

内容安排

本书除导论之外,正文分上、下两篇共十二章,分别侧重于理论检讨、实践分析及法治中国语境下的司法政策(司法政治)之展望等。它们几乎皆以法律与政策的多元镜像问题为导向,以阐释不同进路之下的法律与政策的理论关系为目标,其中的主要任务既在于提供一种对司法过程中政策问题的法理学解释,也在于提供某些处理司法政策的具体倡议。而导论部分则集中阐释了本研究的问题、进路与意义等。

在第一章中,笔者主要检讨了《自由社会之法学理论:法律、科学和政策的研究》(*Jurisprudence for a Free Society: Studies in Law, Science and Policy*)一书中有关"政策定向法理学"(Policy-oriented Jurisprudence)的内容。首先,指出它是一种对法律现实主义和政策科学等理论的整合,具有鲜明的与其他法理学派相区别的方法论个性,它应该算是一个整全性理论(integrity theory)。其次,总结了拉斯韦尔和麦克道格尔的法理学主题及方法,并且澄清了对他们的"法律的政策科学"研究的某些误解。最后,着重阐释了"政策定向法理学"论域里的"法律政治性"论题,认为其之所以在国际法学领域之外影响有限,主要原因在于其价值负载上的美国色彩,而非其关于法律与政策问题上的那种认识论进路。

第二章集中讨论了"法律过程理论"里的关键概念——司法权能(judicial competence),这一从法庭职能角度对法律(司法)与政策问题的研究。作为典型的美国传统法理学流派,法律过程学派以对法庭的反思为主要内容,不断开放出法庭所具有的"理性运思的能力"的内涵。他们认为,法庭的特殊任务是根据理性论辩判决案件,只有能够经由理性论辩得以解决的议题才适合于司法决定;当法庭逾越了这一角色,便会遭遇到其作为法律制度的合法性危机,亦即,法庭不能在其权能范围以外做决定,尤其是不能作出关于政治优先性的主张。在笔者看来,他们所主张的,法律是一种合目的性的过程,实质上就是认为,法律的不确定性或司法的不确定性并未逸出法律原则的范围,因此,法律或司法也就不会成为政策、政治的某种附属品。

第三章对批判法学语境里的"法律的政治意义"问题进行了一番检视。面对芜杂的批判法学者的著述:其一,若以同样对形式主义进行的批判为例,法律现实主义者们认为,法律推理具有自治性或者卓然独立品性,而批判法学者则断然拒斥价值无涉的法律模式,他们坚信,法律推理与政治论辩之间没有区别。更确切地说,所谓"法律是一种政治",法律现实主义更多的是指司法决策中的政治,批判法律研究则将其拓展至社会性建构的政治,从而在一定意义上成为我们所说的法律政治一体论。其二,若以批驳法律过程理论为例,尤其是关于法律的中立性问题,批判法学者认为,"要么规则允许在解释现存主要规则的程序中可以诉诸有争议的权利和善的概念,在这种情形下,中立性会被违反;要么禁止诉诸此类的概念,在此情形下,规则体系会充满不确定性"。在该种意义上,批判法学研究揭示了自由主义法律与政治理论的内在矛盾和两难困境。另外,笔者还结合关于理论前设的一般性讨论,以"法律的政治意义"为例,着重检讨了批判法学研究在方法论上的限度问题。

第四章正如韦伯所指出的那样,法律专业人士通过提供新的法律标准概念为形式正义的祛魅作出了重大贡献。在律师和法官看来,法律不再是一个凌驾于社会的封闭的、形式的制度,而是作为一个在社会内部运作的工具,法律决策的重心已经开始发生变化。欧美的许多法律学者都认为,法官实际上依靠自己的评价,而不是机械地运用抽象的规范来作出决定,从而将韦伯所谓的"非理性的法律发现"引入一个假定的形式合理的系统。进一步来说,韦伯提醒我们,法官如果被剥夺了对"纯粹客观法律形式主义的神圣性"的主观信仰,并不会因此成为自信地、明智地创造法律的法律先知,相反,他们会变成官僚化的法官。简言之,韦伯怀疑,纯粹的工具理性合法性会增加这种可能性,即法律将成为一个更加精细地理解发达资本主义工具理性的机制。

总结而言,正文上篇的这四个章节的内容,实质上是在提供一种对司法过程中政策问题的法理学解释。具体而言,从研究对象和研究进路的差异上来看:其一是对"法律的政策学研究",主要以美国政治学者和政策学家拉斯韦尔和国际法学家麦克道格尔为创始人及主要代表;其二是对"政策的法学研究",以美国学者德沃金、格雷、肯尼迪等众多法学家为代表,这部分所涉内容较为庞杂,因此我们分别用了两个章节予以一一阐释;其三则是考察了大陆法语境,以德国著名学者韦伯的"法的合法性"理论为主要研究对象。

正文下篇,则采用了不尽相同的理论视角,运用了各异的研究方法,力图提供某些处理司法政策的具体对策建议。我们结合相关实证调研与个案分析,具体就当前我国社会生活中重要的司法与公共政策问题(如"能动司法"、"司法强拆"、"扶不扶"案例、"大数据时代"的司法政策等等)开展了明确的实践指向性研究。

第五章指出,司法作为现代社会生活的基础之一,其许多关系同时存在着对立性和共生性。因此我们更应从多种视界对司法问题进行具体分析。就能动司法而言,其政治属性决定了其歧义性问题的存在。围绕着能动司法所展开的无论是涉及专业化或混合职能的司法权属之间的争辩,还是关于能动司法所致力于实现的实体正义或程序正义的基本价值的争论,抑或是就裁判公正或政治正确的司法可行性问题的讨论,无不显示出能动司法的歧义性问题。正视并最终解决这些歧义性问题,需要我们立足于当代中国的法律生活本身并不断地进行实践创新和理论探索。

第六章从制度分析的角度来考察(基层)司法与公共政策之间的关系。传统的制度研究方法集中于描述政府机构的形式和合法性。这种方法很少去解释这些机构实际上是如何发挥作用的,以及这些机构实际上发挥的作用与设计的作用之间有何不同;也很少去分析由政府机构作出的公共政策,或试图找出组织结构同公共政策之间的关系。因此,本章首先借助典型案例来分析司法的公共政策创制功能,努力发现并解读在中国目前的社会状况下,司法实际上是如何在公共决策中发挥作用的,试图揭示基层法院的决定所产生的政策效果。

第七章认为,我们在认识典型案例蕴含着的"合适的判决"所依据的司法标准问题时,往往囿于既有的认知类型和观念。若从司法理论与实践上的可能性和多样性来看,司法观念的类型化和固化现象都应当引起我们的注意,否则我们难以真正应对现实的司法困境。辨析"合乎自然的司法",既是在检省不同类型司法实践的意义和价值等问题,也是在主张当下中国司法实践的某种融通;因为我们在理解中国司法从传统的继受中与现代性的冲击下如何走向未来时,无论如何都需要司法观念的一种转换性创造。

第八章前瞻性地探讨了"大数据"对于司法裁判活动的全面影响,尤其是在事实认定方面,这些影响越来越深入。对此,我们可以通过分析司法中的"可操作性政策"得以管窥:其一,单纯依靠适用"假设的"标准于具体个案的裁判方法势必会为依靠"假设+数据"的方法所代替;其二,遵循"大数据"时代的关系思维进路,避免简单因果思维方式,寻找与事实裁判之确定直接相关的多种要素或数据,如"替代性事实",并据此明法析理势必会成为司法裁判发展的一种趋向;其三,"可操作性政策"本身也应当遵循某些法律推理原则,如"相关性与权重性相结合的原则""可能性与可接受性相结合的原则""扩展公正原则与坚守法治原则"等等。显然,深切关注"大数据"之于司法裁判活动的影响,这会促进我们对司法正义有更准确的理解。

第九章重点关注了中国司法改革中的创制之———指导性案例。与判例一样,指导性案例首先也是一个制度实践上的经验产物。但若认为无完备的制定法所以需要"判例/指导性案例"来对"制定法规则"进行辅助、补遗或勘误,这样的概括性观念在为我们提供某种指引的同时,也往往会导致更多的关于"判例/指导性案例"性质等问题上的曲解。因此,我们需要注意不同语境中的相关概念及其使用,尤其是参照普通法理论,诸如判例概念、两种法律规则概念、立法者与司法者在思维方式上的种类差异这样的问题便具有了现实意义。有鉴于此,以正确对待指导性案例为契机,发展出更加尊重司法者的法律理论和法律文化,这似乎也应是当下司法变革的重要任务。

第十章将中国司法制度的建设与改革划分为几个具有标识性的阶段,以期能够对司法改革有一个整体性理解。基于对司法发展历程的整体性把握,借鉴公共政策学国家理论的"社会学习"概念,我们认为,中国司法历经了几个具有区别性特征的政策范式阶段:第一阶段为从1949年新中国成立到1978年改革开放之前的"阶级斗争政策范式或共识性政策范式",第二阶段为从1978年改革开放开始到2012年党的十八大"法治中国"理念提出之前的"规则性政策范式",第三阶段为党的十八大展开至今的"后规则性政策范式"。

毋庸置疑,与下编前几章明显有别,正文第十一章、第十二章为展望部分,可以视作我们在面对司法改革进程中的法律政治性论题,在充分认识到司法改革的系统性、长期性和复杂性的前提下,经由不断地总结和反思,对于"法治中国"建设以及作为"善治"的司法治理所寄予的热切期望。

第十一章集中考察中国司法改革进程中的法律与政策关系论题。在笔者看来,有关中国司法改革的研究,应以制度变迁而非制度类型为基本范式。司法改革首先是回应社会转型与重建的一种社会过程,以保证司法制度内核处于相对稳定的状态,并在渐进状态下实现制度变迁;而"政治正确性"作为司法改革的嵌入性社会结构,直接决定了制度变迁的方式、方向和效果;路径依赖则是司法改革中一种不可避免的行动策略,它主要体现为"技术性治理"的理念及其实践;另外,社会转型正义等价值体系在司法改革过程中也具有重要的地位和作用。总之,对司法制度变迁的这些综合分析,很有可能会深化我们对法治中国建设、对法律与政治以及司法与政策的理解,为此还需要某些更具张力的理论阐释与创新。

第十二章展望了司法应该怎样影响社会治理问题。基于对中国司法机关的理解,笔者认为,这一问题意味着司法治理的着眼点,并不是司法机构作为国家裁判机关的权能与权限,而是司法机构作为社会治理的变量如何与其他社会治理主体实现互动与合作,如何实现真正的良法善治。由此,作为"善治"的司法治理需要遵循的约束性或指导性原则,包括合法性、参与性、回应性、问责性、有效性和连贯性等;作为"善治"的司法治理需要在司法活动的参与性、司法组织的合理性等方面作出某些调整,以促进实现"共建共治共享的社会治理格局"。

在导论的最后部分,需要声明的是:(1)正如一位社会学家所言,实地调研在中国是一项特别权力。笔者有限的基层法院调研,如果不流于形式的话,那么就须排除重重阻碍深入推进调研方案。例如,在调研活动中,基层法院宣传口的资料与从法官那座谈的内容不一致的地方太多。这些都增加了完成相关实证分析的难度。(2)与被安排好的调研相比,课题所涉及的主题也有被整饬之痕。即,在中文法学语境里,司法政策问题几乎都被处理为司法过程中的政策因素之研究。这既减少了该问题的丰富性和重要性,也妨碍了以其他方式来完成本研究的可能性。(3)尽管受限于上述诸种情形,但为了完成本研究,笔者决定把主要精力放在研究基础性理论问题上,以法律政治性为主题来检讨法律与政策之间的关系。(4)写作本书的目的,一定不是对政策因素在司法活动中的贯彻落实进行现实描述与实证分析——尽管这非常有意义,但操作难度超乎想象,因为调研禁区与宣传口号式的资料都太多,能够获得的真实数据资料或至少与直观事实相符合的又太少——而是将注意力放在法律与政策之间关系的基本理论问题研究上了。总之,本书命名为《法律与政策关系的多元镜像研究》,它可能会是司法实证研究的某种理论准备;在开放出某些有意义的法理学论题的同时,它或许也是对那些简化司法认知的一副清醒剂。

上篇

法律与政策的理论镜像

第一章　政策定向法理学及其理论镜像
第二章　法律过程理论里的司法权能观
第三章　批判法学中的法律政治一体论
第四章　韦伯的合法性概念与法律政策分析

第一章

政策定向法理学及其理论镜像

拉斯韦尔(Harold D. Lasswell)[①]和麦克道格尔(Myres S. McDougal)[②]合作创立了"政策定向法理学"(Policy-oriented Jurisprudence)[③]。他们的研究集大成于《自由社会之法学理论:法律、科学和政策的研究》(*Jurisprudence for a Free Society: Studies in Law, Science and Policy*,1992)。依据耶鲁大学国际法学教授赖斯曼(W. M. Reisman)的说法,促使政治学家拉斯韦尔与法学家合作的关键原因,"是其意识到政治科学学术日渐不实,从而亟须采用多元社会科学研究方法(他被公认为精通许多此类研究方法)来澄清政策,以确保民主管制得以生存",而对于合作者麦克道格尔来说,合作的诱因在于他对法律现实主义的不满[④]。事实上,自"二战"期间始,亦即以1943年发表于《耶鲁大学法律杂志》(*The Yale Law Journal*)第2期的《法律教育与公共政策》(*Legal*

[①] 哈罗德·德怀特·拉斯韦尔(Harold Dwight Lasswell,1902—1978),美国政治学家。
[②] 迈尔斯·史密斯·麦克道格尔(Myres Smith McDougal,1906—1998),美国法学家。
[③] 因两位教授的研究主题及方法,也可称为"法律的政策科学"(Policy-Science of Law)研究,又因他们从事教学研究工作的耶鲁大学法学院位于康涅狄格州的小镇纽黑文,故又被称为"纽黑文学派"(the New Haven School)。
[④] [美]拉斯韦尔、麦克道格尔:《自由社会之法学理论:法律、科学和政策的研究》,王超等译,法律出版社2013年版,中文版序,第1—2页。本章依据 Harold D. Lasswell and Myres S. McDougal, *Jurisprudence for a Free Society: Studies in Law, Science and Policy*, New Haven Press, 1992,对中文译本内容有所调整,下文亦同,不一一详注。

Education and Public Policy)这一长篇论文为合作标志与理论奠基,他们倡议的"政策定向法理学"在国际法学领域里影响深远。这一跨学科的法学理论提出了一种"显著的""令人困扰的""法律的政策科学"研究,它旨在创造或修改概念工具,即整合社会科学的分析方法以适用于法律规范的目的,以构建有人类尊严的公共秩序,并且期望这些概念和范畴可以被用来理解和塑造所有语境中的法律①。公允地说,这一法学理论对于国际法学研究有着重要影响,但在法理学领域影响平平。例如,赫格特(James E. Herget)认为,它所提供的"不过是一种饰以新词、异想天开的分析框架,而它真的超过了律师、法官和立法者已然提供的吗?"② 不过在笔者看来,政策定向法理学倒不是毫无意义和价值的,至少其以"政策科学"(policy sciences)的方式开放出来的"法律政治性"(legal political nature)论题绵延至今,仍是人类智识上的一项重大挑战。

一、法律的政策科学研究:政策定向法理学的构建目标

在《自由社会之法学理论:法律、科学和政策的研究》一书中,拉斯韦尔和麦克道格尔首先表明,其研究是一种"关于法律的理论"而不是"根据法律的理论"(a theory about law not of law)。这一理论在详尽批评主要法理学流派的基础上,包含了对"法理学标准"(criteria for theory about law)的基本预设和对其自身理论内容的再三申明,或至少是以其拟制标准为"政策科学"命题下的法理学研究反复做辩护,即致力于发明一套"法律的政策科学"(a policy-science of the law)研究方式。

在这里我们不妨说,拉斯韦尔和麦克道格尔的理论大致始自两个方面的建构:其一,诊断既有法理学研究的问题。他们认为,标榜为"法理学派"的许多学说,充其量也只不过是"技术性的法的"理论,它们问题重重或者说缺陷明显,如研究焦点狭隘、智识任务局促、研究者立场和目的混乱等等。他们认为,虽然传统的或绝大多数法学思考依旧对研究和决策发挥重要影响,但它们却

---

① W. Michael Reisman, Siegfried Wiessner and Andrew R. Willard, "The New Haven School: A Brief Introduction", *The Yale Journal of International Law*, Vol. 32, NO. 2, 2007, pp. 575-576.
② James E. Herget, *American Jurisprudence, 1870—1970: A History*, Houston: Rice University Press, 1990, p. 225.

是不全面的理论,因其太过狭窄而限制了研究的焦点,并且严重局限了与其相关的智识任务。这些学说通常关注的仅限于所谓的法律规则,或是十分不明确的方面,忽略了法律过程的真实运作,缺乏对实证决策或决策的总体流动的清晰聚焦。尤其是从特性上来说,"各种学说较少关注不同社群的权威和控制复杂的相互作用模式,对其进行的现实性描述就更少了。它们只是将可疑的神秘体系投射到'国内'和'国际'的利益和法律之间的相互关系之上。在大部分的学说中,所完成的智识任务是逻辑指导方面的,而在很大程度上忽视了有效研究和理性决策所必需的其他任务"①。

其二,则是论证何谓真正的法理学,更准确地说,何谓"政策科学"命题下的法理学研究。仅就上述引文而言,他们指出,法理学研究至少牵涉关注决策而非规则、区分权威和控制、聚焦于权威决策过程、从社会形成和分享价值的愿望和成就方面勾勒问题等等。亦即,拉斯韦尔和麦克道格尔的这种"关于法律的理论"之目标,不是为具体的法律行动提供指导,而是详细描述一个概念框架,或者说开发出一套法律的政策科学研究的概念和范畴,使得对社会过程的研究可以在那一框架(概念和范畴)之下有效展开。因为,在他们看来,只有在这类研究的基础之上,才可以灵活地选择和运用法律和政策。进而言之,"政策科学"命题之下的法理学的主要标准如下。

第一,它必须致力于创造出一整套的概念体系,以此来构建其理论观念和学术体系,进而来为各项研究提供指引和帮助②。诚如赖斯曼所指出的,"你将注意到他们对范畴和概念的关注。如果法律不是一套规则,而是一个社群的决策过程,且其目标在于增强这一过程之运转以及人们的参与,从而有助于建立人类尊严之公共秩序,则他们所能够创造或修改的概念工具将异常重要"③。

---

① [美]拉斯韦尔、麦克道格尔:《自由社会之法学理论:法律、科学和政策的研究》,王超等译,法律出版社2013年版,第6页。
② William Morison, "Myres S. McDougal and Twentieth-Century Jurisprudence: A Comparative Essay", in Michael Reisman and Burns H. Weston eds., *Toward World Order and Human Dignity: Essays in Honor of Myres S. McDougal*, New York: Free Press, 1976, p.3.
③ [美]拉斯韦尔、麦克道格尔:《自由社会之法学理论:法律、科学和政策的研究》,王超等译,法律出版社2013年版,中文版序,第3页。

比如"规范"(norm)这一概念①,麦克道格尔虽然似乎与哈特共享了对规范本质的概念性理解,但麦克道格尔的方法侧重于"应该",通过辨识在特定共同体内一般共享的期望或凭经验可识别的权威模式,它是更可以进行经验性描述的。因此,它比哈特的次要规则以及他的"内在"态度概念在进路上更"科学"和更语境化。这决定了麦克道格尔与拉斯韦尔的规范进路超越了仅仅依赖"语词"的含义和正式的文字游戏或单纯依赖过去的行为。有关人际交往的整个范围都被考虑在内,也包括可识别的政策、过去的语境、现在和未来的人类语境以及人的需求等等。

第二,它强调程序性地规划研究内容及过程,在确定研究对象之后,依次明确观察立场、确立关注焦点、设定和阐释相关社会价值、确定智识任务以及指明每项任务的程序等。举个例子,对于国际法庭有效性问题,它通过使用过程模型坚持采纳一种功能性进路,其不是假设国际法庭执行相当于美国国内法院执行的那些任务,而是辨识一个有效的和具有权威的结果的持续性决策过程,并审视该法庭对那些结果有何贡献。这必然涉及认真评估和批评目前的过程、制度与实践。过程模型——其辨识参与者、他们的观点、他们相互作用的环境、他们依凭的权力基础、他们处理权力基础的战略模式、在权力的生产和分配方面的结果以及作为其必要条件的其他价值观——允许法律人确定国际法庭有效性的实际程度,而不是简单地假设因为它看起来像一个司法机构,它就必须是某种司法机构。这样,就能够检验国际法庭的规定性功能的实际效果是怎样的;还会着手提高国际法庭决策过程自身的表现,增强它们的能力以实现更符合人的尊严的结果。

第三,它必须构建更广泛的相互渗透的参数(变量)体系,以服务于自由社会。这正如拉斯韦尔和麦克道格尔合作之初的宣言那样,法学"教育的一个合法的目的是寻求促进民主社会的主要价值和降低不同意或共享民主的道德特立独行者的数量","尽管大家都在谈论'目的论法理学'和根据基本政策评估法律结构、原理和程序的必要性,但是几乎没有有意识地、系统地努力去将它

---

① See Jordan J. Paust, "The Concept of Norm: A Consideration of The Jurisprudential Views of Hart, Kelsen, and McDougal-Lasswell", *Temple Law Quarterly*, Vol.52, 1979, pp.30, 45.

们明确一致地与社会争取实现民主价值的主要问题关联起来"①。也就是说,法学教学与研究最大的挑战在于创立一种和建立与维持自由民主的公共秩序相关的法理学。这样一种法理学所要解决的不是和法律定义相关的问题,而是要把权威决策和所要建立的体现人类尊严的公共秩序结合起来,完善和应用工具以实现产生和分配人类尊严价值的世界秩序这一目标。

因此,拉斯韦尔和麦克道格尔的所谓法理学,不是为现存法律或理想的法律提供正当性论证,而是关注或者说致力于发展一种法律的政策科学研究本身。该种意义上的法理学,更确切地说,政策定向法理学,是作为一个综合性概念而被使用的。它不包含对法律学说的详尽阐述,即法律应当如何的学说,而是努力建构一套从"为人们所欲求的事物"(desired event)这样一个关于价值的基本预设为出发点的系统性、整体性的概念体系②。考虑到拉斯韦尔和麦克道格尔的理论相当宏大,我们至少需要结合其在主题和方法两个方面的内容来分别做出进一步的讨论。

二、作为权威决策的法律:政策定向法理学的主题

拉斯韦尔和麦克道格尔认为,一种"政策科学"命题之下的法理学研究,不必排除对"技术性法的"理论的兴趣,但法律科学欲在全球范围内促进价值的民主化和致力于创造一个自由而富裕的社会,就应当最大限度地降低技术性法律原则(technical legal doctrine)——它被称为"权威的神话"——的作用③。也就是说,从政策定向法理学的视角来看,法理学研究不仅在"权威决策"即法律政策形成过程中扮演创造性角色——在一系列重要性不断变动的事件中作为自我定位的手段,而且在政策执行过程中扮演工具性角色。因此,其研究的主题及意义既不必然是理论性的,也不必然是实践性的:既有操作性观点,也有沉思性观点。有鉴于此,我们可以从操作性与沉思性这样两种观点来对拉

---

① Harold D. Lasswell and Myres S. McDougal, "Legal Education and Public Policy: Professional Training in The Public Interest", *The Yale Law Journal*, Vol. 52, No. 2, 1943, pp. 212, 205.
② 参见[美]博登海默:《法理学:法律哲学与法律方法》,邓正来译,中国政法大学出版社1998年版,第184页。
③ 参见[美]博登海默:《法理学:法律哲学与法律方法》,邓正来译,中国政法大学出版社1998年版,第185-186页。

斯韦尔和麦克道格尔的法理学做出综合分析。

首先,政策定向法理学的主题之一,是一套以问题情境为起点的操作性流程研究。其各种新奇概念的发明,决定于情境中可供选择的目标,如"研究焦点的确立与分层""智识任务的确定与程序""价值的澄清与选择"①,并根据通往目标的具体行动阐明该情境中的权威决策到底为何。因此,情境中的各相关要素,须根据它们在"权威决策"形成中的影响而被分析和评价。研究的结果当然就是对这样一种行为方式的权威说明,亦即,情境中的行动者(或参与者)以这一方式能够提升事件的特定状态出现的可能性:为创造结果 Y(或是使 Y 出现的可能性变大),那么就以方式 X 行动②。若套用美国学者鲍思特(Jordan J. Paust)的话,则它是一种"将法律与一个动态的语境现实——规范从中推导出并且在其中运作——相联系的努力"③。因此,政策定向法理学在主题内容上的重要表现,是一系列新奇概念与操作性流程的阐释。典型如④:从对过去关于法的理论之考察中他们断定,法学理论要服务自由社会,并且必须追随研究社会过程的其他领域最先进的现代理论,寻找更加全面和更具穿透力的学说。法律学者目前面临的艰巨挑战就是要创造与建立和维持社会秩序有关的法学理论。从以人类为中心、普世主义和平等主义的角度来看,该挑战不仅仅是通过"定义"解决与法律有关的问题,而且要将有关权威决定和公共秩序相联系。总的来说,要从公共秩序大背景中以要最大化的价值的角度来评价一个法律体系。因此,研究的任务是要评估该体系成败的程度,解释导致这些后果的原因要素,明确目标和将来的政策选择。此法学理论不可或缺的作用是必须通过界定一个参照框架来研究法律和社会,通过详细明确智识任务,来研究其所揭示的紧迫问题的解决办法并将该办法适用之。

在上述内容中,我们可以清晰地发现,政策定向法理学作为一种法律的政

---

① 参见[美]拉斯韦尔、麦克道格尔:《自由社会之法学理论:法律、科学和政策的研究》,王超等译,法律出版社 2013 年版。
② 参见[美]拉斯韦尔、卡普兰:《权力与社会:一项政治研究的框架》,王菲易译,上海人民出版社 2012 年版,第 3 页。
③ Jordan J. Paust, "The Concept of Norm: A Consideration of The Jurisprudential Views of Hart, Kelsen, and McDougal-Lasswell", *Temple Law Quarterly*, Vol.52, 1979, p.9.
④ [美]拉斯韦尔、麦克道格尔:《自由社会之法学理论:法律、科学和政策的研究》,王超等译,法律出版社 2013 年版,第 14-15 页。

第一章 政策定向法理学及其理论镜像

策科学研究,所需要的综合分析框架必须包括规划相关过程的概念技术及方法。拉斯韦尔和麦克道格尔已经反复申明,政策科学命题之下的关于法律的理论研究,类似于文化人类学的方案,须运用一些创造性的调整,以实现任何一个社会过程都可以根据那些参与者的角度来予以系统的描述,如驱动它们(他们的观点)的主观方面的问题、相互作用的环境、借鉴(或依赖)的资源(权力基础)以及操纵这些资源的方式(战略)和互动过程的总的结果,亦即,这种法理学研究最终是根据一套完整的价值体系来构思的[①]。概言之,政策定向法理学的情境论题,表明任何法理学研究若要有助于未来的研究,都必须被限定于明确规定的社会条件上。在实质上,这种研究遵循的是一种典型的经验学科的原则——"排除情境因素的考虑,不仅不会使命题普遍化,反而会掩盖那些代表我们自身文化的情境的特殊性"[②]。

其次,政策定向法理学的另一主题,则是以阐述一系列参数(或变量)之间的相互依赖关系为重心的沉思性观念研究。在政策科学研究上,所谓沉思性观念并不关注分离目标变量,也不关注发现被认为具有特定重要性的行动,而是根据各变量对持续展开的研究的重要性,来阐述变量之间的相互依赖关系[③]。在政策科学命题里,法律与社会力量之间的共存关系,可依凭这样的函数表达方式,即形式 Y 是 X 的一种函数,这些表达方式可以转换为操作性观点,反之,如果 Y 是且仅仅是 X 的一种函数,那么必须以方式 X 行动才能创造结果 Y[④]。更准确地说,作为法律的政策科学研究,其主要目的是推进法律科学理论的发展,而非法律实践技术的进步,尽管这并不意味着就不会关注具体情境中的实践,同时这也强调必须与从经验观察和控制中抽象出来的形而上思考相区别。对此,拉斯韦尔和麦克道格尔指出:以政策为导向的法学理论的显著特征,"是利用当代政策科学运动的知识,从而试图将许多不同信息

---

① Jordan J. Paust, "The Concept of Norm: A Consideration of The Jurisprudential Views of Hart, Kelsen, and McDougal-Lasswell", *Temple Law Quarterly*, Vol.52, 1979, p.9.
② [美]拉斯韦尔、卡普兰:《权力与社会:一项政治研究的框架》,王菲易译,上海人民出版社 2012 年版,第 9 页。
③ [美]拉斯韦尔、卡普兰:《权力与社会:一项政治研究的框架》,王菲易译,上海人民出版社 2012 年版,第 3 页。
④ [美]拉斯韦尔、卡普兰:《权力与社会:一项政治研究的框架》,王菲易译,上海人民出版社 2012 年版,第 3 页。

和学科的相关方面的可能性贡献整合成一个系统且审慎的理论和程序,进而来明确公共秩序中关于特殊性问题的社群政策。它所期望的是能够比以往传承的学说在研究上更全面,且在具体参考上更细致"①。该学说承认,在对背景进行规划的过程中,通过重新整合源自道德哲学家和其他规范性专家的价值类别(权力、尊重、教化、福利、财富、技术、情感和操守),并借助文化人类学者的某些"实践"或"制度性"的类别(参与、观点、情形、权力的基础、策略和结果)来寻求全面性和精确性,亦即实现更高的抽象层面和任何必要层面的全面性以及在更低的抽象层面和决定特殊问题所要求的最小细节上的具体化。

毋庸置疑,政策定向法理学的确是对理性决策因素更加具体化的智识任务的程序研究,"其范围从一个基本的社群目标价值的设定,以及通过对与某个特定问题相关的政策的临时性具体说明,从有关价值塑造和分享的事实方面对问题的阐述,到通过运用各种相关智识任务的特殊程序对这种潜在政策进行系统性的检测"②。也就是说,拉斯韦尔和麦克道格尔从一种整合性理念来发展一种所谓"法律的政策科学"研究,这一理论并存着两种不同成分——法律科学的经验建议和法律学说的价值判断,尤其是后者牵涉更多的是沉思性研究,即法律因素之间相互依赖关系的多重思考,或者干脆说,这意味着不可以把法理学研究限制在社会科学的某个领域之内。恰如麦克道格尔所指出的,所有技术性法律原则都有一种不妥当的习惯做法,即"在成对相反的立场上漂移";概念上的和原则上的自相矛盾是法律特有的,而且法律术语的意义是以这些术语被使用的、使用这些术语的人以及运用这些术语的目的来确定的;由此来看,依靠原则并不能保证法律的确定性,并且常常会使被社会认为可欲的目的受到挫折。因此,拉斯韦尔和麦克道格尔建议③:应当根据民主生活的目标和重要问题来阐释关键的法律术语;法律判决应当被看成是"对社会进程中价值变化的突然事件的回应";应当对所选择的解决方案给整个社会模

---

① [美]拉斯韦尔、麦克道格尔:《自由社会之法学理论:法律、科学和政策的研究》,王超等译,法律出版社 2013 年版,第 221 页。
② [美]拉斯韦尔、麦克道格尔:《自由社会之法学理论:法律、科学和政策的研究》,王超等译,法律出版社 2013 年版,第 223 页。
③ 参见[美]博登海默:《法理学:法律哲学与法律方法》,邓正来译,中国政法大学出版社 1998 年版,第 186 页。

式所可能产生的影响进行"目标思考"和功能考虑,并用之代替对定义和规则的强调;应当避免对法律与政策等做出明确的界分;等等。

最后,除了在结构上从操作性观点与沉思性观点来分析政策定向法理学的主题之外,在主要内容上,它重点阐释的主题则是,从权力之形成与分享的社会过程上来研究法律。拉斯韦尔和麦克道格尔认为,法律是一种权力价值(power value)的形式,而且"是社会中权力决策的总和"①。麦克道格尔甚至直截了当地说过:能使决策同那种保证这些决策得以执行的有效控制结合起来的正式认可的权力,乃是法律过程的实质之所在;正式权力同有效控制的这种结合,产生了一系列决策,而这些决策的目的则在于促进社会价值与社会预期相一致。因此,在整个社会中,法律也被看成是决策的程序而不仅仅是一套规则②。拉斯韦尔和麦克道格尔由此所提出的基本建议之一,便是社会成员应参与价值的分配和分享,换言之,法律调整的审判的目的就是使人们更为广泛地分享价值。而他们所构想的法律控制的终极目标是实现世界共同体。在这个共同体中,以民主方式分配价值的做法得到鼓励和促进,一切资源都得以被最大限度地利用,保护个人的尊严被认为是社会政策的最高目标③。简言之,作为一种法律的政策科学研究,其是对个人尊严的科学研究。拉斯韦尔和麦克道格尔是把人作为一个整体来研究的,从个人的所有方面加以观察,而不是把人作为这种或那种有限需求或利益的化身来研究,如社会学法学家庞德(R. Pound)做的那样;其对个人尊严的政策研究所珍视的不是非人格化国家的荣誉或社会机制的效率,而是人的尊严和人的能力的实现。这些努力一直以来被纽黑文学派的学者珍视为,他们对当代政治法律思想研究的一大贡献④。

---

① M. S. McDougal, "The Law School of the Future: From Legal Realism to Policy Science in the World Community", *The Yale Law Journal*, Vol. 8, No. 56, 1947, p. 1345.
② M. S. McDougal, "Law as a Process of Decision: A Policy-Oriented Approach to Legal Study", *The American Journal of Jurisprudence*, Vol. 1, No. 1, 1956, p. 56.
③ Harold D. Lasswell and Myres S. McDougal, "Legal Education and Public Policy: Professional Training in the Public Interest", *The Yale Law Journal*, Vol. 52, No. 2, 1943, pp. 203-295. 或参见[美]博登海默:《法理学:法律哲学与法律方法》,邓正来译,中国政法大学出版社1998年版,第185页。
④ See W. Michael Reisman, "The View from the New Haven School of International Law", *Proceedings of the Annual Meeting American Society of International Law*, Vol. 86, 1992, pp. 118–125. David Kleimann, "Positivism, the New Haven School, and the Use of Force in International Law", *BSIS Journal of International Studies* Vol. 3, 2006, p. 26; Laura A. Dickinson, "Toward a 'New' New Haven School of International Law?", *The Yale Journal of International Law*, Vol. 32, No. 2, 2007, p. 547.

正如纽黑文学派的中坚学者赖斯曼所言,"把法律和法律机构当成是政策选择会带来相当不同的个人与社会间的关系"①。实际上,自拉斯韦尔和麦克道格尔始,该学派一直坚信:找出法律与政策的区别,既不是现实的,也不是适当的和有用的。他们断言:法律即政策,法律中立性是一个彻头彻尾的神话②。这至少是因为,"在一个相互依赖的世界里,我的福利无法避免地与其他所有人的福利相联系。从这个角度来看,一个人有义务把被称为'法律'的机构视为协调政治过程,其中涉及最大限度地分配所有物品的份额的全面政治运作和集体生活中供应短缺的问题,如:权力和安全、财富、教化、才能、康乐、情爱、尊重和正直"③。总之,作为法律的政策科学研究,亦即,从权力之形成与分享的社会过程上来研究法律,其主题可以根据某项或某类权威性决策而非既有的或理想的规则和制度来加以表述,借此可以表达沉思性的(抽象的)法律/政治概念的经验基础(可操作性的)。由此来看,政策定向法理学在很大程度上并不受传统观念和理论态度的制约,但这并不代表其与既有观念毫无瓜葛。当然,从其方法论上来看,这个问题会更加有意味。

三、作为描述社会过程的方式:政策定向法理学的方法

在《自由社会之法学理论:法律、科学和政策的研究》一书中,拉斯韦尔和麦克道格尔主张用社会学、人类学、政策学、国际关系等多学科交叉的研究方法来认识法律。对此,赖斯曼认为,拉斯韦尔和麦克道格尔的法理学实现了一场哥白尼式的革命。因为它"不再使规则作为决策机制,而是使人类不同程度地成为选择者或决策者。但这也不是一个自由论者或放任主义的方式,因为他们致力于构建一套能够建立并维系自由社会的法的理论,所以他们并没有满足于某些所谓'理性选择'理论……拉斯韦尔和麦克道格尔的抱负总是宽广

---

① 万鄂湘、王贵国、冯华健:《国际法:领悟与构建——W.迈克尔·赖斯曼论文集》,法律出版社2007年版,第1页。
② See Harold D. Lasswell and Myres S. McDougal, "Legal Education and Public Policy: Professional Training in the Public Interest", *The Yale Law Journal*, Vol.52, No.2, 1943, pp.203-295.
③ 万鄂湘、王贵国、冯华健:《国际法:领悟与构建——W.迈克尔·赖斯曼论文集》,法律出版社2007年版,第1页。

的和扩展的,并总是负责任地针对关涉公共利益的社群决策"①。他还曾经总结说,麦克道格尔终其一生的学术追求,是以"关于法律的理论为其智识任务的核心"②。结合其他学者的研究,我们有理由认为:拉斯韦尔和麦克道格尔的法理学,在他们早期合作之中无所谓彼此,他们观点及方法是高度一致的;在他们学术生涯的后期,麦克道格尔不再如初期那样雄心勃勃,逐渐回归于国际法学领域。撇开这些不论,结合其主题内容来看,政策定向法理学至少会牵涉两个层面的方法或进路问题:其一,"关于法律的理论"之方法,这与他们所认定的"法理学标准"有直接关系;其二,构建政策定向法理学之内容的方法或进路,这可以称为"法律的政策科学"研究方法,又可细分为有关结构-功能的进路和有关价值论的进路等等。

首先,"关于法律的理论"之方法,被拉斯韦尔和麦克道格尔用以论证其法理学的可欲性,究其实质,它是被用来对法理学智识标准进行判断的,包括对法理学的研究对象、性质、范围及进路的不同理解。以研究对象为例,拉斯韦尔和麦克道格尔指出,历史上以规则的系统和体系来理解法律支配了文明的思想数千年。不幸的是,那些强调"规则"的学术研究结果是对这些规则从社群和社会过程中高度孤立和抽象出来,而远离规则的产生、变化和使用等这些影响规则运用的条件。其研究过程往往是:首先找出一些一般性的方法和标准来确定他要研究的系统的规则,然后需要集中精力找出系统中不同规则的内在逻辑联系,并最终对这些规则和决定及社会背景中的其他因素的关系作分别和进一步的研究。"法学研究和法学教育最基本的组织原则仍然主要是法律技术,主要的事情仍然是根据权威性神秘体系的模糊概念来界定和安排。集中关注规则的方法是徒劳无益的,这解释了为什么我们不花费精力在现在的一些泛滥的寻求阐明规则本质的书籍上。"③亦即,拉斯韦尔和麦克道格尔痛斥以"规则"为研究对象的传统法理学,认为它们过分专注于"技术性法"而忽

---

① [美]拉斯韦尔、麦克道格尔:《自由社会之法学理论:法律、科学和政策的研究》,王超等译,法律出版社2013年版,中文版序,第3页。
② See W. Michael Reisman, "Theory About Law: Jurisprudence for a Free Society", *The Yale Law Journal*, Vol.108, No.5, 1998, p.935.
③ [美]拉斯韦尔、麦克道格尔:《自由社会之法学理论:法律、科学和政策的研究》,王超等译,法律出版社2013年版,第43页。

略了法理学应是一门聚焦"社会中人的基本问题"、关注权威决策的社会过程、关注搜集数据和提供对特定问题的描述与解释的学科。

在拉斯韦尔和麦克道格尔看来,作为"关于法律的理论",政策定向法理学在方法论上必须体现以下几个基本特征[①]:(1)政策定向法理学是关于自由民主社会的学问,它涉及个人的选择,必须以民主制作为前提,因此,是一门"民主的权威决策"理论;(2)政策定向法理学的目标是追求决策或选择的合理性,它必须使用分析模型、程序性操作流程和实证数据建立起可检验的理论;(3)政策定向法理学具有时间的敏感性,强调决策的历史脉络,特别重视对未来的研究,要求从现有的事实和状况推测未来发展趋势;(4)政策定向法理学采取一种全球观点,认为世界上的各民族构成一个共同体,全球化与本土决策之间相互影响;(5)政策定向法理学具有跨学科的特性,它既依赖于法学知识,也依靠政治学、社会学、心理学等学科的知识来确立自己崭新的学术体系;(6)政策定向法理学是需要学者和政府官员共同研究的学问,后者的实践经验对于其发展具有重要意义;(7)政策定向法理学必须具有"发展建构"的概念,它以社会过程中的各种决策为研究对象,强调对变革和创新的研究。

显而易见,拉斯韦尔和麦克道格尔"关于法律的理论"设想宏伟而高远。不过,在我们看来,至少从学科交叉上来说,跨学科的知识整合往往会导致不可预知的风险,更确切地说,会导致失去自身学科知识的独立性、消解或混淆学科既有概念和范畴的解释力。正如英国学者马克斯在论及国际法的跨学科研究时所指出的,"我们在使用跨学科的概念时必须慎重,因为这个词有表述太广和太窄的双重威胁。它通过把人们的精力引导到学科外的资料,而可能传达这样的信号:某一学科的不足和遗漏可以由其他学科弥补。另一方面,把援引学科外资料定性为特别的跨学科,有肯定'纯粹'知识为一种标准的威胁"[②]。与之

---

① See William Morison, "Myres S. McDougal and Twentieth-Century Jurisprudence: A Comparative Essay", in Michael Reisman and Burns H. Weston eds., *Toward World Order and Human Dignity: Essays in Honor of Myres S. McDougal*, New York: Free Press, 1976; Daniel Lerner and Harold D. Lassewll, *The Policy Sciences: Recent Developments in Scope and Method*, Stanford, CA: Stanford University Press, 1951.

② [英]苏珊·马克斯:《宪政之谜:国际法、民主和意识形态批判》,方志燕译,上海译文出版社2005年版,第8页。

相似,沙赫特(Oscar Schachter)对于政策定向法理学将法律还原为政治——消除了法律的独特规范性质这样的做法,深感疑虑之余也备受鞭策①。

其次,先来分析关于"法律的政策科学"之研究方法的有关结构-功能进路。纽黑文学派的中坚学者鲍思特精当地指出,对于拉斯韦尔和麦克道格尔来说,"'法律'是一个动态的过程,是'活的'过程,它不会离开正在持续的观点模式(patterns of perspective)和操作模式而存在。最相关的观点模式是在既定共同体内普遍共享的法律预期和普遍要求的价值结果;而且'法律'被视为观点和操作的实际模式之融合"②。也就是说,政策定向法理学在其主要内容表述上综合运用了操作性观点和沉思性观点相结合的方法。该种方法与政策科学研究上的结构分析原则是一致的③。具体来说,作为"法律的政策科学"研究,从操作性观点来看,其功能在于从社会情境来考察法律,亦即提供与内化于社会关系中所实现的价值整合相关的智识,但完全依赖这种观点会因将研究局限于对方式和手段的思考,从而减损研究本身的价值。另外,纯粹的沉思性观点也无法成功地在既定情境下使研究最大限度地与社会中最可能的和最紧迫的需求相联系。因此,尽管政策定向法理学与许多传统学说一样,也强调理论与实践的一致性,但它更注重综合运用两种观点,更推崇理论与实践相统一。亦即,把法律视为权威性决策,在社会过程的意义上来研究它们;由于这个过程是由情境化的、看得见的行为所构成,所以可以根据结构和功能的变化来描述事态与表述概念。

再来分析关于"法律的政策科学"之研究方法的有关价值论进路。对此,鲍思特的看法是,拉斯韦尔和麦克道格尔的进路"提供了对目标-价值(或法律政策)的探索,经由使用系统探索现行的主观性模式的方法,其超越了哈特的'假设的人类共同目标'的观念,而且其内在于目标价值,能够最合理及客观地

---

① Burns H. Weston, Oscar Schachter, W. Michael Reisman, et al, "McDougal's Jurisprudence: Utility, Influence, Controversy", *Proceedings of the Annual Meeting (American Society of International Law)*, Vol. 79, 1985, pp. 266–273.

② Jordan J. Paust, "The Concept of Norm: A Consideration of the Jurisprudential Views of Hart, Kelsen, and McDougal-Lasswell", *Temple Law Quarterly*, Vol. 52, 1979, p. 12.

③ 参见[美]拉斯韦尔、卡普兰:《权力与社会:一项政治研究的框架》,王菲易译,上海人民出版社 2012 年版。

识别的那些现行模式。'纯粹的'目标价值是不可能获得的;超验的和语义的引用一点儿也不'真实'(甚至是'价值中立的');以及'假设的人类共同目标'的部分探索并非如下面的尝试一样有用,即试图绘制出可识别的所有相关的观点,包括实际上持有的、共享的、细节上不同的目标价值"①。拉斯韦尔和麦克道格尔明确指出,"政策科学学说的目标就是要提出设计得更好的理论和程序来对权威性决策中独特的复杂性和困难给予适当考虑。……为了对决策的作出给予最高层次的指导,就像其他众多当代国家宪章和一个新兴全球人权法案中所明示的那样,这一学说明确设定而非推导或是假设社群对于人类尊严之历史价值的根本的追求。……整个调查中最重要的目标当然是识别和作出最终达臻对有关直接当事方和他们作为成员的各种社群的、被设定的价值中的共同利益最充分的表达"②。为此,对于环境中的某些问题,可能必须重新表述,并重新组织各方之间交流的结构,来完成所有利益的适当整合。他们指出,为了规则的制定、应用和评价目的,语词或"规则"(这在大多数实证主义方法中其实只是一个语词的组合)必须不断地被解释。他们还指出,单纯的"规则导向"或句法分析不能是"客观的""价值中立的"或免除人类选择的,无论该努力是多么"纯粹"或"客观"。这就是为什么麦克道格尔和拉斯韦尔的进路在寻求近似"客观性"的同时,承认必须作出选择③。在这个意义上,我们也可以说,关于"法律的政策科学"的结构-功能进路与价值论进路是相融贯的。

更确切地说,拉斯韦尔和麦克道格尔坚持认为,他们的价值观是追求实现自由社会的公民价值观,但他们并不关注对民主价值的辩护,因为那种辩护是与某些形而上学的或道德的理论研究相关;而他们的"法律的政策科学"研究,实则十分注重论述有利于建立和维系自由社会的条件,那些论述经由剖析自由社会所赖以实现的制度来培育自由,在某种程度上这是富有成效的策略。在这里,需要特别申明的是,拉斯韦尔和麦克道格尔的进路尤其区别于凯尔森

---

① Jordan J. Paust, "The Concept of Norm: A Consideration of the Jurisprudential Views of Hart, Kelsen, and McDougal-Lasswell", *Temple Law Quarterly*, Vol. 52, 1979, p. 13.
② [美]拉斯韦尔、麦克道格尔:《自由社会之法学理论:法律、科学和政策的研究》,王超等译,法律出版社2013年版,第274-276页。
③ Jordan J. Paust, "The Concept of Norm: A Consideration of the Jurisprudential Views of Hart, Kelsen, and McDougal-Lasswell", *Temple Law Quarterly*, Vol. 52, 1979, p. 12.

(Hans Kelsen)与哈特的。凯尔森完全避免论及任何主观性价值,他的"纯粹法理论"完全限定于认识实在法①。不妨说,在凯尔森那里,分离的道德和法律规范之间唯一的真正区别,似乎绑定于一个可疑的概念,即"法律"属于强制性的秩序,而"道德"属于非强制性的秩序——留下纯粹主义者神奇地发现被强制的行为模式是什么以及没有被强制的行为模式是什么。而哈特则一直寻求避免陷入全面的和现实的人类共享的道德观点,取而代之,以从人性和"理智"(good sense)中派生出来的、共享且有限的法律与道德的"最低限度的内容"为出发点。②尽管他正确地指出法律期待与道德期待的确存在差异——当存在一个共同的期待:因为它是由法律规定的,所以某人"应该"做某事,但这并不一定与如下共同的期待不谋而合,即因为它在道义上是正确的,所以某人"应该"做某事,但是他却对两种期待之间的相互影响视若无物。也就是说,哈特"发现道德之'最低限度内容'的工作,不涉及在既定的社会中科学探究共享的或根本的道德之实际的'最低限度'或基本模式。相反,它依赖于一组推定。这种做法似乎不科学也反经验,正如凯尔森通过使用自己的模式化认知逃避持续不断的主观性模式。两者都涉及单纯的偏好"③。

在如何对待主观性价值上,鲍思特对于凯尔森和哈特的进路深表疑虑④。简单地说,他认为:两者在处理"社群普遍接受的道德"方面误入歧途;更可取的进路则是,一个面向社会过程的理性和科学的方法。亦即,对合理的、服务于政策(policy-serving)的决策,最好的研究方式是探索权威和操作的实际模式,而不是对社会背景的局部调查以及推崇教条式的和必然"不现实的"、反经验的计划。他认为,拉斯韦尔和麦克道格尔的进路,与凯尔森和哈特的进路完全不同。鲍思特指出,麦克道格尔和拉斯韦尔会同意,没有任何系统可以保证"真"或"正确"的价值选择。然而,麦克道格尔和拉斯韦尔想补充的是,我们可

---

① 参见[奥]凯尔森:《纯粹法理论》,张书友译,中国法制出版社2008年版;凯尔森:《法与国家的一般理论》,沈宗灵译,商务印书馆2013年版。
② 参见[英]哈特:《法律的概念》(第二版),许家馨、李冠宜译,法律出版社2006年版。
③ Jordan J. Paust, "The Concept of Norm: A Consideration of the Jurisprudential Views of Hart, Kelsen, and McDougal-Lasswell", *Temple Law Quarterly*, Vol. 52, 1979, p. 21.
④ Jordan J. Paust, "The Concept of Norm: A Consideration of the Jurisprudential Views of Hart, Kelsen, and McDougal-Lasswell", *Temple Law Quarterly*, Vol. 52, 1979, pp. 21-27.

以将"真"近似于集合的、多元化的思维,虽然一个人不能在没有方法论的情况下跳进"感觉"中,人们也不应该掩盖正在进行的和普遍共享的期待,诉求资源价值成果,或人类选择的事实。相反,人们应该认识到选择的必要性,阐述可为各种决策者所用的选择类型,并通过检验"所有影响决策的显著变量和决定的替代性选择总体价值后果的理性评估"寻求法律焦点中的全面性和真实性。我们必须澄清实际上利害攸关的政策,并专注于它们与背景和权威及控制决策的整个持续过程的相互关系,社会共同体正是通过它们塑造和分享其价值。

总结而言,拉斯韦尔和麦克道格尔的法理学方法,其功能是用于指导如何寻找重要的关于人类尊严价值的数据及对其展开研究,但不是简单预测这些数据会揭示什么。亦即,它只要是根据任务和程序,包括顺序和程度的变化来描述决策和表述概念,研究的范围和方法就可以向满足特定问题的需求方向发展,而不会局限于预测。因此,我们似乎也可以说,他们坚信物理学家开尔文勋爵的箴言:"只有那些可以被测量和称重的,才是知识。"这显然会涉及对政策定向法理学的综合性评判。

四、"法律与政策的理论镜像":政策定向法理学的意义与价值

拉斯韦尔和麦克道格尔的政策定向法理学本身是复杂的、多面向的,极易招惹非议。表面上看,他们的主张十分简洁:作为一个权威和控制的决策过程,法律不仅仅是由单纯的法律规则构成;其目标是通过这一过程来厘清并保障社会成员的共同利益,构建有人类尊严的公共秩序,通过剖析法律与政策之间的相互关系,才能更准确地理解法律在现实中是如何运用的;为促进决策需要完成五个方面的智识任务,即目标构想、趋势描述、因素分析、未来决策评估以及供选方案创制等。或者说,拉斯韦尔和麦克道格尔通过长期的合作,试图建立一种确信,即法律的规训应当变成一门政策科学:完成社会目标,以及使用法律学理和制度来认识实践中民主价值的技术。但当我们深入探究拉斯韦尔和麦克道格尔法理学的具体内容时,正如学者们所评论的那样:它忠实地反映了美国的政治偏见,大部分的核心工作是全神贯注于东-西方意识形态冲突;它整个的方法论不仅太复杂而且也太耗时费力,诸如语境、过程、价值观的

核心和系统评价非国家行为者的作用等等,过于老套和格式化;甚至韦斯特和沙赫特认为,研习它其实就是学习一种新的语言①。对此,韦斯特等人(Burns H. Weston)辩解说,政策定向法理学,作为一种寻求关联法律与社会——同这一联结一样复杂——的方法论和法理学,其本身必然是复杂的②。赖斯曼则指出,这种法理学在六个方面实现了对美国现实主义法学的超越,它是一个关于法理学和国际法学研究的里程碑③。相反,特文宁(William Twining)则将麦克道格尔-拉斯韦尔的方法描述为"一个功利主义和弗洛伊德心理学的混合物,并得到美国社会科学的一些洞识的补充,然后将所有内容集合为一个精心制作的术语"④。面对如此褒贬不一的评论,我们似乎只好笼统地说,在某种程度上,作为法律的政策科学研究,政策定向法理学提供了一种关于法律性质的一般视角或分析进路,而这一视角/进路尤其是以"权威决策"为核心且与政策/政治密切相关。换言之,不可否认,拉斯韦尔和麦克道格尔始终主张:政策定向法理学既可以成为法律教育和学术的指引,也将政策形成和执行技术的理性化表达摆在法学学科的中心位置。

不仅仅政策定向法理学,即便是"规则导向"的法理学说,也会充斥着争议⑤。当然,这绝非在否定法理学中关于法律性质的实质性内容的意义与价值。它们之间的争辩不应该被理解为永远没有定论,而应该被理解为对法律发展中特定历史时刻存在的状况和问题的回应。有鉴于此,对于政策定向法理学来说,尽管在事实上它除了在国际法学领域有较多反响之外,即纽黑文学

---

① [美]拉斯韦尔、麦克道格尔:《自由社会之法学理论:法律、科学和政策的研究》,王超等译,法律出版社 2013 年版,中文版序。
② Burns H. Weston, Oscar Schachter, W. Michael Reisman, et al, "McDougal's Jurisprudence: Utility, Influence, Controversy", *Proceedings of the Annual Meeting (American Society of International Law)*, Vol. 79, 1985, pp. 266-288.
③ W. Michael Reisman, "McDougal's Jurisprudence: Utility, Influence, Controversy, Proceedings of the Annual Meeting", *American Society of International Law*, Vol. 79 (April 25-27, 1985), pp. 266-288.
④ William Twining, *Karl Llewellyn and the Realist Movement*, London: Weidenfeld and Nicolson, 1973, p. 385.
⑤ 例如,英国学者威廉·W.巴克兰(William W. Buckland)在讨论 19 世纪中期奥斯丁(John L. Austin)的法理学主张时指出,法律界对于奥斯丁的态度存在着复杂而微妙的变化,"他曾经是一个宗教;今天他则似乎被当作了一种疾病"。参见 William W. Buckland, *Some Reflections on Jurisprudence*, Hamden, Conn: Archon Reprint, 1974.

派的追随,几乎没有持久和广泛地影响到其他法理学研究,但它为"二战"以来的世界政治与法律的发展所提供的"政策定向"进路,并非完全如科特瑞尔(R. Cotterrell)所推测的那样,即其影响力有限的一个极为重要的原因可能是,"它没有真正提出现实主义所强调的学理合理性和可预测性的实践性问题,而是试图说服法律人通过采用新的和不相同的分析模式来逃避这些问题"①,而是它的概念及其分析进路多半为其价值观所羁绊或者说"政治正确性"所拖累。对此,显然我们需要结合拉斯韦尔和麦克道格尔的具体论题来展开论辩,即从政策定向法理学与法律现实主义的关系等来考察其不断建构的"法律政治性"论题。

法律的政策科学研究,是另一种法律现实主义的遗产吗?实际上,如何评价美国的法律现实主义已是一项繁难的工作,何况是其遗产。对此,卡尔曼(Laura Kalman)就曾总结说,我们现在都是法律现实主义者,法律现实主义基本上是一种保守主义运动,但是它失败了。尽管如此,她还是承认,法律的政策科学研究拓展了法学院的课程,"使得案例教材和案例分析方法一直沿用下来",不过"关于法律教育的核心问题(当然,不是关于法律实践的核心问题)依然异议纷纭"。② 与之相联系,若不区别法律教育的具体内容,纽黑文学派确实也执着于法律教育改革,这主要表现为麦克道格尔的法理学和国际法学的观念迄今依然影响着耶鲁大学法学院的教学活动③。在这个意义上,法律的政策科学研究可以被视为继承了法律现实主义的衣钵。

若就具体论题或者说思想性内容来说,在某种程度上,两者也存在着一定的承继关系。作为对美国法律、政治和社会情况的直接反映,美国法律现实主义在20世纪30年代占据了法律理论主导地位,逐渐发展成为一项运动,它不可避免地体现了同一时期富兰克林·罗斯福"新政"的政治要求,这些要求是

---

① [英]科特瑞尔:《法理学的政治分析:法律哲学批判导论》,张笑宇译,北京大学出版社2013年版,第212页。
② Laura Kalman, *Legal Realism at Yale*: 1927—1960, Chapel Hill: University of North Carolina Press, 1986, pp.229-230.
③ Harold D. Lasswell and Myres S. McDougal, "Legal Education and Public Policy: Professional Training in the Public Interest", *The Yale Law Journal*, Vol.52, No.2, 1943, pp.203-295. 或参见万鄂湘、王贵国、冯华健:《国际法:领悟与构建——W.迈克尔·赖斯曼论文集》,法律出版社2007年版。

为了明确地从政策上整合所有治理机构,来应对自1929年华尔街股市崩溃开始的大萧条时期的社会和经济危机。当然,这一思想运动并非铁板一块,比如:它有"事实怀疑论"与"规则怀疑论"之分,甚至还有所谓"意见怀疑论";同时,它的重要成员之一卢埃林(K. N. Llewellyn)就非"新政"的拥趸;等等。对此,霍维茨(Morton J. Horwitz)认为:从历史语境来看,法律现实主义最为重要的思想性遗产,是"向声称法律思想与道德和政治话语分离并独立自治这一正统主张发出了挑战";法律现实主义被视为"20世纪初期对于法律原旨主义,特别是对于19世纪后期类型化思维之攻讦的登峰造极",也就是说,他们认为,法律分类和类型"并非自然而然的产物,而乃建构的结果";同时,法律现实主义受实用主义的影响,认为决定某种法律分类好坏的方式,取决于创制此种类型的目的,而非它是否在一定程度上适合或者反映了既有的实际类型;……"如同实用主义坚决主张功能主义的与结果主义的真理,而抨击哲学理念论的本质主义诉求一样,法律现实主义者们依据概念和类型所导致的结果来评价其价值。"①

更确切地说,对于美国的法制传统和环境来说,其主要依赖于一部被设计出来的成文宪法,而这部宪法则被明确认为是基本政治价值的容器以及普通法的遗产,其假定了"必须延续性地反映当前所掌握的社会态势";在这个语境中,所承认的法官角色就是"整合适应不断改变的社会态势和价值的宪法原则,并将其用于操作普通法和其他的法律学理"②。在这个意义上,法律现实主义的问题核心就是,将法律描述为一个某种统一体系的观念难以掩盖这一事实:法官作为一个政治行动者,拥有一定程度上的不受约束的权力。无论何种法律现实主义者,其实都是在竭尽所能地试图为此提供各种理性化的迥异其趣的方案而已。与此密切相关,政策定向法理学也可以算作是对"法律的(司法的)与政治的"关系问题提出了一种行动谋划,或者说,对于"法律政治

---

① Morton J. Horwitz, *The Transformation of American Law*, 1870—1960: *The Crisis of Legal Orthodoxy*, New York: Oxford University Press, 1992, pp.193, 200.
② G. Edward White, *Patterns of American Legal Thought*, Indianapolis: Bobbs-Merrill, 1978. 或参见[英]科特瑞尔:《法理学的政治分析:法律哲学批判导论》,张笑宇译,北京大学出版社2013年版,第152、207—211页。

性"论题的一种理论建构。

首先,拉斯韦尔和麦克道格尔主张,通过考量既定社会中全体成员一般分享着的法律期待而作出裁判,他们拒斥根据"权威"而制作司法裁判的法律实证主义方法①,并以此来建构其法律权威的观念。因为遵循实证主义方法的"权威"概念参照的只是官方精英的观点,而不包括共同体成员的观点。麦克道格尔和拉斯韦尔认为,权威和权威决定不仅仅涉及官方精英的观点、喜好或决策的结果,相反,"共同体成员"的观点应该是首要参考。亦即,法律权威的标准,必须立足于共同体所有成员的观点;法律的规范性内容,通常由共同体成员共享的那些法律期待模式所决定。因此,政策定向法理学进路的重点,并不在于确定或接受法官只是政策制定和执行者这一类型的实用主义观点,也完全不同于将法官视为一个主权者的受托人这样的实证主义观点,而是在认同了法律现实主义者的观点——法官是一个部分属于复杂政治体系的功能性实践权力者,这个体系以极少的集权和授权性为特征,它通过一个立法和适用法律的司法权网络,提供对一些司法决策者审慎考虑的活动余地②——之外,强调决策者必须认识到决策的审查程序(process of review)之意义与价值。因为它实际上涉及的是一个特定社会共同体成员之间的期待和行为相关模式的组合,亦即规范的有效性和功效(normative validity and efficacy)是相互关联的。而且这一审查程序,应以政策科学的方式——借助于诸如"期待指数"这种社会科学技术③——开展各种目标设定、内容评估等经验性的测量,其目的不仅仅在于选择也在于强调这一事实④:审查程序涉及的不仅是对"法律"的反馈本身,而且也是对原本作为权威性构成的精英选择的反映,亦即选择本身不是目的,而是启动一个规定性的过程,其结果将是一个社会规范。也就是

---

① Myres S. McDougal, Harold D. Lasswell and Lung-chu Chen, "Human Rights and World Public Order: Human Rights in Comprehensive Context", *Northwestern University Law View*, Vol. 72, No. 2, 1977, pp. 227, 296.

② 参见[英]科特瑞尔:《法理学的政治分析:法律哲学批判导论》,张笑宇译,北京大学出版社 2013 年版,第 185-192 页。

③ Jordan J. Paust, "The Concept of Norm: Toward A Better Understanding of Content, Authority, and Constitutional Choice", *Temple Law Quarterly*, Vol. 53, 1980, p. 240.

④ Myres S. McDougal, Harold D. Lasswell and Lung-chu Chen, "Human Rights and World Public Order: Human Rights in Comprehensive Context", *Northwestern University Law View*, Vol. 72, No. 2, 1977, p. 232.

说,政策定向法理学所开放出来的重要论题之一就是,如何衡量和确定社会期待的实际模式,并以此来确认法律权威。申言之,对"法律的(司法的)与政治的"关系来讲,重要的问题,不是司法或立法机构等是否最能代表权威,而是在给定的情况下,是否任何一个官方机构的实际规范性选择事实上反映了真正的法律权威。更确切地说,基于此种进路,拉斯韦尔和麦克道格尔避免陷入司法部门(而不是实际的司法选择)比立法机关(而不是实际的立法选择)更民主的长期和徒劳的纷纭争论之中①。在这个意义上,拉斯韦尔和麦克道格尔富有教益的启示:法律不只是作为何为正确的或公正的观念的一种表现,它更重要的是要体现社会期待这一价值,因此它也必须具有行为的有效决定因素;进而,作为权威决策过程的法律,是更大的政治和社会进程的一部分,它受到在一般的政治工作中运作的因素的影响。

其次,拉斯韦尔和麦克道格尔认为,参照普遍共享的法律期待并通过强调权威和行为之间的联系,我们可以矫正法学家、政治学家们共有的倾向,即他们仅仅根据权力和利益来理解法律与政治行为。这至少是因为"当政策被定义为制定影响价值分配的重要决定时,没有一个处理法律问题的人能够脱离政策"。麦克道格尔甚至直截了当地指出,中立的法律概念和没有政策内容的法律一样,都是一种妄想。具体来说,根据拉斯韦尔和麦克道格尔的政策定向法理学的基本信条与原则,作为权威性决定过程——而不是作为约束性规则——的法律概念,法律实际上涵盖了涉及"权威的视角"下的所有社会交往的决定。在这其中,"权威的"决定,与"正确的"或"适当的"决定始终是保持一致的,即术语"权威","正确"和"适当"的含义就是指一系列携带着"符合预期"的决定。它们也不限于官方机构、法院和立法机关的决定。特别重要的是,这样的决定是"控制性的",它们必须管理行为,即决定具有影响行为之能力的权力元素。因此,法律的过程涉及权威(合法性)和权力两者。虽然它们是有区别的,但也是相互共生的:"权威"趋于消失,如果没有效果的话;未经授权的/没有权威的权力(即为"赤

---

① See Jordan J. Paust, "The Concept of Norm: Toward a Better Understanding of Content, Authority, and Constitutional Choice", *Temple Law Quarterly*, Vol. 53, 1980, pp. 226-290. 或参见[美]伊利:《民主与不信任:司法审查的一个理论》,张卓明译,法律出版社2011年版。

裸裸的"暴力),要么被成功地挑战,要么需要获得合法授权①。

进一步讲,与法律现实主义不同,在很大程度上现实主义者们坚持某种职业者的态度来认识与发展法律学理,而政策定向法理学则假定在社会过程中存在某种关于法律价值(符合社会期待)的总体结构,我们能够利用实证研究识别、补充这些价值,亦即最适当的司法功能之一就是合理实施这些期待。概言之,法律(司法)过程中的不确定性完全可以借助于参考社会目的、政策予以解决。需要注意的是,这种进路也不同于现代实证分析法理学②,实证分析法理学认为,法律规则的含义有"核心"与"边缘"之分,只要能够确定法律规则含义存在一个没有争议的核心,就能够认为司法决策至少在一定程度上,与个人司法价值和偏好的表达或者从政策上作出司法、立法活动的决策有所不同。与之相比较,政策定向法理学的进路,实际上是要求一个信念上的跨越,即承认法律期待等一干共享价值并认为它们控制了现实的司法行为。显而易见,拉斯韦尔和麦克道格尔所谓"法律的政策科学"研究,拒绝法律与政策之间的区分,以价值决定的方式试图抹平法律推理与政策论辩之间的所有界限。这也与他们的追随者,尤其是新纽黑文学派的主张不同,后者主张从"福利"的视角来对待政策,尽管也主张法律与政策的区别既不现实也无意义③。总之,拉斯韦尔和麦克道格尔所不断建构的法理学,至少有将法律还原为政治并消除法律的独特规范性质的嫌疑。

最后,拉斯韦尔和麦克道格尔的法理学,一方面有助于我们理解从事政治和社会事务的人们关于谁可以合法作出、在什么条件下以及为了什么目的(社会期待)的"权威性决策"的实际作用与现实价值;另一方面它提供了发现一个合法性的行为或决定的最终检验是"其与社会共同体的基本目标相一致"的理论和程序。然而,尽管根据这一理论,社会共同体的基本目标可以通过实证调查发现人们持有的价值观是什么,即便它拒斥关于价值观的"超验推导

---

① Burns H. Weston, Oscar Schachter, W. Michael Reisman, et al, "McDougal's Jurisprudence: Utility, Influence, Controversy", *Proceedings of the Annual Meeting* (*American Society of International Law*), Vol.79, 1985, pp.266-288.
② 参见[英]哈特:《法律的概念》(第二版),许家馨、李冠宜译,法律出版社 2006 年版;[英]拉兹:《法律的权威:法律与道德论文集》,朱峰译,法律出版社 2005 年版。
③ 参见万鄂湘、王贵国、冯华健:《国际法:领悟与构建——W.迈克尔·赖斯曼论文集》,法律出版社 2007 年版。

(transempirical derivation)"进路,正如传统的自然法理论所做的那样,但是它总是以适用政策或社会目标来凌驾于法律规则、条约等规范性内容之上,也就意味着社会过程中的"价值澄清"总是可能的。不过,正如沙赫特所指出的,政策定向法理学必须解决[①]:其一,这种"非法律"的考虑可以适当进入法律决定过程的程度问题。其二,麦克道格尔相当振振有词,"世界人民的压倒性多数"希望和平、安全、尊重和有决定自己命运的权利,这些愿望都被其归结为人类尊严的价值,我们也可以在《联合国宪章》《世界人权宣言》表达中发现它们;但是,由于它们都是宽泛意义上的政治修辞,它们也兼容于不同机构的各种不同的解释,因此它们是否就一定与美国和西欧的所谓自由民主的政治信条联系在一起了呢?申言之,政策定向法理学所论及的"法律政治性"问题,既不是通常法律渊源意义上的政策,也不是通常语境里的法律,而是以一种所谓依赖法律基本目的(特别是共享价值)的方式来应用规则和法律程序。这似乎并不可行,不仅仅是因为价值澄清上的不可能,如到底是谁的价值,而且它似乎以一种破坏既有法律概念的方式来阐释法律学理,让法律服从政策,它的进路无形中消解了规则的约束性,并为伪装成法律的偏见或主观的政策打开了方便之门。

总结而言,拉斯韦尔和麦克道格尔的法理学,以非同一般的法学理论的方式开放出了"法律政治性"论题的规范性内容,如法律权威、权威性决策过程等等。与此同时,该种法理学在赋予权威性决策以规范内容时,其中的所谓共享价值因素,只不过归因于人类的多数目标,这些源于道德升华和理想政体的理性观念,而非源于人们实际想要什么的经验发现,因此,既背离了法律现实主义的职业取向,也无视了法律语言的特殊性和自主性。在笔者看来,法律过程中优先考虑公共政策,即考虑那些从人类目的之道德反思和理性澄清中产生的愿望是完全适当的,但是若以此为借口并以一种高度选择性的方式适用政策来取代法律的约束,即赞成由美国政策作为其所追求的"更高目的",并隐蔽地依附于美国的政治与法律主张之上,则是一种极其危险的单边主义霸权思

---

① Burns H. Weston, Oscar Schachter, W. Michael Reisman, et al, "McDougal's Jurisprudence: Utility, Influence, Controversy", *Proceedings of the Annual Meeting* (*American Society of International Law*), Vol. 79, 1985, pp. 266-288.

想,因而,也就不会在根本上对"法律与政策"这一老生常谈的话题提供更具意义与价值的智识力量。

五、结语:"法律、政策与科学"问题的封闭与开放

宽泛地讲,拉斯韦尔和麦克道格尔的法理学,是"政策定向"的,它着力强调法律与政治的共生性,以至于存在着将法律还原为政治的趋向。尽管如此,它避免了纯粹视政策为法律推理(司法适用)过程中的一种因素的分析进路,而是将政策泛化并结合社会科学方法对其在社会过程中的表现进行经验性测量。由此以来,它更专注于行为者(参与者)或大众的接受和期望。一如拉斯韦尔所言,"要成为权威性的就是要被确定为官方的或机构有能力采取的行动;要成为控制性的就是能够塑造结果",并认为法律的权威性体现在决定流程结合了权威和控制二要素,这也就是说,重点在于"有关沟通的整个过程",即使人们知道"法律不会被立法机构单独创制,也是由守法创制的……"[①]进而,它避免陷入司法部门与立法机关何者更民主的长期和徒劳的纷纭争论之中,亦即,政策定向法理学并不是基于一种法律职业者的视角与态度来阐释法律问题,它更倾向于识别出某一社会共同体及其法律期待,而不是仅仅识别或补充一个规则的规范性内容,因为在根本上它坚持认为,"规则的功能顶多只能是指导决策者看到问题的相关特征及其背景和适当的政策"[②]。

然而,当拉斯韦尔和麦克道格尔以一套迥异于一般法学理论的概念工具、以潜藏的美国政策理念来诠释作为法律的政治科学时,即便是同为判例法系的英国法学者,也会对他们加以鞭笞[③]。尽管如此,作为法律的政治科学研究,其在认识论上所开放出的"法律政治性"论题,依然值得深究:至少我们应在更宽广的视野下,将政治权威和权力与社会共同体(甚至于人类共同体)及其期待而非将立法或司法看作是法律的中心,并由此来审视"法律与政策"的另一种可能或未来。

---

① See Harold D. Lasswell, *A Preview of Policy Sciences*, New York: Elsevier Science Ltd., 1971. 或参见[美]拉斯韦尔、卡普兰:《权力与社会:一项政治研究的框架》,王菲易译,上海人民出版社 2012 年版。
② 参见[美]拉斯韦尔、麦克道格尔:《自由社会之法学理论:法律、科学和政策的研究》,王超等译,法律出版社 2013 年版。
③ See William Twining, *Karl Llewellyn and the Realist Movement*, London: Weidenfeld and Nicolson, 1973.

第二章

法律过程理论里的司法权能观

2016年1月,一份被称为"史上最拽的判决书"曾引发广泛的关注和讨论,原因是这份判决书在说理时"援引"了《圣经·马太福音》中的内容①。可以肯定,这么"拽"的裁判说理只是个例,但由此引出的问题却具有普遍性,即法官到底应该如何进行说理。该问题还可以扩展为,法官应该如何作出判决这样的一般性问题。更准确地说,法官在履行自己职责的过程中受到什么样的制度性约束。以及我们该如何来认识这种性质的约束。对此,笔者拟以"过程法理学"所开放出来的"司法权能"(judicial competence)概念为例,来说明该学派关于法官裁判的制度性约束的思考。笔者将首先从其立场与关注的问题着手梳理过程法理学的思想脉络,然后通过阐释"司法权能"的概念内涵来探讨由过程法理学所衍生的种种问题,进而强调指出,法院是国家权力体系中的重要部分,其权能理应受到尊重,同时法官的裁判也必须尊重其他制度的权能,并且应在"法治"框架下说明他们的决定。在司法权能作为程序性思维的意义上,它一定会为我们规范法官裁决提供重要镜鉴。

---

① "重庆市巴南区人民法院民事判决书"(2016)渝0113民初404号。具体引述内容为:"为什么看到你弟兄眼中有刺,却不想自己眼中有梁木呢。你自己眼中有梁木,怎能对你兄弟说,容我去掉你眼中的刺呢。你这假冒伪善的人,先去掉自己眼中的梁木,然后才能看得清楚,以去掉你兄弟眼中的刺。"

一、过程法理学的问题与立场

过程法理学又称法律过程理论(process jurisprudence/the legal process theory),是20世纪后半叶在美国形成并迅速发展的法学流派。其问题缘起于,如何在"新政"很大程度上将法律作为政策对待的背景下,为美国法律的合法性或正当性提供证明。大致来说,当时学者们采取的理论进路可概括为以下两种:其一,经由断言美国法律是以原则和理性为基础的而力证其具正当性;其二,则强调美国法律开放与民主的特性。著名法学家朗·富勒对这样两种理论进行了综合,即法律的合法性因"忠实于原则"而具有了实质的根基,同时因"参与的开放性"而具有了程序的基础;并且认为,这两种孪生的合法性渊源彼此相辅相成。富勒的理论正是过程法理学思想创作的重要来源。"就像三条溪流汇集成澎湃的河流一样,"威廉·N.埃斯科利奇(William N. Eskridge)写道,"20世纪的三个智识发展汇聚一处,创制了法律过程学派。"[①]它们是视法律推理为"探索连贯一致的理由在法律结构中的表达"的理性主义、在新政时期现代行政国家的发展以及由极权主义兴起而产生的对民主的信念。具体来说,过程法理学试图经由创建一个程序主义的架构,来保证实证命令在法律过程中能够被公正、合理地实现。

在理论立场上,过程法理学扬弃了它之前两个主要的法律学术立场:以兰德尔(Christopher C. Langdell)为代表的崇尚逻辑推理的法律形式主义和以卢埃林等人为代表的质疑法律当中的客观性或理性的法律现实主义。19世纪末期,主流的美国法理学被称作形式主义理论,即法律的学院派研究。不过,该理论的创始人兰德尔认为,它是"科学的法理学"。依据这一理论,法律(尤其是普通法)体现了一般性的、逻辑相关的、能够通过研究司法判决发现的法律原则。用加尔文·伍达德(Calvin Woodard)的话来说,这是作为"归纳科学"的法律[②]。依据抽象和精细程度的不同,法律原则可以被分类和安排成一

[①] William N. Eskridge, Jr., *Dynamic Statutory Interpretation*, Cambridge: Harvard University Press, 1994, p. 141.

[②] Calvin Woodard, "The Limits of Legal Realism: An Historical Perspective", *Virginia Law Review*, Vol. 54, No. 4, 1968, p. 701.

个正式的体系,少数公理性原则作为进行逻辑推理的源头,派生出其他更为具体的法律原则及大量的法律规则。因此,形式主义者不会关注具有高度情境性质的法律争议和法律概念的可塑性品质;又由于判例汇编被视作法律原则持久的资料库,法院应将工作重心放在普通法和遵循先例原则方面。不管人们对于形式主义的异议多么激烈,它仍然盛行了四十多年,但最终由于法律现实主义的批判而沉寂下来。

现实主义者指责,兰德尔主义法律科学是一种抽象的、非语境化的理性主义,它既与有意义的社会现实没有关系,也与人类对外在世界的体验没有联系。与之恰恰相反,现实主义者主张并不存在一般的法律原则;法律一直是某些特定法律制定者的创造,不管是立法者、执法者还是法官,而且它经常反映了法律制定者的政策偏好。他们质疑,法律思想是从道德和政治话语那里独立和自主出来的正统观念;同时指出,司法决策或多或少以法官个人喜好为导向,进而反映出法官的政治趋向。现实主义者还断言,不存在法律推理的独特领域而且法律判决更多的是政策问题。基于这些主张,现实主义者造就了这样一种意识,即法律的大厦已损坏,甚至被炸得四分五裂①。虽然法律仍旧在发挥作用,但是为理解作为法律的法律,而不是仅仅作为政治或社会科学另一个分支的法律,找到其他任何理论依据似乎毫无指望。

形式主义与现实主义的这种针锋相对的局面,在一定意义上恰如庞德所言:"在上个世纪(20世纪),我们从内部研究法律,今天的法学家从外部研究法律。上个世纪(20世纪)试图发展一个完美的、协调的、由法学家们通过形而上学或历史的方法发展的基本原则。今天的解释适用能够更多地考虑或者更多地理智考虑法律必须依据的或者被适用的社会事实。上个世纪(20世纪)以抽象的方法研究法律,今天的法学家坚持法律制度和法律原理的实际社会效果的研究。"②那么,过程法理学到底是如何实现对这样两种理论立场的整合呢?一方面,过程法理学论者要表明与现实主义者不同,他们相信法律并不仅仅是工具意义上的政治形式,而且是人类活动的一个独立的和特殊的领域。

---

① Paul Horwitz, "Bora Laskin and the Legal Process School", *Saskatchewan Law Review*, Vol.59, No.1, 1995, p.82.
② [美]罗斯科·庞德:《普通法的精神》,唐前宏等译,法律出版社 2009 年版,第 151 页。

亦即,法院的争端解决与立法机构、行政机构的活动是有根本性区别的。另一方面,过程法理学论者要避免简单地回归兰德尔的形式主义,他们要努力确立一些原则,以便促使人们树立对法官决策之合法性的信念,即"彻底地重新界定法官的处境,而非简单修补早期智识成果的千疮百孔"①。

过程法理学论者假设:在一个试图增进公共利益的政府中,每一机构都有一种特殊的权能或专长;好政府的关键不仅在于制定出最好的政策,而且也在于辨识出何种制度应该产生出何种决定以及不同的制度如何能够最有成效地合作。这便是弗兰克福特(Felix Frankfurter)法官提出的"制度权能"(institutional competence)这一法律过程核心概念②,意指"在不同种类的争端和不同类型的制度之间可能存在一种自然的、功能的相关性,以至于争端的类型能够依据与它们相一致的诸种制度化程序加以协调"③。由此,制度权能可被用于分析执法、立法或管理机构等概念,具体到法院,它在推理过程中必须按原则办事。"法律过程理论的杰出成就是它严格坚持,法律不仅仅是政治,原则是——或者应该是——决策的一个组成部分,而且坚持这些观点并不天真。"④更明确地说,过程法理学关注的论题主要是制度权能问题的典型——司法权能问题。

二、司法权能的概念内涵

在过程法理学里,制度权能概念之所以重要,主要因为它能够在"司法与政治"等问题上提供一种新的思想可欲性。基于制度权能的观念,决策权威应该如何被分配的问题具有首要的重要性。过程法理学论者的核心主张是政府的每一项制度都拥有一个特定的权能领域,这样特定的任务能够被分配给那一制度而无须考虑其所包含的实质政策;而且每一制度都具有特殊的权能和

---

① Duncan Kennedy, "Legal Formality", *The Journal of Legal Studies*, Vol. 2, No. 2, 1973, p. 395.
② See William N. Eskridge, Jr. and Philip P. Frichey, "The Making of 'The Legal Process'", *Harvard Law Review*, Vol. 107, No. 8, 1994, p. 2033.
③ See William N. Eskridge, Jr. and Gary Peller, "The New Public Law Movement: Moderation as a Postmodern Cultural Form", *Michigan Law Review*, Vol. 89, No. 4, 1991, pp. 707, 719–720.
④ Norman Dorsen, "In Memoriam: Albert M. Sacks", *Harvard Law Review*, Vol. 105, No. 1, 1991, p. 14.

第二章　法律过程理论里的司法权能观

与其制度性功能相适应的特定程序。针对司法领域,他们阐释了"司法权能"这一关键概念。另一方面,通过采用实用主义者如约翰·杜威所持的价值多元主义观念,过程法理学论者能够争辩——与现实主义者相反——对法律有效性的分析不可被约简为政治意识形态①。事实上,司法问题在内战之后就一直是美国法学理论关注的重点,尤其是自布朗诉教育委员会案(Brown v. Board of Education)即1954年作出的废止种族歧视案,以及罗伊诉韦德案(Roe v. Wade)即1973年的堕胎案开始,司法问题更是激发了法律人、政治理论家以及社会公众相当程度的兴趣。很大程度上,这是因为这些案件的裁决似乎并不源自宪政设计者的选择,而依赖于法院自身选择的价值原则。这些判决引起了对美国法学中在司法领域中的"理性"和政治学领域中的"意志"之间传统界分的质疑②。由此,与司法和政治的分离命题相关,过程法理学的司法权能概念化存在以下两个理论进路。

(一) 司法与"理性"之惑

早在古希腊时期,斯多葛学派就已将自然法界定为"自然的理性",而在近代格老秀斯那里则把自然法界定为"正当理性的命令"。这似乎意味着理性是一个自明的概念,只是在不同时代的学者那里基于相异的理论或实践需要而被重新发掘出来而已。实际上,在不同的时代与不同的理论当中,不仅理性本身的含义有所变化,而且它所赖以存在的观念网络也是千差万别的。比如,在柯克与霍布斯的时代,对理性作用的不同认识要解决的是权力的适当分工问题,借助的是所谓"人为理性"和"自然理性"这样一些概念;对于兰德尔来说,关键的问题是如何在自然法衰落之后找准普通法的位置,他认为普通法是作为一种理性的原则体系而存在的,必须借助逻辑(演绎的和归纳的)来发挥作用;而面对同样的问题,英格兰的边沁则坚决否定普通法的功用。

"在美国的法律思想中将理性作为主导的思想意识和理论模式的代表"③,首推过程法理学。在过程法理学先驱富勒那里,理性是界定司法权能的症结

---

① See Edward L. Rubin, "The New Legal Process, the Synthesis of Discourse, and the Microanalysis of Institutions", *Harvard Law Review*, Vol. 109, No. 6, 1996, p. 1397.
② Cass R. Sunstein, "Politics and Adjudication", *Ethics*, Vol. 94, No. 1, 1983, p. 126.
③ Neil Duxbury, *Patterns of American Jurisprudence*, Oxford: Clarendon Press, 1995, p. 205.

所在。在他看来,法庭的特殊任务是根据理性论辩判决案件,只有能够经由理性论辩解决的议题才适合司法决定;当法庭逾越了这一角色,它们便遭受了其作为法律制度的合法性危机:首先,因为基于政治优先性的考虑,它们行为的正当性存疑;其次,因为它们在其权能领域范围外行为。过程法理学的主将亨利·M.哈特(Henry M. Hart)和萨克斯(Albert M. Sacks)在《法律过程:法律制定和适用中的基本问题》①一书中,则将理性作为法律过程的三个重要主题之一。该著作讨论了三个与法律过程相关的主题:第一个主题,强调法律过程理论试图解决的问题是制度的权能。第二个主题,强调法律过程与成文法解释问题之间的关联。亨利·哈特和萨克斯的成文法解释理论以如下确信为基础,即相互竞争的政治利益群体,如果受正当类型的程序规制的话,能够制定出合理的公共政策。第三个主题,则强调在法律过程中理性的首位性。这一视角突出法律过程"在任何情形下都是以如下确信为前提的,即那些尊重并运用理性能力的人能够发现一种赋予他们的法律行为以意义和合法性的先验标准(priori criteria)"②。因此,要明确过程法理学论者所强调的理性概念,须在其论域内综合理解。

总结而言,过程法理学的前述理论主张可以被概括为:什么样的品质构成了"适当确立的"程序"适当地达成的结果"。首先,法律过程理论侧重于对"制度竞争力"的考量,也就是说,决定一个特定争议的机构应该是最适合于决定它的。其次,制度权能之外是"理性阐释"的原则,正当理由必须意味着比"仅仅是法令或先例"具有更多的内涵③。所以,过程法理学论者在不同的时间以不同的方式运用和细化诸如原则、宗旨、诚信和审慎这样一些关键主题,以阐明和促进内在于法律中的理性观念。因此,理性是一个动态的、变动的概念,过程法理学也应被看作一个不断发展的思想体系。

实际上,诸多论者也是从理性概念着手界定过程法理学的。尼尔·达克

---

① Henry M. Hart and Albert M. Sacks, *The Legal Process: Basic Problems in the Making and Application of Law*, New York: Foundation Press, 1994.
② Neil Duxbury, "Faith in Reason: The Process Tradition in American Jurisprudence", *Cardozo Law Review*, Vol. 15, No. 3, 1993, p. 650.
③ Paul Horwitz, "Bora Laskin and the Legal Process School", *Saskatchewan Law Review*, Vol. 59, No. 1, 1995, pp. 85-86.

斯伯里(Neil Duxbury)认为,过程法理学体现了理性开始作为美国法律思想的主导论题①。莫顿·霍维茨(Morton Horwitz)将过程法理学描述为获得了"战后的法律学术思想"的"实质霸权","在20世纪50年代,对于'中立性原则'的探寻仅仅是又一次在美国文化当中分离法律与政治的努力"②。詹姆斯·博伊尔(James Boyle)则把过程法理学的工作看作"强迫性尝试升华、拒绝、轻视或重新解释现实主义者已经达成的有关法律判决的'主观性'结论"③。也就是说,过程法理学的兴起,标志着美国法律人不是根据演绎逻辑或官员的直觉,而是根据体现在法律自身结构当中的理性来解释法律判决,即为法律判决寻找某种客观基础。

申言之,过程法理学并未提供任何实质性规则作为达成可欲的法律结论的途径。相反,它认为,如果司法机构在其适当的制度角色范围内遵循适当的决策程序,将会产生妥当的司法裁判。正如现实主义者所坚持的那样,所有法律都来自政治决定,过程法理学也承认其为司法裁决的出发点。它强调的是,法律理论必须将自己的工作范围限定在特定的制度角色范围内,这相对于形式主义者的研究领域要狭窄得多。亦即,以一种与现实主义者实质上相同的方式界定了法理学的界限之后,过程法理学者经由发展在此界限内操作的理论避免了现实主义者固有的虚无主义。无论如何,过程法理学关于司法的讨论,无外乎是在寻求司法与理性论证的有效结合形式。"过程法理学因此重构了法律与政治之间的先在分离(prior separation),不是通过假设超验的法律原则,而是通过确定一个分立的和政治上确立的法律领域,其中理性论证占据主导地位。"④这也就是司法权能概念化过程当中的"理性"之惑,它由诸多的命题联结在一起。

(二)司法与"意志"之谜

对于法律中的任何客观性或理性论断,大多数法律现实主义者持反对意

---

① Neil Duxbury, "Faith in Reason: The Process Tradition in American Jurisprudence", *Cardozo Law Review*, Vol. 15, No. 3, 1993, pp. 602—605.
② Morton Horwitz, *The Transformation of American Law, 1870—1960: The Crisis of Legal Orthodoxy*, New York: Oxford University Press, 1992, pp. 269, 271.
③ James Boyle, "The Politics of Reason: Critical Legal Theory and Local Social Thought", *University of Pennsylvania Law Review*, Vol. 133, No. 4, 1985, p. 702.
④ Edward L. Rubin, "The New Legal Process, the Synthesis of Discourse, and the Microanalysis of Institutions", *Harvard Law Review*, Vol. 109, No. 6, 1996, p. 1396.

见①。标榜为法律现实主义者的一干学者、法官等人物,几乎都致力于研究司法决策(judicial decision)的诸种情形。亦即,无论何种法律现实主义,在一定程度上它们不过是以各自立场在回应霍姆斯式的法律观——法律就是法庭可能做出的一种预测或反应②;以法律规则等规范并未提供关于法庭、法官或者参与法律者的实际行为的全部答案为据,进而指出最完整程度的司法权力是通过创造性阐释来发展法律的。因此,与形式主义不同,法律现实主义认为,法律"学理没有创造者来得重要;法官怎么做比他们为其决定所说的辩护理论更加重要;价值仅仅是在它们代表了有影响力的决策者的特定行为这个意义上,与法律分析有关;法律结论反映的是政治权力的结构,而非超然的(overarching)社会和政治价值"③。现实主义者证明,客观公正的法律思想体系的吸引力是虚幻的,"客观地"应用法律规则于一组给定的事实可能得出各种同样有道理的结果。申言之,司法决策在或大或小的程度上就是某种意义上的"法官的政治"。在这个意义上,法律现实主义极大程度地开放出了"司法决策中法官的意志"这样一种思想观念。

法律现实主义的出发点是,表明形式主义的法官形象,即其不制定法律,而只是客观地发现并应用现行法律。这简直就是天方夜谭。在形式主义所处的"古典法律意识"时代,司法决策被视为"科学的、演绎的过程,其中已经存在的法律材料将特定法律案件归入它们的领域,从而使法官推断出法院在审案件的正确答案——该答案先前就已存在"④。这种形式主义的进路将法官看作客观地和不掺杂感情地决定案件的人,他根据明确的和一致的法律规则体系,通过逻辑推演出正确的解决方法。因此,法官没有制定法律,他只是应用由立法机关已经创建的法律或普通法所固有的法律。

在法律现实主义者看来,法律既不是代表现实的中立符号系统,也不是解

---

① William N. Eskridge, Jr. and Philip P. Frichey, "The Making of 'The Legal Process'", *Harvard Law Review*, Vol. 107, No. 8, 1994, p. 2031.

② Oliver Wendell Holmes, "The Path of the Law", *Harvard Law Review*, Vol. 10, No. 8, 1897, pp. 457-458.

③ [英]科特瑞尔:《法理学的政治分析:法律哲学批判导论》,张笑宇译,北京大学出版社 2013 年版,第 186-187 页。

④ Raymond A. Belliotti, *Justifying Law: The Debate over Foundations, Goals, and Methods*, Philadelphia: Temple University Press, 1992, p. 4.

决社会纠纷的中立规则体系。举例来说,在现实主义者那里,侵权法中疏忽、故意侵权等远远不如"外科手术""饲养动物""交通运输"等更能揭示案件的结果。正如科恩(Felix Cohen)所辩称的那样,"侵权""原告""被告""可预见性"等这些抽象的概念,都是我们基于某种目的创造的,因此,当法律纠纷出现时,我们应着眼于这一目的以及与其相关的事实和政治现象,而不应试图通过定义或解释词语来解决那些争端①。由于这样的选择必然以法官关于"什么是正确的"信念为基础,因此法官个人的价值判断自觉地或不自觉地构成了他们判决的依据。法律规则和先例可以被操纵以证明任何决定。这意味着规则和先例并不能限制法官的选择,因为选择适用哪些规则或先例以及如何应用它们的正是法官。

在应对法律现实主义有关"司法决策中法官的意志"等主张的过程中,过程法理学者逐步发展出"程序"的观念来明晰司法与法官"意志"的关系。程序的概念与制度权能的观念是紧密相关的:程序既标示了各种不同制度之间得以彼此区分的基础,也保证了各种制度在其权能范围内的适当运作。制度尤其是司法制度的这类自我约束是重要的,因为"法院被分配了保护个人权利和保全政治程序完整性的任务;如果它们削弱其自身的合法性,那么它们将危害它们被独特授权和有资格保护的权利。因而,宪法分配给法院角色的明确边界成为一个争论激烈的问题,争论所依据的共享前提为:程序实际上是成功的范式或框架的定义性特征"②。这也就意味着,区分司法权力的合法与非法运作是可能的,而区分的关键则在于司法权力运作的程序规制。

概括地说,形式主义者认为抽象的理性主义保证了最终判决结果的公正,现实主义者则认为经验性的观察和归纳为判决结果的客观性提供了证明,但是,在过程法理学看来,此二者都不能实现其预设的目的,因此,他们致力于对获致结果的过程进行约束,提出一些程序性的条件。正是这些程序性条件的约束真正有效地克服了假借经验之名的"意志"恣意。简言之,司法权能概念

---

① Felix Cohen, "Transcendental Nonsense and the Functional Approach", *Columbia Law Review*, Vol. 35, No. 6, 1935, pp. 809-810.
② Edward L. Rubin, "The New Legal Process, the Synthesis of Discourse, and the Microanalysis of Institutions", *Harvard Law Review*, Vol. 109, No. 6, 1996, p. 1397.

化过程当中的"意志"之谜,不仅仅是几个学派间的激辩,对于过程法理学者而言,更多则是如何结合理性论辩来创作一种司法图景,从而展现他们自身的法律思维。

（三）司法图景的创作

探究司法权能的概念化进路,我们已揭示出其双重功用:一是彰显司法过程中的理性;二是抑制甚至剔除司法过程中的意志。具体地说,过程法理学者将之具体化为"理性阐释"(reasoned elaboration)这一重要的程序性观念。所谓"理性阐释"指的是具体定义司法决策的过程,它要求法官总是为判决给出理由,以细致和自治的方式表述这些理由,并且假定"类似案件类似处理"。过程法理学者的"理性阐释"观念一方面得益于富勒的相关论述,一方面也源自对法律现实主义的批判。

在富勒的论述中,"理性阐释"对应的是,他对司法过程中理性论辩重要作用的强调,这主要源自他对卡多佐相关见解的认识与思考。在富勒看来,两大主要法学理论流派——法律实证主义和自然法学派都仅仅是将理性或者命令这两者之一推向极端而排除另一方,对于他们来说,理性与命令似乎是无法相容的。但对卡多佐来说,这两者是法律不可缺少的不同面向:"法律因其有限度因而是命令,又因其有抱负因而是理性的,其整个观点包含了对法律之限度与法律之抱负两者的肯认。"①富勒曾经专门撰文探讨如何看待理性与命令这二者之间看似互相排斥却都同样可论证的矛盾关系:"当我们不是根据定义与权威性渊源而是根据问题与功能来对待法律时,我们必然会发现它是由理性与命令组合而成的,由发现的秩序和强加的秩序复合而成,而且会发现试图消除法律这两种面向中的任何一种都改变了它的性质或是歪曲了它。"②这是因为既定法令本身就是理性要求我们在判断中加以考虑的现实。司法正是在人类事务中给予理性论辩以正式的和制度的表达的机制。我们要求司法的决定是理性的,我们并不期望契约或选举的结果也这样。作为理性论辩的产品,判

---

① Lon L. Fuller, "Reason and Fiat in Case Law", *Harvard Law Review*, Vol. 59, No. 3, 1946, p. 377.
② Lon L. Fuller, "Reason and Fiat in Case Law", *Harvard Law Review*, Vol. 59, No. 3, 1946, p. 382.

决必须自己准备好经受理性的检验①。以富勒的论述为基础,亨利·哈特和萨克斯等过程法理学者以其对"理性阐释"的信念以及对正确选择程序的关切而著称。

同时,过程法理学者通过重塑法律现实主义的司法理论来建构其自身的司法图景。他们最初的努力体现在 1951 年开始的《哈佛法律评论》"序言"(*Harvard Law Review* "Foreword")中。正如其标题所表明的,他们的核心目标就是,对最高法院上一年度重要判决进行简要评价。"序言"第一期的作者杰菲(Louis Jaffe)对于理解法律过程的发展十分关键,原因在于他关注的主要是,法院"相对缺乏制度意识和制度自尊",而且还在于他批评了最高法院在制度运作及成就方面的滑坡——一定程度上是现实主义和自由主义过分夸大了最高法院之政治功能的缘故②。最终在历年"序言"的批判中,过程法理学发展出了"理性阐释"的观念。作为一种司法理论,其核心主张是"由理性证明支撑的判断——无论其政治后果如何——要比单独的判断好,即便单独的判断反映了正确的结果"③。

过程法理学的要旨,与法律现实主义的相关见解截然相反,强调法律规则和司法意见的重要性。正因为它们是重要的,为了避免偏见或意志的恣意,就需要"理性阐释"来限制和约束法官,而"理性阐释"的过程为中立的和非政治化的司法决策提供了客观的基础。在此,更重要的是,能否像沃瑟斯特沃姆(Richard A. Wasserstrom)在对法律现实主义批判的回应中所指出的那样,将理性阐释的过程更多地限定于司法判决的正当化过程。在他看来,尽管发现的过程可能不是理性的,但是正当化的过程可以是而且也应该是完全理性的。因为按照过程法理学者的观点,在正当化过程中这种严格理性的要求最终有

---

① See Lon L. Fuller and K. I. Winston, "The Forms and Limits of Adjudication", *Harvard Law Review*, Vol.92, No.2, 1978, pp.366-367.
② Anthony J. Sebok, *Legal Positivism in American Jurisprudence*, Cambridge, UK: Cambridge University Press, 1998, p.122.
③ Anthony J. Sebok, *Legal Positivism in American Jurisprudence*, Cambridge, UK: Cambridge University Press, 1998, p.126.

意义地限制了司法判决过程①。沃瑟斯特沃姆所谓发现的过程,指的是法院怎样在一个案件中得出了结论,而正当化的过程描述的则是法院如何正当化或合法化自己的结论。虽然司法意见常常并不精确描述法官怎样得出自己的结论,但司法意见能精确地描述法官如何正当化自己的结论。要回答上述疑问,最重要的还是要借助过程法理学者自己对于理性作用的认识。他们指出理性具有三种功能:一是控制政治任性;二是为公众提供了计划诉讼的原则;三是它有助于增加正确结果的可能性。从理性的这几点功能来看,"理性阐释"不只是对应于判决之正当化过程,因为很难想象单纯的说理就可以使得一个不那么正确的结果变得更加正确了。

概言之,司法权能概念化是以"司法与政治"为基本论域,以学派间的激辩为推动力,以作为程序的"理性阐释"为代表,并且结合理性论辩之目的性展开与程序性约束条件等来试图创作司法者的司法图景。这一图景与获致良善社会的努力有关,它包含着根据实践法律经验逐渐调整实体目的和法律规则这一持续进行的过程;其有效建构关键在于制度,对相关制度权能的明确界定与限定是首要的。例如,法院应该避免侵犯立法与行政机构的权能,它既不适合决定包含一系列相互冲突利益、涉及适用多个规则和原则的所谓"多中心的"(polycentric)争议,也不适合发展政策,除非是在宪法或成文法规定的缝隙当中。在此过程中,过程法理学理论建构的独特之处在于它所秉持的程序性思维,也只有在程序性思维的意义上理解司法权能方能进一步明确其理论意蕴。

三、作为程序性思维的司法权能

一如前述,过程法理学极好地回应了20世纪50年代美国法律学者的智识和情感需要。过程法理学,很大程度上解除了由法律现实主义所带来的司法主观性威胁,但是并没有依赖曾经给道德和政治哲学带来坏名声的形而上学伪装;而是遵照程序性思维,以其制度解决原则和比较的制度权能理论,为

---

① See Richard A. Wasserstrom, *The Judicial Decision: Toward a Theory of Legal Justification*, Stanford: Stanford University Press, 1961, pp.25-28.

法律理论提供了一种独特的法律分析结构和法治理论。所谓程序性思维,并不能被简单等同于主要在程序性而不是实质性术语的意义上构思法律;因为卢埃林这样的法律现实主义者也曾经表示过,"实质性法律所说的应该是什么意思,只有根据程序的内容才能够确定"①。在过程法理学中,程序的概念已经不再简单地附属于法理学活动,而是其思想核心;同时程序观念的内涵也较以往复杂得多。

具体来讲,过程法理学的核心任务是阐明和发展原则,其目的在于证明法律中理性的关键地位,美国法理学也才可能被赋予在法律现实主义时代缺乏的理性维度。因为"各种各样的政府制度在很大程度上是被它们所必需的不同的程序或过程所定义的,而在不同政府机构中工作的个人因此也就受到其各自过程的限制"②。那么,如果根据程序性思维来理解所谓司法权能,我们可以发现:一方面,司法权能定义了法院的制度角色或者使其制度角色成为可能,法院因而得以区别于其他政府机构;另一方面,具体界定法院的制度能力或司法权能的"理性阐释"这一程序性要素为法官的裁判行为规定了程序意义上的判定标准。

(一) 司法权能的中立性

司法权能的中立性正是在与其他制度权能的比较过程中得以确立的。在司法领域中,过程法理学关心的是"法院擅长做什么以及不擅长做什么",其中的重点在于是否将正确的程序应用于解决特定争议。过程法理学论者相信,通过限制司法决策的领域,以及通过"理性阐释"的过程,亦即详细阐述"包含在先例和立法中的原则与政策,(产生)一个合理的甚至是分析上确定的特定案件的结果"③,他们能够应对现实主义者对法律的政治中立性的挑战。因为"既然实质性的决策最终可能是政治性的,那么程序分析可能既是规范性的同

---

① Karl N. Llewellyn, *The Bramble Bush: On Our Law and Its Study*, New York: Oceana Publications, 1951, p. 18.
② [美]斯蒂芬·菲尔德曼:《从前现代主义到后现代主义的美国法律思想:一次思想航行》,李国庆译,中国政法大学出版社 2005 年版,第 223 页。
③ Gary Peller, "Neutral Principles in the 1950's", *University of Michigan Journal of Law Reform*, Vol. 21, No. 4, 1988, p. 595.

时又是中立的"①。比如赫伯特·韦斯勒(Herbert Weschler)坦率地承认,"许多人长久以来一直否认法院在宪法决定中面临的议题不可避免地是'政治的'……因为它们涉及在相互竞争的价值或愿望当中选择的问题"。不过,他认为,既然法院"注定要作为一个毫无掩饰的权力机构发挥功能",它们必须以"司法行动固有的……理性阐释类型"为基础作出此类决定,亦即,"必须要有真正的原则性,对分析和理性判断所涉及的每个步骤而言,都是相对超越所致的直接后果"②。韦斯勒认为,如果法官严格以这种中立原则为基础而不是以结果为导向决定案件,司法决策可能呈现为既是确定的又是政治中立的。过程法理学因此重新构建了形式主义者对法律理论作为一种连贯自主的思维模式的承诺,同时没有犯下形式主义者通过将法律原则置于政治程序之上所产生的过错,即避免作出法律相对于政治具有优越性这一不可接受的主张。

对此,人们可以很正当地质疑,司法要求独特的参与模式以及裁判者必须根据原则来判决;但是在选择原则的过程中,裁判者所受到的限制则远远没有过程法理学论者所承认的那么多。例如,批判法律学者主张不存在中性的原则,因为所有的政府决定制作者的行动都反映了社会中基本的权力分布事实。如果法律实际上是由政治所控制的,那么过程法理学在政治机构的优越性与法庭的反多数主义角色之间进行妥协就意义不大了。"有限的客观性是法律在任何时候都渴望的唯一一种客观性,也是我们关心的唯一一种客观性。"③用邓肯·肯尼迪(Duncan Kennedy)的话说,"除了对于法律问题的正确的伦理解决和政治解决之外,从来不存在'正确的法律解决'"④。存在一种价值无涉的"法律推理"领域的想法不仅是错误的而且是有害的。它掩盖了在何种程度上法律规则依赖于个人偏好。法律不能被解释为中立的,法律也无法与政治相

---

① Gary Peller, "Neutral Principles in the 1950's", *University of Michigan Journal of Law Reform*, Vol. 21, No. 4, 1988, p. 590.
② Herbert Weschler, "Toward Neutral Principles of Constitutional Law", *Harvard Law Review*, Vol. 73, No. 1, 1959, p. 15.
③ Owen M. Fiss, "Objectivity and Interpretation", *Stanford Law Review*, Vol. 34, No. 4, 1982, p. 745.
④ Duncan Kennedy, "Legal Education as Training for Hierarchy", in D. Kairys ed., *Politics of Law*, New York: Pantheon, 1982, p. 47.

区分,法治或"法律的而非人的政府"图景与自由国家的合法性都是成问题的,因其依赖的是"超验的无稽之谈"。"维护法律过程的中立性,对于维持法治是一个十分关键的任务,结果却表明其具有规范性的偏见,因而也就违反了自由主义的中立性原则。"①更为严重的是,法院依赖于中性原则的断言不仅是错误的,而且是压制性的。如果"我们被要求将权力和资源再分配的进步改革当成是社会制度秩序为了实现理想化图景而掷下的现实赌注,这就想象性地消除了我们对这种秩序的批判"②。或者如法兰克福学派的奠基人霍克海默和阿多诺所发现的那样,中性的主张被用来掩盖权力的运用,价值无涉的法理学神话服务于统治阶级的利益,被用来传达一种使人们丧失觉察到反叛或异议可能性的伪科学方法论。批判法学"经由证明社会生活并不如法律过程所表明的那么有条理和不偏不倚而具有更多复杂性和非理性,法律学说和理论所服务的利益就会显露出来"③。法院和法律体系面临的实际选择是政治理论的问题,而不是法律理论的问题。

批判法学者的上述主张恰恰是过程法理学者所极力反对的。过程法理学者敌视能动主义者使用法律来达到进步的目的,称其为"支持司法作为解决各种社会问题的方法的狂热分子"④。更准确地说,亨利·哈特和萨克斯"不太关心限制法律过程的主题和政治方向,而更在意如何确保重要的社会问题不被不当处理,无论是当它们不易于进行理性分析时被迫进入裁判过程,还是受到不能胜任裁决的法律过程支配"⑤。但是,考虑到批判法学者的质疑,法院是否能够做到持守中立呢?亦即,过程法理学的所谓司法权能,如何能够既拒绝法

---

① [美]安德鲁·奥尔特曼:《批判法学——一个自由主义的批评》,信春鹰、杨晓锋译,中国政法大学出版社2009年版,第68页。
② [美]罗伯托·昂格尔:《法律分析应当为何?》,李诚予译,强世功校,中国政法大学出版社2007年版,第263页。
③ Allan C. Hutchinson and Patrick J. Monahan, "Law, Politics, and the Critical Legal Scholars: The Unfolding Drama of American Legal Thought", *Stanford Law Review*, Vol. 36, No. 1/2, 1984, p. 217; See Mark V. Tushnet, "Perspectives on the Development of American Law: A Critical Review of Friedman's *A History of American Law*", *Wisconsin Law Review*, Vol. 1977, 1977, pp. 94-102.
④ Henry M. Hart and Albert M. Sacks, *The Legal Process: Basic Problems in the Making and Application of Law*, New York: Foundation Press, 1994. p. 642.
⑤ Anthony J. Sebok, "Reading 'The Legal Process'", *Michigan Law Review*, Vol. 94, No. 6, 1996, p. 1587.

院在解释法律时应该保持被动的机械司法观,又否认一个实质上不受约束的司法机构的构想? 最好的回应也许隐含在过程法理学者的法律观当中。在他们看来,应该将负载制度责任之分配的"法律"理解为丰富的、易变的,而且包括一系列有效控制和解决争议的规范,而非理解为固定的和确定的实证主义的规则体系。正如亨利·哈特曾经断言的:"除非你思考法律的目的,并在哪个目的应当被推进而哪个不应当如此这些疑难问题上采取某一立场,你才能够正确地思考法律。"①据此,法律解释应该是目的性的,而非刚性的或机械性的。当公正、审慎、实用性、一致性或者便利性的理由强烈支持一个特定原则的时候,法院应当"使用每一种可能的建构资源"以便达成法律如此规定的结果。因此,法院作出判决的义务就变成根据对整个法律规范体系的最佳解释来决定的义务。

在此过程中,法院得以持守中立的关键在于,过程法理学认为,在法院依法裁判的活动中,应该如同对待普通法一样对待立法,同时又要将其与普通法有所区别②。一方面,对于普通法,基于对法律的最佳解释的义务,法院可以裁定推翻或取代有争议的规范。但是,取代或推翻立法的权力则保留给立法机构。另一方面,在运用立法规范进行裁决时,法院应在原则意义上看待它们,即需要尽可能将已颁布的立法纳入法律规范整体当中。"法院……应当根据案件的相关方面,确定应给予制定法指示何种含义。但这并不是说法院的职能是确定立法机关在有关事项上的意图。"③换言之,成文法的目的必须由裁决法院来决定;这是一个推理问题,而不是考古学问题。法院在作出裁决时需要衡量在法律规范整体中,相关的立法规范可以提供的最佳裁判理由。

这样一来,裁决法院确实既尊重了其他权力机构如立法机构的权能,同时又非简单受制于它们;司法权能得以区别于其他制度权能而成为一个必要的

---

① Henry M. Hart, Jr., "Thomas Reed Powell", *California Law Review*, Vol.11, No.6, 1923, p.804.
② Henry M. Hart and Albert M. Sacks, *The Legal Process: Basic Problems in the Making and Application of Law*, New York: Foundation Press, 1994. pp. 780-833, 1257-1306.
③ Henry M. Hart and Albert M. Sacks, *The Legal Process: Basic Problems in the Making and Application of Law*, New York: Foundation Press, 1994. p. 1374.

和独特的权能领域。如此,司法权能既受限于民主的合法决策者所创制的原则和政策,这样就可以将法院自己的意志和偏好排除在外,同时基于"理性阐释"的程序性要求,法院借此得以重新考虑或重新"制定"相关的法律规范,以独特的理性论辩方式适当履行自己的裁判功能。

(二)"理性阐释"的程序性

司法负载着某些制度约束,正是这些约束使得它成为理性的而非意志的领域,并保持为独特的法律推理领域。司法过程对法官可以做的事情种类施加了限制,而且那些限制并不适用于立法者或行政管理人员等。在富勒那里,司法的首要特征在于其保证"参与"的方式——通过提供证据并通过根据事实的理性论辩来进行。为了使这一参与具有意义,诉讼当事人必须能够断言某个原则或某些原则,借此表明其论辩是合理的、其证据是相关的。亨利·哈特和韦斯勒也提出了类似的主张:"法院以适当的方式解决争端不仅仅是一个简单的或机械的过程;司法原则上要求对相关事实和制度进行合理理解,并要求系统化表达将为未来案件提供清晰指导标准的判决原则。"[1]这就重新恢复了法律理论界对于法律规则和法律推理或法律意见的研究兴趣。

事实上,自美国建国以来,其法律思想在不同阶段以不同方式几乎都在回应如下需要,即把裁决看作一个理性的过程。在规范法律理论形式中,"这些问题仍未得到解决。这些问题的核心是,所有尝试将法律描述为一个统一体系的观念,都难以掩盖一个事实:法官作为一个政治行动者,拥有不受约束的权力。各种理性化提供了但都没有真正解决这一问题"[2]。尽管无法断言过程法理学的理性化建构已经解决了上述难题,但至少有论者指出,"迄今还没有人为联邦法院的研究发展出一种比由亨利·哈特和韦斯勒所开创的法律过程范式更好的范式。……我们的主题涉及分配决定特定类型法律议题的权威。我们不能避免制度权威和比较制度权能的问题"[3]。一旦碰到这些问题,

---

[1] Richard H. Fallon, Jr., "Reflections on the Hart and Wechsler Paradigm", *Vanderbilt Law Review*, Vol. 47, No. 4, 1994, p. 958.

[2] [英]科特瑞尔:《法理学的政治分析:法律哲学批判导论》,张笑宇译,北京大学出版社2013年版,第210-211页。

[3] Richard H. Fallon, Jr., "Reflections on the Hart and Wechsler Paradigm", *Vanderbilt Law Review*, Vol. 47, No. 4, 1994, p. 971.

过程法理学论者的"法律过程范式"将会提供最好的解答;他们相信合理性的标准独立于任何既定的环境或结果,能够被用于判定程序的"公正性"。因此,过程法理学代表了"二战"后与罗伯特·A.达尔(Robert A. Dahl)和约翰·B.罗尔斯(John B. Rawls)一脉相承的自由主义规划中一个重要的插曲①。

对于过程法理学者来说,"理性阐释"恰当表征了法官在司法过程中所受到的制度性束缚,即对决定的理由加以理性建构。"理性阐释"既不能被理解为只是发现法律并以生搬硬套的机械方式应用它来解决争议,也不能被等同于"司法决策中法官意志"的淋漓挥洒。在法官尽其所能根据法律决定案件的过程中,他需要智识敏锐性和法律敏感性来鉴别规范的力量,审查相关规范的一致性和整合性,以便决定可能出现的各种案件。这种整合法律规范的能力是法官进行理性说理所必需的得当和必要的司法能力。"理性阐释"原则经由主张判决的适当理由或最佳理由,为避免法律形式主义的机械性、为解决法律现实主义的不确定性提供了一个程序性思路。

当然,过程法理学"理性阐释"的程序性思路也招致诸多批判。这些批判主要可以概括为两个方面:一是质问何为判决的适当理由,推崇合适的决定必然取决于实质性价值观;因为虽然制度结构强加了约束,但是它们并未指示出实质的结果。二是对于制度的"理性"能力展开批判。例如,法律的经济分析认为,制度没有能力以一种理性的方式去追求公共政策目标。因为在这些机构工作的人,也许作为个人是理性的,但是他们的制度行为却是由并不协调的个人努力共同决定的,因而无法做到理性。而在批判法律学者那里,理性的概念本身已经成为问题症结所在。概括地说,他们的主张包含两个方面:法庭将政治替换为理性,以及语言的本性排除了关于法律推理的理性论辩。法律原则只不过包括了一套复杂的词汇和进行分类、描述、组织与比较的操作技巧的全部本领。法律与其说是一项理性的事业还不如说是大规模的合理化演习活动。而且就理性本身而言,它仅仅是一大堆知识碎屑,"充满喧哗与骚动,

---

① Neil Duxbury, "Faith in Reason: The Process Tradition in American Jurisprudence", *Cardozo Law Review*, Vol. 15, No. 3, 1993, pp. 648-653.

却毫无意义"①。

对于上述批评,需要明确,在法律现实主义之后,法律规范确实经常面临不确定性的质疑。此外,"在一个可被证明为多元主义的社会里,我们不能够期望对于很多关涉实质正义的紧要问题的适当答案都能形成一致意见"②。"理性阐释"正代表了法院解决这些问题的"真正实力",更重要的是,它应该被视为一种司法职责。就如弗兰克福特要求法官"在纠结的话语和有限的见解当中,努力通过先例、通过政策、通过历史,去寻找在所有任务中最困难的、容易犯错的人类可以达成最佳判断的途径:经由被称为法律的理性,实现人与人之间、人与国家之间的正义"③。如果法院觉得必须对它的判决加以理性阐释,那么它就不太可能任意作出决定。简言之,理性促成了司法中的问责(accountability)与克制(restraint)。过程法理学论者设想的是,我们当中的大多数人都准备好了承认由那些被合理授权做某类决定的官员所作出的审慎和公允的决策的合法性。过程法理学论者对法治的期望正是建立在这一假设的基础之上的。

四、结语:司法权能概念与法治中国实践

尽管劳埃德的说法——"也许可以将'法律过程'视为现实主义……与罗纳德·德沃金的著述和'作为整体性的法律'之间的一座桥梁"④——是有见地的,但就本章来说,司法权能等概念的发明才是过程法理学的主要教益。如前所述,司法权能代表了规范法官裁判的一种程序性思维,它以裁判程序为中心,区别于以裁判结果为中心的实质性思维。以裁判结果为中心的理论提供的是何为善的、正确的或法律上有效的判决之判准。对于以判决为中心的美德理论来说,正确的决定观念是首要的,司法美德皆导源于此。因此,德沃金

---

① James Boyle, "The Politics of Reason: Critical Legal Theory and Local Social Thought", *University of Pennsylvania Law Review*, Vol. 133, No. 4, 1985, p. 721.
② Richard H. Fallon, Jr., "Reflections on the Hart and Wechsler Paradigm", *Vanderbilt Law Review*, Vol. 47, No. 4, 1994, p. 963.
③ Felix Frankfurter, "Chief Justices I Have Known", *Virginia Law Review*, Vol. 39, No. 7, 1953, p. 905.
④ [英]丹尼斯·劳埃德:《法理学》(第7版),许章润译,法律出版社2007年版,第338页。

对"超人"法官赫拉克勒斯(Hercules)的描述从善的判决的标准开始,然后构想出能够做出这样判决的理想法官①,即"一个有着超越常人的技巧、学识、耐心和智慧的法律人"。赫拉克勒斯和制度共存,并且绝不会游离于制度之外,他的背景性道德和制度性道德是统一的,他用以裁判案件的原则必须在此二者的范围内被创制出来。当他尝试作出自由的道德选择的时候,他的道德和个人信念的限度能够将他限定在他所代表的制度框架内,因此他不会越过自由裁量的边界②。

除此之外,还有一种以裁判者为中心的规范法官裁判的伦理性思维。与以上两者都不同,以美德为中心的理论③,以对具有美德的法官的说明——司法美德包括但不限于节制、勇气、温良、智识和正义——为起点,然后才进一步推演出具有美德的决定的观念。以美德为中心的理论必须断言司法美德是最好的司法理论之必要部分,司法美德发挥了核心的解释和规范作用,即"法官应当具有美德并且应当作出符合德性要求的判决。……法官应当努力发展美德,并且法官的遴选也应当以是否具备美德(或者具备司法美德的潜力)为基准"④。当然,这种理论并不需要作出司法只能够排他性地参照美德来解释的主张。因此,关于正确的、公正的或有德性的决策的全部真相将必然要参照社会事实(包括法官决定的争议事实)以及法律事实(包括何种成文法已经有效地颁布了,何种先前的判决是有拘束力的先例,等等)。

根据2015年9月《最高人民法院关于完善人民法院司法责任制的若干意见》关于"审判责任的认定和追究"强调的内容——"法官在审判工作中,故意违反法律法规的,或者因重大过失导致裁判错误并造成严重后果的,依法应当承担违法审判责任"——来看,我国目前法官裁判的规范路径,仍然倾向于以裁判结果为中心的实质性思维。由此引发的问题是,不仅何为正确判决的问

---

① Lawrence B. Solum, *Virtue Jurisprudence: A Virtue-centered Theory of Judging*, Oxford: Blackwell Publishing, 2003, p.182.
② Patrick Horan, "Exposing Hercules' Achilles Heel: Dworkin and the Single Right Answer Thesis", *Trinity College Law Review*, Vol.9, 2006, p.107.
③ Lawrence B. Solum, *Virtue Jurisprudence: A Virtue-centered Theory of Judging*, Oxford: Blackwell Publishing, 2003, pp.183-184.
④ [美]劳伦斯·索伦:《法理词汇:法学院学生的工具》,王凌皞译,中国政法大学出版社2010年版,第68页。

题在很多情况下并非自明,而且尽管德沃金笔下的"超人"法官赫拉克勒斯能够在制度框架内精湛地保持在正确路线上,但是普通法官可能会发现这一任务对于他们来说过于困难了。那么,我们是否能够指望具有美德的法官胜任这一任务呢？这里的关键在于：法官是否具有美德与其裁决是否正确完全是一回事吗？

与实质性思维和伦理性思维相比较,程序性思维并没有也毋需对在法律框架内工作的法官进行特定的构想和描述。它既不需要界定判决的美德,也不必追寻法官的美德;它强调法律或司法自身的能力与限度,并将这两者结合起来融于程序。换言之,它在意的不是在任何规范意义上特定权力行使的正确性,而是适当的制度的使用使得该制度适于决定某些类型议题的程序。过程法理学者怀着"法治的理想"期待着那个时刻一定会到来,到那时无论在法律职业内部还是外部,理性是法律的生命这一论点一定会被重新理解。当那个时刻到来时,国家一定会聚集力量更为充分彻底地实现这一生命原则①。在他们看来,"法律作为生活,必须调停实用主义和理想主义。……良好的司法意见必须以合理的方式处理人的复杂性。这种意见是一种人类成就,其中法律至少在一定程度上超越了国家强制力量的粗暴强加或抽象几何公理的机械应用来触及——哪怕只是短暂地——崇高"②。或许这才是规范法官裁判的最好思路。或许是时候改变我们过于倚重实质性追责规定的现状,为规范法官裁判的程序性思维开放足够的空间。

---

① See Henry M. Hart, Jr., "The Supreme Court, 1958 Term", *Harvard Law Review*, Vol. 73, No. 1, 1959, p. 125.
② Philip P. Frickey, "John Minor Wisdom Lecture: Wisdom on Weber", *Tulane Law Review*, Vol. 74, No. 4, 2000, p. 1206.

第三章

批判法学中的法律政治一体论

20世纪70年代后期,美国的批判法学研究(critical legal studies)在一系列会议中逐渐形成。"它源于对于流行的法律学术的不满。较诸一场运动,一场由称为'批判者'组成的别样团体,也许仅仅因为共同致力于一个更加平等的社会而联合推导的运动,它更多的是一种酵素。从中派生出种族批判理论、拉丁批判理论运动和其他边缘性的法学理论,如'同性恋法学'(queer jurisprudence)。"[①]实际上,批判法学者不仅批评各式各样的社会习俗,也毫不留情地鞭挞当时流行的法律思想,包括形式主义、国家的自由主义理论、"本质主义"、对政策科学家的中立专业知识的信念、法律和经济学、法律过程理论等等。诚如斯坦登(J. A. Standen)所指出的,批判法学正如它常被与之相比较的法律现实主义一样,都怀疑正统[②]。在这种怀疑与批判正统的意义上,除了它被烙上了20世纪60年代那一代人的激进政治文化印记——"断言行动的必然性,拒斥此前追寻价值中立性的思想氛围的启示",而共同分享着对于"法律的政治意义"的关注[③]——之外,批判法学研究通常被视为法律现实主义运

---

① [英]丹尼斯·劳埃德:《法理学》(第7版),许章润译,法律出版社2007年版,第433页。
② J. A. Standen, "Critical Legal Studies as an Anti-Positivist Phenomenon", *Virginia Law Review*, Vol. 72, No. 5, 1986, pp. 983-998.
③ 参见[英]丹尼斯·劳埃德:《法理学》(第7版),许章润译,法律出版社2007年版,第433-434页。

动的延续和发展。

实际上,最重要的法律现实主义者霍姆斯(O. W. Holmes)于 1894 年发表的名为《特权、恶意与意图》(Privilege, Malice, and Intent)的论文,第一次系统地表达了所谓"批判策略"(critical strategies)。霍姆斯指出,"判决的根由确实归结为一个政策命题,即细心考虑被告自己意欲的具体利益之利弊,并暗示着怀疑法官是否因其不同的经济与情感而可能在直面问题时作出不同的判断"①。对此,秉持传统观念的学者们在 20 世纪 30 年代和 40 年代曾经警告说,现实主义方法论正在将法律学术带入死胡同②。然而,20 世纪 70 年代末出现的批判法学者却"在现实主义遗产中找到了今天危机的成因并将他们的任务视为延续一个废弃的现实主义项目"③。它们同样都以怀疑与批判著称,同样都试图挑战"法律思想与道德和政治话语分离并独立自治"这一正统思想,同样都竭力主张"法律是一种政治"。但更确切地说,批判法律研究并不只是简单地质疑传统的法律理论产生的实际政策,他们拒绝该理论的基础本身。同时,根据凯尔曼(Mark Kelman)的研究,两者相一致的论调只是表面上的,实质上批判法学研究的主要锋芒所向,在于抨击法律自由主义——一种"同时为内在矛盾所苦……并因为这些矛盾的存在而一贯备感压抑的思想体系"④。也就是说,批判法学者研究的对象更为宽泛,目标似乎更为宏远。以同样对概念主义或形式主义(conceptualism or formalism)进行批判为例,法律现实主义者们认为,法律推理具有自治性或者卓然独立品性,而批判法学者则断然拒斥价值无涉的法律模式,他们坚信,法律推理与政治论辩之间没有区别。更确切地说,所谓"法律是一种政治",法律现实主义更多的是指司法决策中的政治,批判法律研究则将其拓展至社会性建构的政治,从而在一定意义上成为我们所说的法律政治一体论。

---

① Oliver Wendell Holmes, "Privilege, Malice, and Intent", in *Collected Legal Paper*, Buffalo, NY: Williams S. Hien, 1985, p.117.
② See R. Pound, "The Call for a Realist Jurisprudence", *Harvard Law Review*, Vol.44, No.5, 1931, p.697.
③ De borah Livingston, "Round and Round the Bramble Bush: From Legal Realism to Critical Legal Scholarship", *Harvard Law Review*, Vol.95, No.7, 1982, p.1669.
④ Mark Kelman, *A Guide to Critical Legal Studies*, Cambridge, MA: Harvard University Press, 1987, p.3.

一、司法决策中的政治

人们往往认为更为正式的、明确的或一致的法律规则将自动导致更多的"确定性"的结果——也就是更大的可预测性。事实上,正如卡多佐所指出的,一群根本不了解成文法(或既定的理论规则)的"正直的人"在大多数时候仍然可以像同等"正直的"法学家那样预测结果①。与概念主义或形式主义不同,法律现实主义认为,法律"学理没有创造者来得重要;法官怎么做比他们为其决定所说的辩护理论更加重要;价值仅仅是在他们代表了有影响力的决策者的特定行为这个意义上,与法律分析有关;法律结论反映的是政治权力的结构,而非超然(overarching)的社会和政治价值"②。现实主义者证明,客观公正的法律思想体系的吸引力是虚幻的,"客观地"应用一套戒律于一组给定的事实可能导致各种同样有道理的结果。虽然法官对各种法律材料的考虑可能是裁决的背景条件之一,但还有许多其他的背景条件,如法官身份、法官的个性、法官的法律培训、法官助手、律师、他们的准备、培训等等循环往复。申言之,司法决策在或大或小的程度上就是某种意义上的法官的政治。

首先,法律现实主义是19世纪末和20世纪初为了批判法律形式主义而发展起来的。在司法决策过程中,主导法律推理的形式主义模式兴起于1860年左右至1890年,如果说形式主义的胜利是以1905年美国联邦最高法院审结的"洛克纳诉纽约州案"(Lochner v. New York)为标志,1937年"西海岸酒店诉帕里什案"(West Coast Hotel v. Parrish)则为其敲响了丧钟。或者说,以兰德尔为代表的法律形式主义,是19世纪和20世纪初自由主义主流信条在美国法律领域的重要表现。它们以尊崇逻辑与数学作用为标志。对于抽象的理性或者说逻辑的忠诚使得形式主义者们坚信,要解决法律问题,就要仔细注意原则和规则精确的分析性定义以及它们不可避免地产生的逻辑后果,而法官要做的只是严格适用原则和规则解决争端。"洛克纳诉纽约州案"(简称"洛

---

① See Benjamin N. Cardozo, *The Nature of the Judicial Process*, New Haven: Yale University Press, 1921, p.143.
② [英]科特瑞尔:《法理学的政治分析:法律哲学批判导论》,张笑宇译,北京大学出版社2013年版,第186-187页。

克纳案")被认为是兰德尔形式主义法理学应用于司法的典范。法院多数意见认为,"洛克纳案"中纽约州制定法的争议条款真正的目标和目的仅在于规制雇主和雇员(他们都是完全民事行为能力人)之间的劳动时间,而这种事项属于私人事务,在这种情况下,雇主和雇员之间签订雇佣合同的自由以及界定该合同内容的自由,在不违反联邦宪法的情形下,不能被干涉或禁止。"洛克纳案"最高法院逻辑推论为,因为在面包房里超时工作属于已经预先定义好的私人行为的概念类别或领域,政府对其不得干涉。与之相反,黑尔(Robert L. Hale)却认为:"法院所依赖的预先存在的私人领域没有基于有关社会现实的经验,而是一个由文化偏见所产生的幻觉。实际上,个人可以达成被认为属于私人领域的雇佣合同,这只是因为政府已经创造了并继续支持合同法体系。如果除去了政府的行动,所谓私人领域就不能存在;相反,私人领域之存在恰恰是因为政府行为。"①因此,像黑尔这样的激进法律现实主义者就阐述了一切法律均为公法这样的理念。

再如,兰德尔对邮箱规则(the mailbox rule)的讨论也是其法律推理形式主义的很好例证。他将对一份双务合同的要约的接受看作包含着一个暗含的反要约。按照分析性的定义,任何反要约都必须传递,因此,通过演绎推理可知,通过邮局邮寄的接受在传递前不生效,也就是说在被收到前不生效②。针对兰德尔为代表的三段论,现实主义者则看到形式理性力量的可疑之处。霍姆斯强调法官要考虑那些实际的因素:"疑问(在于)合同在何时完成了:是在回复的承诺被放入邮箱中时,还是在它被收到时。如果任何一种观点对便利更为有利,这就是采纳这一观点的充分理由。"③也就是说,霍姆斯建议法官公开承认自己制定法律(或立法)的权力,并且更有意识地为了社会的善益而制定法律;主张经验事实之于司法决策的重要作用,以消解僵化的逻辑推演在法律推理过程中对于法官的束缚。这意味着法律规则不能限制法官的选择,因

---

① Robert L. Hale, "Coercion and Distribution in a Supposedly Non-Coercive State", *Political Science Quarterly*, Vol. 38, No. 3, 1923, p. 470.
② 参见[美]斯蒂芬·M.菲尔德曼:《从前现代主义到后现代主义的美国法律思想》,李国庆译,中国政法大学出版社2005年版,第170-174页。
③ O. W. Holmes, Jr., *The Common Law*, London: Macmillan, 1882, p. 305.

为选择适用哪些规则以及如何应用它们的正是法官。对于前述"洛克纳案"而言,现实主义者眼中的法官是这样的:他们根据自己的亲身经历和同情心,决定原告应该获胜,并以"作为私人自治领域的合同自由规则"为依据,作为判定结果的便利理由。这种观点假定规则等在法律结果的选择上根本不起作用,或者说规则等不能产生确定的结果。所以,这种观点努力在决策者的个人信仰、偏见和同情心中找到合法决策的动机。从这个角度来看,规则等只不过是为输送司法偏见和同情心披上的虚假的客观性外衣。这意味着对规则等的系统研究可能没有多大价值。司法价值选择的根源及其解释(如果能够找到的话)将在研究司法同情和偏见如何形成——社会科学可能揭示的问题——而不是分析规则等的研究中被发现。

其次,法律现实主义之所以执着于司法决策的诸种情形,与经验科学和技术逐渐主宰了美国社会有关。经验科学和技术的发展导致了一种将哲学、社会科学甚至逻辑本身当作经验研究,而非植根于抽象形式主义的思潮,到20世纪20年代末,赞成现实主义反对形式主义的普遍思想运动,达到了全盛时期[1]。实际上,从司法决策的角度来看,法律现实主义批驳形式主义的首要任务,就是要阐明并不是根据规则或原则所展开的演绎推理,而是法律之外的因素,比如社会经验决定了案件的结果。因为在法律现实主义者看来,法律既不是代表现实的中立符号系统,也不是解决社会纠纷的中立规则系统。举例来说,在现实主义者那里,侵权法中疏忽、故意侵权等远远不如"外科手术""饲养动物""交通运输"等更能揭示案件的结果。正如科恩(Felix S. Cohen)所辩称的那样,"侵权""原告""被告""可预见性"等这些抽象的概念,都是我们基于某种目的创造的,因此,当法律纠纷出现时,我们应该着眼于这一目的以及与其相关的事实和政治现象,而不应该试图通过定义或解释词语来解决那些争端[2]。再如,赫尔曼·奥利芬特(Herman Oliphant)在"承诺不进行竞争"的一

---

[1] 参见[英]丹尼斯·劳埃德:《法理学》(第7版),许章润译,法律出版社2007年版,第312-318页。
[2] Felix S. Cohen, "Transcendental Nonsense and the Functional Approach", *Columbia Law Review*, Vol. 35, No.6, 1935, pp.809-810.

系列合同有效性案件中发现了潜在"情境类型"解决方案①：在涉及卖家承诺不与买家竞争的案件中，承诺得到维持；在涉及员工承诺不与雇主竞争的案件中，承诺普遍没有得到执行。在每个案件中，通行的但非正式的"商业规范"支持这些不同的结果。但法院却援引合同法的一般规则进行说理，即根本没有解释实际决定案件的规则。

最后，虽然现实主义者接受法律推理的不确定性，但是在根本的理论旨趣上与法律形式主义一致，他们仍然坚定地致力于自由主义。法律现实主义的目的是要促使人们尤其是法官，意识到规则意义上的法律大厦已经被损坏，甚至是被完全毁坏。人们不应该将法律只是作为法律来理解，而是要将法律视作政治或社会科学的一个分支。在司法决策过程的每个阶段都需要主观的和本质上政治的解释行为。现实主义者痴迷于法官们"制定政策"这一事实，但是他们的目的却是希望法官在承认这一事实的前提下，通过诉诸所谓客观的社会科学数据等制定出"更好的政策"。拆除了法律与政治之间的壁垒之后，现实主义给出的回应是不信任司法机关的权威，并企图扩大国家机关"专家"的权力。法律现实主义者以政策论辩、利益平衡或所谓训练作为律师的政策科学家的客观专长为中心，努力尝试重建法律制度的自治性。所以，有论者认为法律现实主义实际上仍然对法治或"法律的而非人的政府"以及自由国家的合法性保持着十足信心。他们的基本假设是，公共政策议题仅仅提出了实现共享目的的最佳手段这一技术问题——服从国家工作人员的专业知识的问题。正如科恩的断言，"法律改革必须成为合理的和科学的"②。

因此，法律现实主义的革命实际上只不过是宫廷政变；在美国法律思想中它是一个重要的但只是过渡的阶段。以现实主义对法律的不确定性的论证为例。现实主义所谓法律是不确定的，意思是说某一类法律理由不能证明一个独特的裁决结果。因此，这种说法是否值得信赖，取决于在一个法律制度内对法律理由的适当阐释，亦即对不确定性的任何论证，都预设了有关这类法律理

---

① See Brian Leiter, "Positivism, Formalism, Realism", *Columbia Law Review*, Vol. 99, No. 4, 1999, p. 1148.
② Felix S. Cohen, "Transcendental Nonsense and the Functional Approach", *Columbia Law Review*, Vol. 35, No. 6, 1935, p. 809.

由界限的某种观点。所以,当霍姆斯将司法判决不是归因于法律推理,而是归因于"关于立法政策的(背景)问题的隐蔽的、半自觉的战斗"①时,他清楚地预先假定了这些政策考虑本身并不属于法律上的理由。从这些论述中我们可以发现,现实主义预先假设的合法性标准仅仅是一种谱系性标准,即规则的渊源决定了其在法律上的身份。

总之,无论我们是否具体鉴别出了不同的法律现实主义,它们几乎都认为,司法决策在或大或小的程度上就是某种意义上的法官的政治。亦即,"在某个时期,作为对美国法律、政治和社会情况的直接反映,美国法律现实主义完全成为一个主要运动的时候,它也能够被视为一种对西方法律发展中更多的一般性问题尤为明确和透彻的表达",在规范法律理论形式中,"这些问题仍未得到解决。这些问题的核心是,所有尝试将法律描述为一个统一体系的观念,都难以掩盖一个事实:法官作为一个政治行动者,拥有不受约束的权力。各种理性化都提供了但都没有真正解决这一问题"②。在这个意义上,诸种法律现实主义极大程度地开放出了"法官的政治"这样一种思想观念和司法实践。

二、社会性建构的政治

批判法学者认为自己比法律现实主义者更为激进。现实主义者一般几乎都没有像批判法学者一样对"超验的法律无稽之谈"在保持"法治"或"法律的而非人的政府"图景以及支持自由国家的合法性方面的作用感兴趣。大部分批判法律学术是由对如下观念的一系列复杂而博学的解释构成的,即法律不能被中立地解释,因而法律与政治的区分以及自由国家所依赖的合法化叙事必然不可避免地崩溃。其他一些批判法律理论家已经从注重法律解释过程中中立性的失败转向注重法律原理(legal doctrine)重新呈现社会现实的政治"倾

---

① Oliver Wendell Holmes, "The Path of the Law", *Harvard Law Review*, Vol. 10, No. 8, 1897, p. 467.
② [英]科特瑞尔:《法理学的政治分析:法律哲学批判导论》,张笑宇译,北京大学出版社 2013 年版,第 210-211 页。

斜"方式①。正如彼得·加贝尔(Peter Gabel)所言,"最高法院的目标是平息冲突。通过协调一种虚假的社会意义系统,一套关于世界的观念和意象,其在今天发挥的世俗作用相当于以往历史时期宗教意识形态的作用"②。在批判法学者那里,至为关键的是"神秘化命题"(mystification thesis),一般指有关现实的扭曲观念掩盖了现实本身;在此处具体指用声称法官可以根据明确的标准冷漠地、客观地裁决案件的观念来掩盖真正发生了什么——一个群体的意识形态偏好强加于整个社会。按照批判法学者的观点,法治的理想或法律的而非人的政府,"仅仅是以权利的外衣掩盖权力"③。"法治是一张面具,赋予现有的社会结构以合理性和必然性的外观",并且"行动起来以保护和维护白人男性权力的既得财产利益"④。"我们的法律规范……并没有逻辑地导出有关最重要或最棘手问题的特定结果或理由。各种各样的解释、区分和理由是可供选择的;而法官有权威和权力来作出选择……"⑤通过对司法过程中固有的价值选择进行伪装,法律裁决看起来像是自然力量发挥作用的必然结果,而不是由那些控制社会的政治机器的人行使意志的必然结果。因此,他们都把不确定性论点的价值当作:它揭示了由法律制度所产生的社会结构并不是它宣称的正义的化身,而是一个非法的等级体系。

第一,区别于法律现实主义者,批判法学者对于"法律就是一种政治"主要进行的是社会理论分析。或者说,"批判法学研究的主要贡献之一,就在于揭示了将法律理论与社会理论整合一体的必要性。通过吸收哈贝马斯、马尔库塞、曼海姆与葛兰西等人的思想,批判法学理论家们试图将社会理论的视角和

---

① Peter Gabel, "Reification in Legal Reasoning", in Steven. Spitzer ed., *Research in Law and Sociology*, Connecticut: JAI Press, 1980, pp. 36-37.
② Peter Gabel, "The Mass Psychology of the New Federalism: How the Burger Court's Political Imagery Legitimizes the Privatization of Everyday Life", *George Washington Law Review*, Vol. 52, No. 2, 1984, p. 263.
③ David M. Trubek, "Where the Action Is: Critical Legal Studies and Empiricism", *Stanford Law Review*, Vol. 36, No. 1/2, 1984, p. 595.
④ Allan C. Hutchinson, *Introduction*, in *Critical Legal Studies*, Totowa, New Jersey: Rowman & Littlefield, 1989, pp. 3-4.
⑤ David Kairys, "Legal Reasoning", in D. Kairys ed., *The Politics of Law*, New York: Pantheon, 1982, p. 13.

分析模式，特别是对于任何既定的社会或者历史集团而言，真理的相对性，引入法学话语"①。批判法学者通过分析"中性法"(neutral law)的神话在合法化的法律话语中扮演的角色，以揭露所谓的中立合法性诉求恰恰掩盖了政治上有争议的建议。比如，他们认为法律与经济分析诉诸"财富最大化"仅仅是将权力转换为权威的符号而已；法律符号、法律话语是一种关注社会生活基本关系的商谈性话语；通过界定和颠覆既有的法律意识形态形式，希望能够使个体获得解放，并"经由揭示社会生活比法律程序所说的要较少结构而更为复杂，较少公正却较多非理性，法律学说和理论所服务的利益遂大白于天下"②。批判法学研究这种基于社会理论的分析，如同罗伯托·昂格尔（Roberto M. Unger）所主张的法律分析，主张"在一个民主社会中，具有成为制度性想象的主要手段"的潜能，从而实现一种"要使判决能够有助于一个自由的人达到获得自治能力这个更高的目标"③。

经由上述追问，昂格尔等一些批判法学者认为，问题在于自由主义的实证主义方法不能满足其规范主义要求，这是它将经验主义方法论适用于人类意志时遭遇的难题。"因为不存在什么客观之善，对于个体偏好的满足表现为林林总总的诉求，因而，良好的社会体制（例如，通过市场和投票制度）遂将私人偏好确凿不谬地汇聚、统合一体。"④具体地说，对于"洛克纳案"，批判法学者认为，自由主义的宪政与法治、依赖理论以及客观的因果关系原则等所有这些试图维护国家作为自我与他人之间中立调停人角色的概念，实际上肯定了矛盾或难题的存在；如果没有问题，就大可不必如此用力地找寻花样频出的"解决方法"。他们进一步指出，国家行动的中立性、自然性或中介性等充斥着疑问。在这个意义上，批判法学研究首先是以解构的方式展开对于各种自由主义法律与政治理论的批判。

第二，像传统的法学家一样，批判法学者痴迷于司法职能及其对在社会中

---

① ［英］丹尼斯·劳埃德：《法理学》（第7版），许章润译，法律出版社2007年版，第447-448页。
② 参见［英］丹尼斯·劳埃德：《法理学》（第7版），许章润译，法律出版社2007年版，第448页。
③ ［美］罗伯托·昂格尔：《法律分析应当为何？》，李诚予译，强世功校，中国政法大学出版社2007年版，第169页。
④ ［英］丹尼斯·劳埃德：《法理学》（第7版），许章润译，法律出版社2007年版，第439页。

理解法律的所谓的核心重要性。然而,所有的批判学者都一致否认法律推理的理性确定性。他们的基本信条是,并不存在可与政治对话进行对比的法律推理的独特模式。法律推理本身是由法律拟制的生产者,即统治阶级的法学家采用的统治工具①。法律只是穿着不同外衣的政治;它既不在一个真空的历史中运作也没有独立于社会的意识形态斗争而存在。法律原则(legal doctrine)不但没有,而且也不能产生具体案件的决定结果。批判理论家会广泛分析原则性材料,目的则是要理解作为法律规则的陈述和理由基础的思想结构。原则或规则的任何陈述都必须使用关于社会的语言和"先前存在的"社会结构来表达。它们也可能反映了对社会结构的各种规范性判断。例如,邓肯·肯尼迪(Duncan Kennedy)断言:"讨价还价能力不平等的说法是分配主义的,因为它断言以下干预的合理性,即在没有普通法欺诈、胁迫或无行为能力的情况下,有利于……其中的弱势群体的干预。"②因此他发现,法官使用的语言暗示强制性合同条款是合理的,这是社会结构的一个基本的规范性视角——政府可以妥善干预那些相对弱势的人。

然而,与法律现实主义者形成鲜明对比,当批判法学者从规则等教义材料的语言中发展出这样的思想结构时,他们并没有断言他们已经找到了司法判决的唯一真实的"原因"。相反,他们相信:理解思维的基本结构对于理解司法规则的选择是必要的,就像微积分对理解物理学是必要的一样,或者知道杰克逊·波洛克的工作对理解罗伊·利奇登斯坦来说是必要的③。这也解释了为什么批判法学家尽管声称规则或原则论证是不确定的,却认为规则或原则值得认真研究。事实上,他们认为关于法律制度本质的重要的一般性陈述只能从规则或原则等教义的研究中被发现。只有通过这种社会结构才能充分解释法律这一主张,就导致罗伯托·昂格尔和其他人宣称所有的法律论点都是

---

① David Kairys, "Legal Reasoning", in D. Kairys ed., *The Politics of Law*, New York: Pantheon, 1982, p.17.
② Duncan Kennedy, "Distributive and Paternalist Motives in Contract and Tort Law, with Special Reference to Compulsory Terms and Unequal Bargaining Power", *Maryland Law Review*, Vol.41, Issue 4, 1982, p.561.
③ See Arthur C. Danto, *The Transfiguration of the Commonplace: A Philosophy of Art*, Cambridge, Mass: Harvard University Press, 1981, pp.107-111.

关于政治和社会活动性质的论点。但是,大多数批判法学家并不试图用追求"真实的"的社会视角来取代"真实的"规则或原则。因为这种社会结构隐含在规则或原则之中,并且可能存在多种相互矛盾的规则,对它们的研究必将产生大量的相互冲突的关于人类社会交往和社会性质的观点。批判法学家会认为,通过确定这种结构之间的冲突水平,即社会性质的不同观点,他们已经提供了一个更好、更充分的对于法律制度的说明。

第三,批判法学者致力于揭示主张存在一种价值无涉的"法律推理"领域的想法不仅是错误的而且是有害的。首先,它掩盖了在何种程度上法律规则依赖于个人偏好。法律不能被解释为中立的,法律也无法与政治相区分,法治或"法律的而非人的政府"图景与自由国家的合法性都是成问题的,因其依赖的是"超验的无稽之谈"。"维护法律程序的中立性,对于维持法治是一个十分关键的任务,结果却表明其具有规范性的偏见,因而也就违反了自由主义的中立性原则。"①更为严重的是,法庭依赖于中性原则的断言不仅是错误的,而且是压制性的。如果"我们被要求去将权力和资源再分配的进步改革当成是社会制度秩序为了实现理想图景而掷下的赌注。这就想象性地消除了我们对这种秩序的批判"②。或者如法兰克福学派的奠基人霍克海默和阿多诺所发现的那样,中性的主张被用来掩盖权力的运用,价值无涉的法理学神话服务于统治阶级的利益,被用来传达一种使人们丧失觉察到反叛或异议可能性的伪科学方法论。法庭和法律体系面临的实际选择是政治理论的问题,而不是法律的问题。

举例来说,看待像"洛克纳诉纽约州"这样的案件,批判法学理论除了看到现实主义者关注的阶级偏见和糟糕的逻辑之外,也会揭示困扰自由主义国家观的一系列矛盾的压制性;同时他们认为,法律的符号学系统经由使"社会世界"看起来是自然或中性的而"封闭"了它自身。昂格尔在《知识与政治》这本书中声称要描述自由主义思想的"深层结构",包括自由主义思想关注的问题、它用来解决这些问题的方法结构以及使得这些问题和方法变得清晰的世界经

---

① [美]安德鲁·奥尔特曼:《批判法学——一个自由主义的批评》,信春鹰、杨晓锋译,中国政法大学出版社2009年版,第68页。
② [美]罗伯托·昂格尔:《法律分析应当为何?》,李诚予译,强世功校,中国政法大学出版社2007年版,第263页。

验的结构。昂格尔尝试描述这种结构的目的,是希望能够展开对自由主义思想的"总体批判"。在自由主义法律思想和政治理论中,国家充当着主要角色。国家能够区分并介入个人与其他人之间的良好关系(合同、赠与)与有害关系(犯罪、侵权);国家将以授权的方式允许前者,禁止或不鼓励后者,然后在公民与公民之间以及公民与国家之间执行这些权利。国家似乎在自我与他人之间占据着中立的中间位置。但是,我们对他人的提防与担忧同样会适用于国家。当国家必须不断超越合同当事方的意愿改写条款,或者基于公共政策原因使协议无效的时候,这一行为如何才能被看作仅仅是允许或强制执行合同这一良好的互动?当国家创造、界定和规范产权的时候,它如何能保持其作为预先存在的财产权利保护人的形象?

第四,批判法学者并不只是简单地质疑传统的法律理论产生的实际政策;他们拒绝的是该理论的基础本身。批判法学者试图改写现代法理学体系的基本规则,并修改有效的法律理论的标准。批判法学者看到在个人的自治和社群的力量、自由与安全之间普遍存在的矛盾。虽然为了实现和保护真正的自由,与他人的关系是必要的,但是公共实体的创建限制并威胁着那一自由。邓肯·肯尼迪对"根本性矛盾"有过描述:"个人自由是在同一时间既依赖又不符合实现它所必需的社群强制性行为。如果我们根本上要成为人,别人(家人、朋友、政府官员、文化名人、国家等)是必要的——他们为我们提供了我们自身的材料,并以重要的方式保护我们避免毁灭……似乎只有集体的力量才能够摧毁它让自己施加的态度和机构。由群体对个人的强制似乎与同一个人的解放有着千丝万缕的联系……"①而自由主义与现代法律思想坚持将这种矛盾视作一个纯粹的可以合理地被妥协或被协调的个人和群体的竞争性利益的冲突。他们坚持认为,这种妥协或协调产生的解决方式具有某种客观的道德力量。因此,当代法律理论家有义务主张,目前社会的安排不仅是公正合理的,而且也是必要的和自然的。

在批判法学者看来,当代的法律思想,以其所有不同的形式,再现了而不

---

① Duncan Kennedy, "The Structure of Blackstone's Commentaries", *Buffalo Law Review*, Vol. 28, 1979, pp. 211–212.

是解决了这一基本矛盾。自由主义者可能会认为,这些相互矛盾的价值已被成功安置,但是在现实中,自由的社会充斥着统治和等级。阶级和管理精英为其他人设置他们自己的生活条件。在批判法学者看来,自由主义法律理论无法满足它为自己设置的要求,例如,自由主义的法律思想,通过伪称如比尔·盖茨、巴菲特一样的富豪和流落街头的人(street-person)都是平等的、自由的法律人来合法化社会现实以追求理性的私人目标。在这个过程中,交易的世界开始被转化成权力的世界。自由主义制度无法提供规制人们之间的关系以及自我与他人恰当界限的法律规则,也无法防止国家逾越它的权力边界[①],因此,依赖法治来限制和规制权力是一个彻头彻尾的错误。批判法学论者认为,自由社会中等级和矛盾的存在被法治的理想掩盖。根据这个理想,结果被说成是客观中立的选择方法的产物,而不是不合法的等级偏好所强加的产物。但这只是模糊了规则适用所固有的价值选择,对于批判法学论者来说,并不存在客观正确的结果,无论是在法律原则还是在政策分析方面,也无论律师或法官是多么地熟练。在价值之间进行选择是不可避免的。"要么规则允许在解释现存主要规则的程序中可以诉诸有争议的权利和善的概念,在这种情形下,中立性会被违反;要么禁止诉诸此类的概念,在此情形下,规则体系会充满不确定性。"[②]申言之,批判法学者揭示了自由主义法治事业的内在矛盾和两难困境以及自由主义法学理论的伪善。

批判的法律思想与主流的法律思想之间的不同之处在于,虽然后者拒绝形式主义,但是它坚持认为,在法律推理和庸俗的政治辩论之间能够做出某种可行的区分。然而,批判法学论者拒绝对冲法律秩序的不确定性。他们将试图涉足某种中间道路的努力[③]看作一种绝望的、保全面子的努力,是为了隐瞒

[①] See Clare Dalton, "An Essay in the Deconstruction of Contract Doctrine", *The Yale Law Journal*, Vol. 94, No. 5, 1985, p. 1006.

[②] [美]安德鲁·奥尔特曼:《批判法学——一个自由主义的批评》,信春鹰、杨晓锋译,中国政法大学出版社2009年版,第104-105页。

[③] 主流法律思想通过三种主要进路来坚持其中间道路的主张。第一,有些论者诉诸传统道德。他们认为,虽然社会是动态的、多元的,但是不同的价值观进行交互作用和合作,能够形成一个规范的统一体系。法官的任务是确定并应用这种社会共识。第二,有些论者旨在识别并依靠一组据称独立于传统道德而存在并为自由社会所固有的基本权利。第三个进路宣称,法院的法律说辞背后存在一个经济线索,其将法律原则看似不合逻辑的混乱整齐地联系在一起并证明它为正当。

法律过程无法弥补的危机和社会秩序的崩溃。批判法学批判的中心主旨是，在经历了法律现实主义的挑战之后，所有这些重建美国法律思想的努力是注定要失败的，它们只是提供了主流法律思想破产的更有力的证据。

总之，在诸多方面，批判法学研究都继承、接续了法律现实主义的某些思想观念，但其多以解构方式实现了社会性建构的政治，一种法律政治一体论的观念。其中，最重要的是，他们共享了现实主义者尊重法律推理的价值负载特征的立场。正是因为这一原因他们被有的论者称作新现实主义者。但是，在现实主义者与批判法学者之间存在实质的差异，而且这种差异依赖于后者彻底的激进姿态。在他们看来，仅仅破坏法律与政治之间的不同是不充分的；法律学者的任务是也要揭露法律原则隐含的政治内容并表明该掩饰服务于统治阶级利益的方式。因此，他们总能发现权利背后所潜藏的权力分布关系，权利也就是将政治负载的社会现实转换成去政治化的运作符号或意识形态幻象的结果。比如艾伦·弗里曼（Alan Freeman）关于《反歧视法》的文章将公民权利事业中某些明显的进步描述为"不是去解决我们社会中存在的种族歧视之持续存在的问题，而更多的是起到理性化该问题的作用"①。那么，导致批判法学研究比法律现实主义对自由主义法律理论持有一种更加彻底的批判态度和批判进路的是什么呢？通过剖析他们各自的理论前设或许会给我们提供部分答案。

三、法律的政治意义之迷思

在 2000 年，塔玛纳哈（Brian Z. Tamanaha）指出，批判法学运动已经成为"明日黄花"（a dead-horse），"对于他和许多其他人来说，他们未能恪守自己作为一种秉具更张变革作用的法律进路这一诺言"②。一般而论，学界的共识是，批判法学者夸大了法律的不确定性，他们也不再具有充沛的批判性。例如，批判法学研究的领军人物肯尼迪和昂格尔，与其早期著述相比，现在已经锋芒尽失并且逐渐变得相当传统。尽管如此，批判法学研究还是催生了诸多后现代主义法学理论。对于整个批判法学研究来说，沃德（Ian Ward）认为它们其实

---

① Cass R. Sunstein,"Politics and Adjudication", *Ethics*, Vol. 94, 1983, p. 128.
② 转引自［英］丹尼斯·劳埃德：《法理学》（第7版），许章润译，法律出版社 2007 年版，第 453 页。

采取了一系列"更为直接的"路径,并且梳理出了几种理论趋向:其一,重构自由主义,尤以昂格尔为代表,其政治意义在于有效实现了权力的去中心化;其二,指向语言理论,对于文学理论更感兴趣,因为批判法学者确信这些理论对于阐释具有不确定性提供了支持①。例如,哈金森(Allan C. Hutchinson)认为,"我们从不在故事中",因为"历史和人类活动只在它们的叙事语境和激动人心之处汲取意义和理解"。我们全都如同演员一般生活在表演之中,法律从业者不过受训扮演一种特定角色罢了。一旦我们对此戏剧性或者虚饰性了然于心,我们也就等于"揭穿了高雅的法律寓言的真实面目",领悟了我们在实际表演中的角色的内涵,而扮演着一种更具肯定性的角色。也就是说,批判法学研究转向了"更加迫切地推敲语言与社会行动之间的关系"②。

与批判法学研究的转向或者说逐渐遁形退出历史舞台不无关系,在理论建构上,批判法学所坚持的"法律的政治意义"之根基陷入了多重迷思当中。有些论者,包括一些批判法学者认为,批判法学与法律现实主义共享着相同的血统,批判法学是法律现实主义思想的"成熟",其任务是"一个废弃的现实主义项目的延续"。诚然,法律现实主义和批判法学这两个学派共享同一个倾向,即揭露法学家所谓适用客观规则做出的隐秘价值判断。但是,这只是一种表面上的、具有欺骗性的相似性。法律现实主义的主要原则,源于启蒙的实证主义英国传统;现实主义版本的揭露方法从启蒙运动的科学理性主义派生而来。对于法律现实主义来说,揭露采用了一种实证批判的形式:现实主义者认为引入非理性的价值判断是在非法入侵司法的正常科学事业。但是,批评法学的揭露方法是从法兰克福学派思想家的批判理论中派生的,它是德国形而上学传统的一部分,并且针对的恰恰是理性主义立场。因此,从方法论角度而言,不仅法律现实主义与批判法学不同源,而且法律现实主义恰恰是批评法学批判的对象。在这里,我们将主要检讨这两个学派在方法论上的分殊,尤其是理论前设意义上的。

---

① See Ian Ward, *Introduction to Critical Legal Theory* (2nd edition), London: Cavendish Publishing, 2004, pp. 158-159.
② Allan C. Hutchinson, *Dwelling on the Threshold: Critical Essays on Modern Legal Thought*, Toronto and London: The Carswell Company Ltd and Sweet & Maxwell Limited, 1988, pp. 13, 21, 148.

第三章　批判法学中的法律政治一体论

众所周知,理论前设的英文对应词是,"theoretical hypotheses/ hypotheticals"或"theoretical presuppositions",其与理论前提(theoretical premises)、理论基础(theoretical foundations)甚至理论来源(theoretical sources)具有根本性区别。它所强调的是在某些特定的条件下人们所能获得的关于人类行为或制度等的假定,或者说它经常被用来表达某些信念,通常是用来进行论证的命题或话语,而这些命题或话语并不必然就是真实的,而仅仅在论者信任它的意义上才是真实的。也就是说,作为理论前设的命题或话语在某一理论体系之内的真实性是不会受到质疑的,因为只有这样,论者的全部论述才具有意义;换言之,如果我们将某一理论体系的理论前设抽离掉的话,那将意味着其整个理论大厦的轰然倒塌。因此,我们或许可以说理论前设是某一理论体系之不可动摇的前提性假设,是理论得以存在的先决性条件。

根据对诸多理论之理论框架与理论论证的分析,我们可以将理论前设分为两种类型,即本体论意义上的理论前设和方法论意义上的理论前设。所谓本体论意义上的理论前设可以以单一假设作为核心,也可以以一系列理论假设及其间的关联作为核心,从这一核心出发,人们能够进行某一种或某一系列推论。比如,古典经济学理论的"经济人"假定,离开了这一假定,古典经济学理论的诸多主张都将无法成立或不具有理论意义。方法论意义上的理论前设是指型构某一种理论研究方法的理论假设,是某种理论研究方法之所以能够起作用并得以展开的假定。比如,哈特对于法律的分析性研究就通常被认为是运用了主要以J. L. 奥斯丁为代表的日常语言学派的方法,而非以弗雷格、早期维特根斯坦和艾耶尔等人为代表的逻辑语言学派的方法。日常语言学派关心的是语言或语词的意义问题,所以,才有了哈特所谓语词的"标准情形"和"模糊地带"的区分。逻辑语言学派则关注语言和世界的关系。可以设想如果哈特信奉的是逻辑语言学派的方法,那么《法律的概念》将会被推倒重来,他极有可能为了实现法律用语的精确性和纯粹性,而致力于法律用语的创造与再造。我们在本章中对法律现实主义和批判法学研究的理论前设追问也将主要限定在方法论层面。

现代以降,不管是传统的契约论思想还是实证主义对国家及主权权力起源的服从习惯模式,虽然可能在国家的起源问题上以及公共权力的合法性来源上有不同的见解,但是主权国家的存在以及公共权力在人们实际生活中的运作都已经成为各种理论建构的前提性条件。即便如约翰·罗尔斯这样一位现代的新契约论者,他所谓的正义也是指,在现代主权国家范围内首要的"制度正义"问题,只具有修正的意义而不具有颠覆的意义。而像弗兰克这样的现实主义者在《初审法院:美国司法中的神话与现实》中所展示出来的理论努力也很清楚地告诉我们他的立场是修正性的而非颠覆性的,或者说是一种"建设性的怀疑主义"。不过,"由于公众缺乏足够的信息,他们的这种怀疑主义都不可能具有建设性,也不可能有效地促进司法过程的进步,而这种进步既是必要的,也是可能的"[①]。因此,弗兰克为自己设定的主要任务就是尽可能为公众提供关于初审法院的更多信息,"开诚布公地讨论法院的运作"包括它的事实认定活动,以激发人们对它的关注和讨论。对此,我们可以有理由认为,在现实主义者那里,社会公共权力规制本身已经不再是被质疑和挑战的对象,而公共权力行使的限度与方式才是论者们实际关心的问题,这一点在弗兰克等人的研究中可以得到证实。

美国法律现实主义的历史可追溯至英国的布莱克斯通,他的系统化的工作激励着学者在经验研究中检验法律以获得共同原则,其最终促成了兰德尔案例教学法的发展,这构成了"一门科学,是由某些原则或学说构成(着)……(其)生长主要是通过一系列案例进行追溯……"[②]。法律现实主义试图使法律的归纳科学更加有用:"旧的分类……都太大了以致处理不了……我不在乎重新分类是如何被制造的,只要根据观测和组织数据它是可用的……现实主义者担心法官因为他们必然的偏见而不能客观地运用系统化的法律原则。"[③]我们都知道,以卢埃林和弗兰克等人为代表的法律现实主义所采用的是一种现实主义的或者说经验主义的研究方法,如果说法律现实主义是因为对抽象理

---

① [美]杰罗姆·弗兰克:《初审法院:美国司法中的神话与现实》,赵承寿译,中国政法大学出版社 2007 年版,第 2 页。

② C. Langdell, "Preface to a Selection of Cases of the Law of Contracts (1870)", quoted in Calvin Woodard, "The Limits of Legal Realism: An Historical Perspective", *Virginia Law Review*, Vol. 54, No. 4, 1968, p. 700.

③ Karl Llewellyn, "A Realistic Jurisprudence: The Next Step", *Columbia Law Review*, Vol. 30, No. 4, 1930, p. 457.

性主义在解决价值问题方面的无能力而否定它的话，那么现实主义自己是否能够弥合主体与外在世界之间的裂痕呢？所有的假说和理论必须根据自然世界的观察来检验，而不是仅仅根据一个先验的推理、直觉或启示。像理性主义和怀疑主义一样，经验主义是一种认识论方法，它主张知识只是或主要是来自感官体验。它强调在观念形成中证据的作用，经验主义者可能会说，传统（或习俗）的出现是由于先前的感官体验的关系。"知识是以经验为基础的"，"知识是试探性的和概率性的，受制于持续的修改和审改"①。但是，"伦理价值显然不能从经验证据中发现，也不能被清楚地基于经验证据"，"很难证明一套道德价值或文化信条优于其他的道德价值或文化信条"②。正是因为经验研究在为人们提供必要的基础性知识方面的无能力，才导致了法律现实主义解释力度的不足。

现实主义者争辩说，先例的机械适用蒙蔽了法官，使其无视经验性社会科学中有前途的新方法的有效性。所以，他们提议加强对司法过程中参与者行为的科学研究。在这个意义上，现实主义的或经验主义的研究方法之所以得以展开甚至是其最后被取代，皆是因为法律现实主义的批判所依据的是"事实与价值可分离"或"法律与道德可分离"这一根本的实证信念。现实主义的观念是，只要法院利用剔除了偏见的正确程序，公正的结果就会产生。这种信念实际上是将科学方法应用于法院。只有在此方法论前设的基础之上，其现实主义的或经验主义的研究才能够具有意义，否则的话，就无异于掩耳盗铃、以偏概全。无论在认识论还是在方法论上，法律现实主义都正好契合启蒙传统。

相比之下，批判法学的批判拒绝现实主义的命题，即以科学的法理学为基础的客观判决是有可能的。批判法学最终揭露的与其说是价值判断的引入，还不如说是假装判决能够永远中性是愚蠢的。批判法学者认为，现实主义与形式主义一样受到天真的影响与折磨。现实主义者无法理解法律原理是根本

---

① M. Shelley, "Empiricism", in Fenwick W. English ed., *Encyclopedia of Educational Leadership and Administration*, London: Sage Publications, 2006, pp. 338-339.
② ［美］杰罗姆·弗兰克：《初审法院：美国司法中的神话与现实》，赵承寿译，中国政法大学出版社 2007 年版，第 212 页。

不确定的和建设一个价值无涉的法理学是不可能的。换句话说,他们未能认识到"法律仅仅是另辟蹊径的政治"①。对于批判理论家来说,没有价值事实是毫无意义的。在这种情形下,摒除由社会生活的物化结构施加的限制,只有人类社会基本制度及其图景这些背景结构遭到质疑,"人们在思考什么是自己的真正利益时,才开始明确地、前所未有地依赖于他们自己的描述,描述着自己最终可以到达的别样社会世界"②。通过前述对于批判法学的基本主张的概述可知,这些主张几乎完全可以与法兰克福批判理论的基本属性相吻合。法兰克福理论家主张的批判理论具有三个基本属性。

第一,批判理论必须寻求个人在特定社会的解放和启蒙。通过揭露歪曲人类感知的强制,批判理论解放个人,并允许他正确地评估自己的真正利益。用马尔库塞(H. Marcuse)的话说,启蒙揭露了"西方哲学和道德得以建立的巨大的谬误——即事实转化为本质,历史的条件转化为形而上学的条件"③。启蒙的实证主义声称要解释所有的现实并从神话的束缚中解放人。但是启蒙运动通过理性对古老神话的破坏,迅速转化并促进一个新的教条,这个理性本身作为普遍性的提供者,成为一个新奴役的神话。

第二,批判理论必须是"自我反思的",即它必须成为它描述的一部分。法兰克福批判主义断言,工具化的理性已经成为统治的媒介和现状的永存不朽。法兰克福学派的作家意识到新的理性形而上学具有"限制性影响,它压制了任何超越(其)边界的约束性反思"④。因此,启蒙运动之后"理性"矛盾地要求,放弃所有的反思并抑制认知中的积极要素。这样,在实证主义统治下,真正的社会进步变得不再可能。

第三,基于有效性考虑,理论必须证明它是"反思性可接受的"。批判理论否认"是"与"应该"或事实与价值是可分的。在对先验形而上学的谴责中,实

---

① David Kairys, "Legal Reasoning", in D. Kairys ed., *The Politics of Law*, New York: Pantheon, 1982, p.17.
② [美]罗伯托·昂格尔:《法律分析应当为何?》,李诚予译,强世功校,中国政法大学出版社2007年版,第265页。
③ Herbert Marcuse, *Eros and Civilization: A Philosophical Inquiry into Freud*, Boston: Beacon Press, 1955, p.121.
④ Habermas, "A Positivistically Bisected Rationalism", in T. W. Adorno ed., *The Positivist Dispute in German Sociology*, London: Heinemann, 1976, pp.198-199.

证主义坚持认为任何企图获取超越感官经验限制的知识都是徒劳的①。实证主义认为,以非经验的概念为基础或诉诸浪漫的或宗教的渊源的法律,实际上是以无法证实的断言为基础的。法律应该仅仅从"是"——集体的经验的、事实的和科学的知识,而不是从"应当"——主体的想象的、虚幻的和宗教的断言,推演出来。批判理论家指出单纯的事实"只是社会生活过程的片段,并且为了了解事实的意义……一个人必须具备把握历史形势的钥匙,即正确的社会理论"②。因此,他们认为,实证主义的方法论,因为缺乏形而上学的或社会的理论,实际上是不能产生真正智慧的。

正如霍克海默和阿多诺所言,启蒙运动自相矛盾地"始终以从恐惧中把人解放出来并建立自己的主权为目标。然而,充分启蒙的地球却到处洋溢着灾难性的胜利"③。但是,法兰克福批判主义对表达政治的或哲学的规定性(prescriptions)表现出一种奇怪的无能或不愿意④。批判理论家们似乎深受他们自己哲学的限制和困扰。深谙法兰克福批判主义精髓的批判法学同样表现出内在的矛盾与不安。比如,在昂格尔那里,他主张语词的非本质主义特性意味着自由主义司法理论以及现代国家合法化理论的崩溃。批判法学研究经常被认为具有强烈的彻底摒弃自由主义价值观的倾向,但实际上大多数批判法学家只是指出除了自由主义价值观,还有许多被自由主义忽视或扭曲的应该被珍视的事物,比如团结和社群。这正如论者所指出的,批判法律思想中主观主义和结构主义这两部分之间的核心张力推动着它的发展⑤。

主观主义强调个人主观经验的重要性,将经验作为所有政策和法律的基本原则。它通过对经验的现象学描述发展其有关社会世界的图景。所谓现象

---

① See Alfred J. Ayer, *Language, Truth, and Logic* (2nd edition), New York: Dover Publications, 1946, p.34.
② Tom Bottomore, *The Frankfurt School*, Chichester: Ellis Horwood/London and New York: Tavistock, 1984, p.30.
③ Ma Horkheimer and T. Adorno, *Dialectic of Enlightenment* 3 (J. Cummings trans. 1972) (1st ed. 1947).
④ See David Held, *Introduction to Critical Theory: Horkheimer to Habermas*, Berkeley: University of California Press, 1980, p.24.
⑤ See James Boyle, "The Politics of Reason: Critical Legal Theory and Local Social Thought", *University of Pennsylvania Law Review*, Vol.133, No.4, 1985, pp.736-745.

学描述这种哲学偏好正好对应"个性解放"的观念。"个性解放"是指通过突然摒除由社会生活的物化结构施加的限制,表达和肯定个人人格的个人愿景。现象学的吸引力主要在于,它允许我们获得在我们经验一种情况前一刻瞬间存在的愤怒或拒绝被重组成思维的"适当"方式。因此,现象学描述以解放的行为来否定和超越我们的限制或不诚实的经验,设法唤起自由的实际经验。但问题是从中不可能得出任何宏大叙事。相反,结构主义的重点在于结构。更广泛意义上的"结构主义"意味着把关注点放在信仰、思想或经济力量上面,它们理应有自己的内在逻辑,并且以某种方式组织、解释或被反映在受其影响的那些人的主观经验中。通过揭露"正在发生的是什么事",批判法律研究中的结构主义部分试图揭露日常生活结构的约束性质,它是嵌在法律决定、标准论证或者作为讨论基础的没有疑问的假设中的。

因此,可以发现,所有解构的努力都必须依据要被解构现象的现有建构,也即在建构和解构这两方面努力之间的批判工作具有潜在紧张。主观主义部分似乎贬低了结构主义理论,因为它给予直接的个人经验和相关的存在主义思想以重要意义,即考虑到所有的哲学和社会安排的偶然性,个人选择是唯一吸引人的东西。而结构主义部分通过提供一个基本上独立于"有意识的行为主体"关于知识、权力、生命等的有说服力的阐述,似乎削弱了主观主义部分已在西方认识论和政治传统中所具有的核心作用。换句话说,要解释结构主义部分,我们必须假设某个主体,对他来说结构约束的知识将是有益的。同样,要描述主观主义部分,我们不得不依靠一种超越或突破压制性结构的愿景。因此,理论家不是在创造压制性的信仰结构,他们只是在描述预先存在的结构。但是这种"自我揭示的结构"(self-revealing structures)的观念似乎是自相矛盾的,因为批判法学理论反对诸如"语词的明显意义"或"制度权能的明显的功能性要求"这类观念。诸如此类的矛盾都应当在批判法律思想的方法论的理论预设的语境下加以检验。

总结而言,理解美国具有重大意义的新旧现实主义运动,总是会产生各种各样的困难。在美国某一时期内(尤其以罗斯福"新政"时期为突出)的"法官政治"往往会成为一系列遍及法律学术和法律实践的前提要素,并且会不断衍生出具有承继关系的思想观念。在其他国家的法学者眼里,这几乎是无法理解的,并且被认为仅仅是美国法律和法制史独一无二的特征,与他们毫无关系。但若从对法律政治性论题的开放上来看,无疑美国的批判法学研究等催生了众多当今全球维度上的热点问题,如女性主义研究。在这个意义上,无论是法律政治性论题还是批判法学研究,皆需要我们做出进一步的探究。

第四章

韦伯的合法性概念与法律政策分析

马克斯·韦伯(Max Weber)无疑是最为杰出、最具影响力的社会理论家,他为同时代的后继者所尊重。例如,凯尔森和以卢埃林为代表的法律现实主义者都相当认同他的理论,并不断予以发挥,使其成为法律现代性理论的重要组成部分。大致来说,韦伯毫不留情地批判了,那些试图从社会变革的"是"中产生立法的"应该"的理论;亦不认同,从行为规制性和规范性共识这些事实出发,尝试着引导出法律意义上的有效性等。与其他国别的学者相比,美国学者特别能够接受韦伯的合法性概念,因为它可以用来反对保守的法官制宪理论,实现社会理论所建议的改革。其中,美国政策科学的兴起和人权司法审查理论的发展,皆可视为对于韦伯理论的一些回应。值得注意的是,马克斯·莱茵斯坦(Max Rheinstein)在韦伯《论经济与社会中的法律》的引言和脚注中一再承认,美国的法律理论家(包括他自己)认为他们已经形成了一种他们称之为政策分析的方法。20世纪40年代最引人注目的理论发展之一是将意志理论的"形式主义"要求和社会理论同样形式意义上的功能主义要求,转变为在更大范围的分析中保持平衡的纯粹政策。意志理论成为朗·富勒的"私人自治原则",不再是推论的泉源,而是一系列原则的最佳见解,其中包括例如保护信赖利益的潜在冲突原则[1]。政

---

[1] Duncan Kennedy, "From the Will Theory to the Principle of Private Autonomy: Lon Fuller's 'Consideration and Form'", *Columbia Law Review*, Vol. 100, No. 1, 2000, pp. 160–167.

策分析似乎以这种方式超越了意志自治与社会嵌入的二律背反。正如韦伯的实质合理性一样,政策分析的内容来源于推动整个社会治理的一般性政治、道德、宗教和便利性目标等。由此看来,探究韦伯的合法性理论主张对于推进政策分析的认识和理解具有重要的理论意义,而且,韦伯的合法性理论本身亦能为我们发展一种合理的司法政策学提供宝贵的资源,并给予非凡的启示。

一、韦伯的合法性概念

毫不夸张地说,韦伯始终在为法律的合法性问题提供某种基础性论证。对合法性问题的阐释,他一直努力地保持在法律实证主义传统的认识范围之内。法律实证主义传统认为,如果一个法律规则是由一个独立主权国家——拥有通过强制性制裁强迫服从的手段——发布的话,它就具有约束力。韦伯关心的问题是,一个法律规则是否应该被视为有效的,并对那些受制于规则的人是有约束力的。韦伯的合法性观点与法律实证主义的观点十分契合,他们都探询是否存在一个能够维持社会秩序的官方机构。法律实证主义者提出的问题往往是一个政权是否能维持有效秩序,他们关心的是法律的渊源或者说是法律制定的问题。韦伯否认法律规则的任何特定的根源或起源的存在。他拒绝了法律被认定来源于某个特定主权机构的理论要求。相反,韦伯认为法律的本质特征是它的执行方式。在韦伯看来,法律或法律规范的特点是由专门的工作人员负责执行。根据韦伯的说法,"法律权威最纯粹形式的行使就是雇用官僚行政人员"。遵守法律是由"具有维持(法律)秩序执行专门职能的工作人员,由法官、诉讼律师、行政官员或警长等官员保证的"[1]。因此,某项"命令"在如下意义上是法律,它是由如下可能性进行外部保证的,即为了导致顺从或惩罚违反行为,工作人员将会施加身体或心理上的胁迫。对于韦伯来说,"法律"要求"存在执法人员"。这意味着韦伯的法律社会学不是预言性的,而是一种独特的混合的当代法律思维模式,合法化了当代的官僚统治。

在韦伯的理论框架中,合法性概念的以下两方面是重要的:首先是在观

---

[1] Max Weber, *Economics and Society* (G. Roth and C. Wittich eds.), New York: Bedminister Press, 1968, p.220.

念层面,相信法律的有效性,或者是因为人们同意规则的内容,或者是因为人们接受建立规则的权力。其次是在行为层面,对规则或权威的信念将激励并产生遵守法律的行为。虽然遵守法律制度的规则既不是确定是否接受其合法性的必要也不是充分的基础,但遵守可能是接受的标志。韦伯认为,如果受制于制度的人作出该制度所颁布的法律应该被遵守的价值判断,那么该法律制度是合法的。韦伯认识到将价值判断赋予他人的内在障碍。不过,韦伯假设,通过观察普遍遵守法律的经验事实,可以推断出对法律制度有效性的价值判断。韦伯对于这一事实-价值区分的确信是以对合法性确立方式的论述为基础的。韦伯把法律制度的合法性视为法律规则的意义和力量的核心。合法性,或者"相信存在一个合法的秩序",对韦伯来说意味着"被视为具有约束力的威望",也就是那些接受法律制度合法性的人将认为法律规则是有效的。

而那些受到法律制度约束的人确信该法律制度的合法性可以基于主观和客观这两种理由。主观理由包含了一个行为者所持有的信仰和态度,这导致该行为者将法律制度看作是正确和适当的,或者是作为行为者应该遵从权威意志的适当表达。客观理由涉及遵守行为带来的显而易见的好处,无论是避免制裁还是实现社会利益,这与法律制度的"正当性"无关。重要的是,韦伯认为,合法性的主客观依据可以协同运作而并非无法兼容。在韦伯看来,关键是要认识到许多法律规则是在"权宜之计"的基础上采用的,而不是从"伦理学领域"衍生出来的。因此,行为者对某些法律的合法性的主观信念不能成为整个法律制度合法性的唯一标准,因为每一个法律体系都有只以权宜之计为根据的法律。如果受法律制度约束的人认为它在内容上或者在行使合法权威的表现方面没有道德上的力量,那么遵守法律就必须被视为或者依赖于对制度合法性的客观信念,或者说,依赖于获得某些外在利益或避免某些惩罚。这使得韦伯很难为区分有效法律和强制法令提供明确的依据,而这种区分正是合法性概念的核心。

韦伯试图建立区分单纯屈服于胁迫或武力与承认法律的有效性或合法性的理由的一种方式是,把焦点从"为什么行为者认为他们应该遵守法律"这一问题转移到"为什么行为者相信这个制度是合法的"这个问题上。韦伯归纳出行为者认为法律制度合法的四个理由,或者称为合法统治模式的类型学。第一,凭借传统,他们可能认为这个制度是合法的,因为它是传统的;事情的做法是有效的,因为事情总是这样做的。第二,如果这个制度背离了传统,它也可能被认为是合法的,它可能由于情感、信仰等(譬如它是由一位公认的先知揭示出来的)被视为合法的。第三,凭借价值理性的信念,制度可以被视为合法的,因其在逻辑上被推断为绝对要求。第四,行为者们可能会认为这个系统是合法的,因为它是法定的(legal)。合法性可以通过公认的法定性的实证颁布而赋予秩序。这样的法定性可以被认为是合法的,因为所有有关各方都已经同意这个颁布行为,或凭借人对人施加的统治而被视为合法并且符合默许的要求。

为什么相信制度的法定性(legality)会成为将合法性赋予该制度的理由?韦伯阐释了两个可供选择的理由:首先,一个法定的制度是合法的,因为"它来源于有关各方的自愿协议"。这个理论与社会契约理论相对应,而社会契约理论一直是使法律规则合法化的自由民主理论的传统支柱。霍布斯、休谟、洛克和卢梭的作品是其代表。社会契约理论一直受到众多有说服力的批评,诸如认为它是"机械的""法理学的""先验的"理论等等。而且,"历史学家并不喜欢[社会契约]这个概念;他们知道历史的记录,他们不相信曾经有过这样的事情。律师们并不喜欢这个概念;他们知道什么是实际契约、律师如何起草和法院如何强制执行它们,他们不相信社会契约不是一个假的、一个准的或其他的东西"[1]。虽然社会契约的概念可能有助于政治和法律分析,但似乎并没有为建立具体法律制度的合法性提供有说服力的依据。作为社会契约理论的一种替代方法,韦伯认为,法律制度被认为是合法的,因为"这是由一个被认为合法的权威所强加的,因此与遵守(compliance)相符合"[2]。根据韦伯的理论,没有必要确保参与者自愿同意管辖其社会的具体法律条款。相反,法律是按照已经建立并被接受为建立法律的先决条件的程序来实施的。这种对法律实证主义至关重要的观点允许韦伯最大限度地减少对社会契约理论的需求;他观察

---

[1] Max Weber, *Economics and Society* (G. Roth and C. Wittich eds.), New York: Bedminster Press, 1968, at xliii.

[2] Max Weber, *Economics and Society* (G. Roth and C. Wittich eds.), New York: Bedminster Press, 1968, p. 36.

到,考虑到行为者相信社会秩序的法定性(legality),"从自愿协议获得的秩序与被强加的秩序之间的区别只是相对的"①。

进而韦伯认为,合法性是一个程度问题,而不是一个或有或无的问题。依照程序正式制定的法律具有推定有效性,并使得整个法律体系将被视为合法的。关于法律内容的社会协议可以确立更为坚定的合法性主张,因为个人意志的统一表明了对每个特定法律的约束效应的强烈信念;然而,一个独立于内容的特定法律,如果人们认为制定它的制度是合法的,那么这个法律就会具有约束力。因此,如果不存在意志不一致的情况,法律如果按照既定程序制定的话,仍然可以被认定为合法的。合法性的概念,通过符合程序形式性,通过解释为什么那些不自愿同意某一特定法律的人(法律被"强加"给他们的那些人)仍然认为法律是合法的,能够避免社会契约论所遭受的批评。因此,根据韦伯的观点,不仅没有必要在具有法律有效性的规范中纳入或推进一些道德标准或价值,也没有必要代表传统民主理论所带有的多元主义情绪。相反,为了确定一个合法的制度存在,因为它被认可为法定的,只有法律规范符合法律的正式程序要求才是必要的。这是确定法律合法性的客观标准。

但是,为了断言这种法律合法性的理由,韦伯非常接近他坚持希望避免或超越的法律实证主义的立场。他指出,"所有传统上或法律上保证的秩序形式都不应该要求道德准则的权威"②。可以看到,韦伯坚定支持法律与道德分离这一实证主义信条,即认为法律与伦理规范之间没有必然的关系。韦伯对法律合法性问题的处理肯定了实证主义者对合法性的论述,但他将法律的强制性制裁的意义做了进一步扩展。他认为,粗糙的法律实证主义版本将支持法律的强制性制裁等同于物质的力量。而对于他来说,强制的特定形式是无关紧要的,诸如"兄弟般的诚勉"和"监察谴责"都可以被恰当地视为强制性的制裁;换言之,制裁的重要特征就是强迫遵守。用韦伯自己的话说:"'法律'可以通过僧侣统治和政治权威,自愿联合国内权威的法规,或者通过联谊会或其他

---

① Max Weber, *Economics and Society* (G. Roth and C. Wittich eds.), New York: Bedminister Press, 1968, p. 37.
② Max Weber, *Economics and Society* (G. Roth and C. Wittich eds.), New York: Bedminister Press, 1968, p. 36.

联合来保证。"①这种支持法律的强制性制裁的宽泛观点,使得韦伯避免了由H.L.A.哈特所提出的那种批评。即哈特认为,强制性的法律理论不足以解释自愿协议法律的运作或赋予权力而不是强加义务法律的运作。对韦伯关于合法性讨论的考察迫使人们考虑当代诠释学对理解法律的相关性;这使人们看到法律实证主义的问题本质。对法律合法性进行调查的核心是需要寻找一个独立于对不遵守法律的行为实施强制性制裁的法律约束力理由。

需要谨记,韦伯并没有完全放弃主观态度作为法律合法性的一个要素。应当注意的是,韦伯认为法律合法性是基于主观和客观的原因。然而他建议,主观因素最好能以否定的形式表现出来。韦伯的观点并不需要积极理解被视为接受法律制度为有约束力或合法的人的主观意见,相反,韦伯的观点只是要求表明,秩序的约束力不能仅仅是强制的结果:"只要不是由于恐惧或权宜之计而产生的,愿意服从一个人或一个小团体施加的命令,总是意味着信奉强加它的来源的合法权威。"②虽然他认识到屈服于强制力可以有助于有效地遵守法律制度,但韦伯坚持认为,这种承认并不否定他的主张,即一个人承认法律制度的有效性或合法性。在韦伯看来,服从秩序几乎总是由各种各样的利益以及坚持传统和坚持合法性的信念决定的。在很多情况下,受到秩序约束的行为者甚至不知道这是一个习俗、惯例还是法律的问题③。韦伯把他的方法论运用到法律合法性问题上的结果是发展出一种理论结构,其目的是要考虑那些受制于法律制度的人的主观态度。韦伯的目的是摆脱法律实证主义对法律观的承诺,即法律仅仅是强制性的命令。韦伯的法律合法性概念开启了对法律权威的接受,而法律制度的稳定存在确立了法律权威的有效性。韦伯方法的最终结果是,他提供了一个更充分的法律合法性的幻想,而不诉诸外在的评价标准。实际上,他所提供的不过是一个精心设计的分析框架,它证实了法律实证主义的法律概念。

---

① Max Weber, *Economics and Society* (G. Roth and C. Wittich eds.), New York: Bedminister Press, 1968, p. 35.
② Max Weber, *Economics and Society* (G. Roth and C. Wittich eds.), New York: Bedminister Press, 1968, p. 37.
③ Max Weber, *Economics and Society* (G. Roth and C. Wittich eds.), New York: Bedminister Press, 1968, pp. 37-38.

我们以韦伯对人权的解释为例。韦伯在《经济与社会》论法律社会学的一章中,将革命的自然法引入现代法律制定概念,"只有法律理性主义的自然法公理才能够创造一种形式的规范……""最纯粹的(形式自然法)就是……是由于已经提到的影响而在17世纪和18世纪兴起的,特别是以'契约理论'的形式,更特别是该理论的个人主义方面"①。革命的自然法显然产生了行为的"价值理性"取向,以规则的形式出现,而不管后果如何。尽管它可能增加了合理性检验形式的实质合理性要素,而分析法学家开始把它理论化为一个规范体系,但是这种类型的法律如何符合韦伯合法性的类型学。他最基本的法律发展模式是传统被新规范的魅力揭示所破坏,然后由管理他们的专业人员合理化。这是著名的"魅力常规化"的一个方面。

二、形式合理的法律与合法性的最高形式

韦伯认为,在资本主义自由市场这个环境中,个人可以按照纯工具理性的标准即手段和目的的合理计算来追求自身的利益。"市场伦理"的作用是确保经济行为者维护他们的合同协议,而个人行为者对所有其他人在自由市场中行事的可预测性的关注,是资本家履行合同的最大保证。因此,法律在维持市场关系方面反而发挥次要作用。事实上,韦伯指出,在发达资本主义社会,法律在某些方面的作用正在下降。无论如何,试图干涉理性人追求自身利益的法律规定可能是不可执行的。尽管如此,韦伯仍然试图找出那些他所谓"社会学相关"的因素,这意味着它们有助于社会行为的可预测性;在经济活动领域,法律显然是这样一个因素。基于这样的考虑,韦伯将法律定义为:法律作为一种强制性机构而存在,准备"为执行规范的目的而专门提供胁迫手段(法律强制)"②。如果这种"强制性机构"的存在增加了行动者以可预见的方式行事的可能性,则法律对社会行为具有经验效应。

莱茵斯坦和特鲁贝克(Trubek)等人就此指出,韦伯法律社会学的主要关

---

① Max Weber, *Economy and Society: An Outline of Interpretive Sociology* II (Guenther Roth and Claus Wittich eds.), Berkeley: University of California Press, 1978, p.867.
② Max Weber, *Economy and Society: An Outline of Interpretive Sociology* I (Guenther Roth and Claus Wittich eds.), Berkeley: University of California Press, 1978, p.313.

注点是要确定"这种独特的法律思想与西方特有的经济类型——现代资本主义之间的关系"。特鲁贝克认为,韦伯在其理想类型的方法论影响下期望发现,法律思想中更大的理性将有助于经济行为的更大的可计算性。根据特鲁贝克,韦伯"强调,只有逻辑形式的合理性,即具有普遍规则和一般规则的自治法律制度,才能保证所需的法律确定性"①。结果,韦伯发现的却是著名的"英格兰问题",虽然英国是现代资本主义的发源地,但在那里从来没有存在过一个逻辑形式的法律制度,也不可能发展出一个来。就此,特鲁贝克得出结论:韦伯是一个以方法论为指导的、受到顽固的历史记录困扰的社会学家。在韦伯的法律社会学中,概念与历史之间、理论与事实之间的斗争,都比他在处理英国法律制度与英国资本主义发展之间关系时更为明显。他几次回到这个问题上。他对这个问题的有些模棱两可的矛盾的讨论呈现了一幅图景:历史学家韦伯与社会学理论家韦伯作斗争②。

但是,如果仔细研读韦伯在各种不同的语境中对此问题的表述,当能发现韦伯的真正立场。他指出,在朝着逻辑的和"无缝隙"法律制度的方向发展时,增加法律合理性的过程,不是根据更高的可计算性这一需求,而是主要根据"普遍的法律教育类型"来解释的。韦伯在描述"以逻辑上无可挑剔的方式来构造情势('construing' the situation)的任务几乎成为民法法理学的排他性任务"时指出:通过这种方式,今天仍然盛行的法律概念,成为法律思想的决定性概念,即在法律上看到一个逻辑一致的、无间隙的"规范"复合体等待"应用"。与资产阶级的实际需要一样,对于形式的法律倾向具有决定性意义的"可计算的"法律,在这一过程中并没有起到多大作用。正如经验所表明的那样,通过形式的、经验性的判例法,这种需求可能也会得到满足,而且通常会更好。纯逻辑建构的后果往往与商业利益的期望有非常不合理甚至无法预料的关系③。

---

① David M. Trubek, "Max Weber on Law and the Rise of Capitalism", *Wisconsin Law Review*, Vol. 3, 1972, p.746.
② David M. Trubek, "Max Weber on Law and the Rise of Capitalism", *Wisconsin Law Review*, Vol. 3, 1972, pp.746-747.
③ Max Weber, *Economy and Society: An Outline of Interpretive Sociology* II (Guenther Roth and Claus Wittich eds.), Berkeley: University of California Press, 1978, p.855.

从韦伯这段相当明确和全面的陈述中可以清楚地看到,韦伯将"可计算的"法律的概念即他所谓"形式法律本身"与逻辑形式的法律思想的具体现象分开了。在这种"形式法律本身"的框架内,韦伯非常明确地指出,判例法和法典法都是高度合理的,因为它们提高可计算性,促进了资本主义经济关系。他曾解释说,每一种体系都为资本主义的兴起创造了必要的条件,却没有暗示哪一个更合适:在英国,法官严格遵守先例,因而遵守"可计算的计划";在像德国这样的官僚主义国家,法官是一个"法律条款的自动贩售机",因此,法律机构是"大体上可计算或可预测的"。换句话说,现存的两大主要法系都有助于法律的可计算性或者说可预测性。因此,我们可以从整个韦伯文本中找到每种法律体系如何促成和阻碍可计算性的例子。许多评论家由此认为,韦伯无法决定哪种制度更适合资本主义,尽管他想发现逻辑形式法律提高可计算性,但他不得不承认,判例法似乎也符合资本主义的需要。

如果像莱茵斯坦那样专注于法律思想本身,那么根据韦伯的理想类型,普通法将被认为是"实质上非理性的",而大陆法则被归类为"逻辑形式上理性的"。但是,如果一个人关心的不是法律思想,而是经验有效性的话,那么韦伯就很清楚地阐明了在英国产生一个特别适合资产阶级对于保障权利(guaranteed rights)和形式正义要求的法律制度的历史条件,即将资产阶级或自由的法律制度与所有先于它的法律制度区分开来的那些特点。在这个意义上,普通法体系因其"形式合理的司法管理",尽管其法理上的非理性,确实也是社会学意义上形式合理的法律体系。韦伯把这种形式法律的发展部分地归功于资产阶级,他们从建立对资本主义必不可少的保障权利中获益。资产阶级在确立保障权利这种特定的意义上促进了法律的合理化,这就是韦伯所说的"严格意义上的法律"。这些权利单独保证了市场的可预见性,在英格兰这样一个判例法体系中演变而来,在这个体系中,法学家们能够利用他们的创新技能来形塑判例法的方向,并建立最好地服务于他们的商业客户利益的先例。这样一来,一套判例法演变出来,可以保证资本家的合同权利以及更合乎逻辑的合同法律制度,因为"一旦利益相关方的实际需要所要求的契约和行动模式已经建立起来,具有足够的弹性,官方法律可以保留一个古老的特征,在没有形式改变的情况下度过最伟大的经济变革"。而且,正如韦伯所指出的那样,

"从这样的做法和态度来看,不会出现任何合理的法律制度,甚至不会出现法律本身的合理化……"①。

因此,尽管从法理的角度来看,英国普通法是实质的非理性,但从社会学的角度来看,却是一种按照形式正义原则运作的制度,因此非常适合资本主义的需要。韦伯从来没有试图争辩说,普通法系比欧洲的大陆法系更适合资本主义,因为这样一种立场将过分强调特定类型的法律制度作为促成资本主义兴起的一个因素。正如我们所看到的那样,他认为,这种或那种法律制度的经济后果,无论是大陆法还是普通法,"都是孤立的单一现象,而不是涉及经济制度总体结构的差异"②。但他当然不会把"非理性的"普通法体系看作对资本主义构成的负累,或者就此而论,对他的法律社会学来说是一种威胁,正如当时对"英格兰问题"的担忧似乎暗示的那样。对于这个问题的思考与我们可以辨识出来的韦伯法律社会学的两个任务密切相关。

首先,他感兴趣的是记录法律思维合理化程度越来越高的过程。那么,合乎逻辑的形式法律的概念当然会引起他的兴趣。他甚至从"理论角度"得出结论:逻辑形式的法律显然是最后阶段和最高阶段。韦伯根据与他明确的最合理模式的接近程度来区分法律思维模式,他称之为"逻辑形式理性"③:当代法律科学,至少是以已经获得了最高程度方法论和逻辑合理性那些形式存在的,即以通过潘德克顿民法法律科学产生的那些形式存在的,从以下五个假设出发:第一,每一个具体的法律决定都是抽象法律命题对具体"事实情况"的"应用";第二,在每个具体的个案中,必须有可能通过法律逻辑来从抽象的法律命题中得出决定;第三,法律必须实际上或实质上构成一个"无间隙"的合法命题体系,或者至少必须被看作一个无缝隙的体系;第四,任何不能在理性条件下被"合法地"解释的东西,在法律上也是无关紧要的;第五,人的每一个社会行为都必须总是被设想为法律命题的"应用"或"执行",或者对它的"违反"。

---

① Max Weber, *Economy and Society: An Outline of Interpretive Sociology* II (Guenther Roth and Claus Wittich eds.), Berkeley: University of California Press, 1978, p. 787.
② Max Weber, *Economy and Society: An Outline of Interpretive Sociology* II (Guenther Roth and Claus Wittich eds.), Berkeley: University of California Press, 1978, p. 891.
③ Max Weber, *Max Weber on Law in Economy and Society* (Max Rheinstein ed., Max Rheinstein and Edward Shils trans.), Cambridge, MA: Harvard University Press, 1954, p. 64.

根据韦伯的说法,"现代法律的反形式趋势"是多元的。它们包括在回应商业界对符合商业实践需要的法律标准的需求时,正式的法律倾向于采取主观的而不是客观的意图测试,以及"诚信"这样的主观道德概念。韦伯承认,这一系列要求反映了这样一个事实:"法律的形式特质的发展当然显示出一些特殊的反对唯信仰论的特征",并产生了一个"现代社会学和哲学分析的体系,其中许多是学术价值很高的"①。但是,韦伯明白自己正在处理复杂的立场和态度,包括"要求以'正义'或'人的尊严'这种情感色彩的道德假设为基础建立一个'社会法'"。"'自由法'学派试图表明,鉴于生活事实的不合理性,每一个法定制度都会有空白",而且,"在无数的情况下,将成文法的适用看作'解释'是一种错觉,而且这个决定应该根据具体的评价而不是按照形式的规范来作出"。

韦伯在这里主要指涉的大概是埃利希(E. Ehrlich)。根据埃利希的理论,法律的真正基础完全是"社会学的",意思是法官应该回应"在日常生活中实际上是有效的而且不依赖于在法律程序中重申或宣布的规范"。更进一步来说,埃利希首先将法律规定降格为具有社会学有效性的纯粹"症状",然后认为"任何先例都不应该被认为在其具体的事实之外是约束性的",从而得出法官"应该在每个案件中自由平衡价值观"②的结论。埃利希修正了概念法学的法律观,他"反对成文法规是法的唯一法源的观点,重视社会现实中的'活法'和'自由法'的作用;主张扩大法官的自由裁量权,允许法官可以根据正义原则和习惯自由地创制法律规则"③。概念法学将成文法规视为唯一的法的渊源,即认为法律是供国家官员作出决定或法官作出判决的根据。埃利希则认为,"法律发展的重心自古以来就不在国家的活动,而在于社会本身,现在也必须从社会中寻找"④。实际上,这里面分歧的根本点在于是否承认法律的独立性问题,或者说法律现象与社会现象到底是何种关系的问题。

---

① Max Weber, *Economy and Society: An Outline of Interpretive Sociology* II (Guenther Roth and Claus Wittich eds.), Berkeley: University of California Press, 1978, p. 886.
② Max Weber, *Economy and Society: An Outline of Interpretive Sociology* II (Guenther Roth and Claus Wittich eds.), Berkeley: University of California Press, 1978, p. 888.
③ 张文显:《二十世纪西方法哲学思潮研究》,法律出版社1996年版,第131页。
④ E. Ehrlich, *Fundamental Principles of the Sociology of Law*, London: New York Press, 1962, p. 61.

第四章 韦伯的合法性概念与法律政策分析

埃利希认为,自然法学派和分析实证主义法学派关于法的观点都是不正确的,它们往往忽视了法与社会的联系,没有看到法的社会本质。他认为根本就"不存在个人法,所有的法都是社会法。在现实生活中,人是不能脱离(社会性关系)而孤立地、个人地、隔离地存在的,法也同样如此"①。在埃利希那里,"活法"才是最基本的法律形态,国家法也不过仅仅导源于此。国家的审判活动就是一个发现并适用"活法"规范的过程。通过这一活动,部分"活法"规范上升为国家法。显然,在埃利希的论述中,我们可以看到存在着一个无法解决的理论困难,那就是有关"活法"与国家法的关系问题。既然埃利希把社会看成是由不同联合体组成的,"活法"即联合体内部通行的规则,那么,国家也不过是一个大的联合体而已。国家法则是一个国家内部通行的规则,因此国家法就是"活法"的一部分。针对该问题,科特威尔曾评论道:"埃利希的观点不仅对许多重要问题避而不谈——例如把国家当作社团看就掩盖了许多问题——而且还显示出论点上的严重混乱。从他的论述中我们找不出任何有关'活的法律'与国家法律之间关系的连贯理论,一方面说,即使没有国家,社会'也不至于土崩瓦解',另一方面又说,国家法律又给'活的法律'体系提供了外在保障。社会团体的概念是那么广泛和模糊,很难一下子抓住各种形式的社会关系,以及这些关系内部的支配结构和协作结构。"②

韦伯一再指出,他所提出的是对实质正义的复归,是对"法律形式主义的挑战",而这里的关键是,改革者,"鉴于价值妥协的必然性,往往不得不忘记抽象的规范,至少在冲突的情况下,将不得不接受具体的评估,即不仅是非形式的,而且是非理性的法律发现"。韦伯在这里使用"非理性的"这个词,根据他的分类方案,是指以具体案件事实,而不是规则适用为导向的裁决。在这种语境下,这就意味着,一方面由于意识形态的冲突,另一方面又由于社会公正等概念的模糊性,法官将不得不根据事实来决定每个案件,让法官对"每一个案件中的价值平衡"作出判断。至少,"如果用社会学、经济学或伦理学的观点代

---

① E. Ehrlich, *Fundamental Principles of the Sociology of Law*, London: New York Press, 1962, p.42.
② [英]罗杰·科特威尔:《法律社会学导论》(中译本),华夏出版社1989年版,第35—36页。

替法律概念,司法意见的法理精确性就会受到严重的损害"①。

其次,韦伯还认为,一个具体的因素——一个根深蒂固的"由强有力的利益保护的国家法律培训体系"——阻碍了英国这种法律思维的发展,从而暗示,在同等情况下,法律文人倾向于创造一个逻辑形式系统。事实上,这在英国并没有发生,但对韦伯来说并不是问题。因为要分析可计算的法律或"形式法律本身"与资本主义崛起之间的关系,且各种法律思想的具体"内部"特质与这一任务并不直接相关。所需要做的就是使得法律发现的模式是足够"形式的"即受规则约束的,因此法律发现可能是非个人性的。一般来说,形式合理性,无论是较高的"意义类型的逻辑分析",还是更原始的英国判例类型,都与作为法律思维模式的"实质合理性"这一非常重要的韦伯式范畴形成鲜明对比。"实质合理性"意味着法律问题的决定受到与通过意义的抽象解释的逻辑概括所获得的规范不同的规范的影响。实质合理性占主导地位的规范包括伦理命令、功利主义以及其他权宜性规则和政治格言,所有这些都与使用逻辑抽象的形式主义不同。

韦伯通过探讨现代私法制度的实质内容即财产与合同、商法和公司法等,试图表明,我们现代制度的常用概念和具体规则具有复杂的法律历史,其中强大集团的具体经济利益、政治统治者的议程以及法律专家的具体技术或学术利益驱动法律变革走向当前的设置。他在一个著名的段落中进行了总结②:正如我们已经指出的那样,目前各种法律领域的基本概念已经彼此区分的模式在很大程度上取决于法律技术和政治组织因素。因此,经济因素可以说发挥了作用,但仅仅是在如下范围内:基于市场经济或契约自由等现象的某些经济行为合理化,以及由此产生的对潜在的和日益复杂的利益冲突的认识影响了法律的系统化,或者加剧了(政治社会)的制度化……另一方面,我们经常会看到,受政治因素和法律思想内部结构制约的法律方面,对经济组织的影响是很大的。

---

① Max Weber, *Economy and Society: An Outline of Interpretive Sociology* II (Guenther Roth and Claus Wittich eds.), Berkeley: University of California Press, 1978, p. 894.
② Max Weber, *Economy and Society: An Outline of Interpretive Sociology* II (Guenther Roth and Claus Wittich eds.), Berkeley: University of California Press, 1978, pp. 654-655.

虽然他乐意"断然否认只有在政治权威保证法律强制的情况下才存在'法律'",但是他从来没有丝毫暗示说习惯法比国家法律更具适应性或更具价值。推动社会发展的"利益"往往是个人或竞争性社会群体的"利益",绝不是"社会"的利益。他嘲弄地指出,鉴于大陆法官招募和训练的方式,"我们不能肯定的是,今天这些特权的阶级,特别是工人阶级,可以安全地从非正式的司法管理中期望法学家(即社会人士)的意识形态所要求的那些结果"①。韦伯反复指出,以社会为导向的改革者代表了法律界的愿望,即避免与曾经博学的和自主的职业合理化有关的地位有所下降。韦伯在他的法律社会学中,对所有想要公开承认司法自由裁量权和向法律发现中注入对实体正义的自觉关注倾向的人说:"不可避免地,这个观念必然会扩大,法律是理性的技术手段,根据便利性的考虑而不断变化,并缺乏内容的神圣性。"②或者可以这样说,决定自然法学说最近发展的结构("法律规范"仅仅是对利益冲突的妥协)是与"祛魅"密切相关的:面纱揭开了法律的现实,因为这种魅力已经被去除了。在短短的一个世纪,甚至几十年的时间里,法律的概念在较小的范围内重复了去除神圣化和消灭超验的过程,从而在一般层面上产生了现代性。如果在对宗教启示或传统神圣性的信仰消失之后,自然法是唯一的合法性形式,一旦这种合法性原先所依赖的价值观失去了说服力,形式的法律合理性反过来就是理性国家合法性仅存的一切③。

为什么韦伯的立场是形式合理的法律制度最有可能被视为合法的?韦伯将一种形式合理的法律制度定义为它完全由抽象法律原则的逻辑应用来管理,而不涉及道德、宗教、政治或其他规范。韦伯的合法性概念取决于行为人对合法性的评价,而这反过来又可以通过遵守依照既定程序制定的法律来推断。虽然个别行为人会根据他或她的道德、宗教和其他信仰来判断某一特定法律的"正确"或"错误",但行为人仍然将他或她不同意的法律看作合法的,如

---

① Max Weber, *Economy and Society: An Outline of Interpretive Sociology* II (Guenther Roth and Claus Wittich eds.), Berkeley: University of California Press, 1978, p.893.
② Max Weber, *Economy and Society: An Outline of Interpretive Sociology* II (Guenther Roth and Claus Wittich eds.), Berkeley: University of California Press, 1978, p.895.
③ See Harvey Goldman, *Politics, Death, and the Devil: Self and Power in Max Weber and Thomas Mann*, Berkeley: University of California Press, 1992, pp.72-76.

果该法律是按照公认的程序制定的。法律制定的程序如果是形式上理性的话，则可能会被行为人认为是合法的。因为管理法律的形式理性的程序可以作为有效的抽象法律原则的逻辑应用而被证明是正当的，所以没有必要提及道德、宗教或其他信仰来证明该程序是正当的。因此，如果个人的个人价值观与特定法律的规定不同，个人仍然可以接受法律的约束力，因为法律颁布的程序是合乎逻辑的。

为了澄清法律的形式理性方法的运作，可以考虑美国最高法院在罗伊诉韦德案中的裁决，该裁决认为，"宪法"保证堕胎权。在指出决定个人对堕胎问题态度的各种各样的道德、伦理、哲学和宗教信仰之后，最高法院指出，其任务是"以宪法标准解决问题，没有情绪和偏好"。借用韦伯的术语来说，这个陈述表明，最高法院意识到其职能仅限于以一种形式理性的方式管理宪法。最高法院随后提出了一条体现在"宪法"中的抽象的法律原则，然后合乎逻辑地将抽象原则应用于堕胎问题。最高法院得出的结论是，宪法的抽象法律原则中隐含的个人隐私权，"包括妇女是否终止其怀孕的决定"。尽管大量美国公民可能认为堕胎在道德上、伦理上、哲学上或宗教上都是"错误的"，但形式合理性的支持者会表明，他们更有可能接受罗伊诉韦德案的约束力，因为它宣布的法律裁决是以形式理性的方式推导出来的，即没有明显地依赖道德、伦理、哲学或宗教规范。然而，正如批评者会立即回应的那样，依赖任何规则都意味着赞许或默认任何法律规则都必然存在的道德、伦理或政治价值。但是，形式理性的支持者认为，最高法院达成决定的程序应被视为既定程序，而且是一种形式上合理的程序。尽管个别美国人可能不同意罗伊诉韦德案的裁决，但是根据这个观点，公民更可能接受这个裁决是有约束力的，因为它是从合法的原则作出的逻辑推论。

因此，在人们相信抽象法律原则（例如，体现在美国宪法中的那些原则）的合法性的范围内，人们可以接受从这些抽象的法律原则逻辑推演出来的所有法律是合法的。如果最高法院根据每位大法官的个人道德信念作出决定，除了那些道德信念与法官相一致的人之外，该决定不会被接受为合法的。因此，只有以形式合理的方式管理法律的法律制度（即不参考外部评估标准）才能够被证明是正当的，并因此，被坚持多元价值观的人们接受为合法的。

三、韦伯合法性概念的检视

韦伯假定一个形式上合理的法律制度是最有可能被接受为合法的制度。但是，这种合法法律制度的标准并不是完全自洽的。首先，一个"无间隙"制度的理想，其中有一个抽象的法律规范对应于每一个可以想象的事实情况，在一个以动态变化和进化为特征的社会和经济活动的世界中是无法实现的，这是不言而喻的。其次，语言的本质排除了绝对的清晰度，这对于韦伯所坚称的那种机械的、非裁量性的法律制定或法律发现活动——是一个成熟的、合法的法律体系的特征——来说是必要的。最后，纯逻辑分析的方法显然不足以将法律规范与它们必然嵌入其中的社会和价值体系分开。具体而言，我们可以发现韦伯对于法律合法性问题的处理有以下四个方面可以商榷。

第一，他根据那些受制于法律制度的人的一些不明确的信仰或态度来构想法律合法性的问题，这些信念或态度符合法律制度的要求。真正的问题是，从评价角度来看一个政体的法律制度是否为有效的和有约束力的，不管这个评价是由受制于一个特定的法律制度的人进行的，还是由一个外在于这个法律制度的立场的人进行的。

应该清楚的是，韦伯认为，法律合法性问题需要受法律制度约束的人的一套主观信仰，这反过来又导致法律制度被视为有效，其秩序被视为具有约束力。然而，当韦伯提出通过直觉和同情来类比理解另一个人的内在经验的可能性，正如现代解释学所强调的那样，韦伯意识到另一个人担任观察者或解释者时，一个人或一群人的信仰和想法是无法获得的。这个对另一个人的信仰或观点作出有效解释的问题，导致了所谓的"解释学循环"：解释者努力发展对另一个人的信仰的理解，同时仍然受到他自己的推定和个人信仰的限制。其结果是，解释者必然根据自己的倾向得出关于另一个人的信仰或想法的结论。

为了摆脱主体间性理解的问题，韦伯开发的第二种方法论的手段，就是用事实的确定来替代评价的考虑，从而出现了韦伯的事实-价值区分。韦伯认为，合法性问题需要一些信仰促成法律制度的约束力。韦伯假设，那些被受制于它的人视为合法的法律制度比仅仅被认为是强制的制度更为稳定。反过来,这又使韦伯能够推断出一个稳定的法律制度实际上被那些受制于它的人认为是合法的。对于韦伯来说,从那些受制于法律制度的人的角度来看,必然会有一些主观的评价标准。然而,观察者或解释者不能确定这种主观的评价观点。对于韦伯来说,这是无关紧要的,因为根据他的理论,对行动或行为的观察成了否定无法确信的信仰的基础。这就将法律合法性的评价问题转化为行为人遵守的经验问题和法律制度的稳定性问题。

第二,韦伯企图避免受制于法律制度的主体观点与外在于它的主体观点的区分,这种回避导致了他的断言,即通过观察行为人的特定行为,至少可以推断行为人所持有的一些信念或价值观的存在。

韦伯将"法律制度是否合法"的问题表述成,那些受制于法律制度的人是否认为这种制度是有约束力或合法的,而不是只是服从一个规则的要求和约束,以避免受到威胁的制裁,例如威胁使用武力或其他形式的胁迫。韦伯对这个问题的处理,表明他试图仅仅从那些受制于法律制度规则的人的角度,为观察者提供一个确定法律制度合法性的基础。韦伯的观点拒绝了这样一种立场,即从外部观点来看,合法性要求观察者独立于那些受到法律制度约束的人的评价而确定该法律制度的约束力。同样,韦伯似乎否认按照那些受到该制度约束的人的观点来评估法律制度的"有效性"的适当性。对于韦伯来说,行为人对有效性的判断是一个不能验证的主观问题。韦伯的事实-价值区分导致他将合法性问题视为关于受观察者的信仰或价值观的事实问题。对于韦伯来说,不可能解决这些信仰或价值观的"真相"。

首先,韦伯清楚地认识到,当依从性完全是强制的后果时,不能认为受制于法律制度的人接受其合法性。正如韦伯所承认的那样,任何行动,包括遵守行为,都是出于混合动机的激励。然而,对于韦伯来说,单纯的遵守事实就成为推断行为人承认法律制度合法性的基础。显然,这种推论是没有根据的。从单一的遵守事实推断出任何特定动机的存在是没有根据的。法律制度保持稳定这一事实也不能作为推断受制于法律制度的人认为它是合法的依据。但韦伯认为,这是一个纯粹的信条,即一个稳定的法律秩序被认为是合法的而不是仅具有强制的有效性。

其次,韦伯的方法并不能解决这一问题:如何确定一个行为人是否受到一系列信念的激励,而不是相信他受到了强制力量的威胁。如果要解释行动的部分原因是行为是由一组特定的信念驱动的,那么就必须获得对行为者实际信仰的一些理解。当然,也许永远不可能知道一个行为者实际上拥有什么信仰;这就意味着一个扎根于确定行为者的一套特定的主观信念的合法性理论可能从一开始就注定失败。

韦伯从外部类比的角度而不是从观察者的评价角度来判断法律制度的合法性。韦伯没有看到法律制度合法性的问题必然是一个评价性的问题,既可以由非参与的观察者也可以由参与的观察者参与评价。虽然合法性问题必然是一个评价性和主观性问题,而不是事实性或客观性问题,但韦伯却断言,判断法律制度合法性问题的人可以假设一个非评价性立场。

第三,韦伯严格遵守事实与价值的区分,这在很大程度上是因为他认为合法性问题是科学的有效性问题,而不是作为一个评价性问题的结果。韦伯的法律社会学创作背景恰逢西方法律思想在 20 世纪头十年所经历的戏剧性转变。在 19 世纪,以萨维尼为代表的德国历史学派发展了一种规范形式主义的实证主义版本。它主张国家法律体系事实上反映了基层社会的规范性秩序;这种规范性秩序是连贯的,或者在有关民族的精神和历史的基础上是趋于一致的;"法律科学家"可以而且应该在内部连贯的前提下阐述构成一个系统的实证法律规则。

在法国、英国和美国等国家,历史学派的影响范围有限。但是,与其类似的意志理论则得以发展。19 世纪后期的主流模式认为法律具有强大的内部结构一致性,其基础是区分私法和公法、"个人主义"和对法律解释形式主义的承诺这三大特性,它们集中体现在"意志理论"中。意志理论认为,根据政府应该帮助个人实现其意愿这一观念,"先进的"西方民族国家的私法规则应该被恰当地理解为一套理性派生的推论,只有在必要的时候才能允许其他主体染指。在其更为雄心勃勃的版本中,意志理论使得公法以及私法规范都遵循这一基本承诺。意志理论试图确定应该从共识转向支持个人自我实现目标的规则。这个理论提出了一个具体的、基于意志的和演绎的解释,来说明现有国家法律秩序的数十项或数百项比较具体的规范与制定和实施规范的立法和裁决机构之间的相互关系。

狄骥、庞德等法社会学者与马克思主义者对意志理论的看法出奇地一致，即他们都认为意志理论在某种意义上"适合"19世纪上半叶的社会经济条件。而19世纪晚期的社会已经发生了转型，即开启了一个所谓"相互依赖"时代，这时的经济生活状况可以被概括为城市化、工业化、组织社会、市场全球化等等。因为意志理论是一种个人主义理论，忽视了相互依赖性，它所支持的个人主义法律未能回应现代相互依存条件下连贯的社会需求，进而导致了现代社会的诸多危机，如工业事故、城市贫民窟以及金融市场危机等。从这个"是"的分析中，这些学者通过许多相同的机制推导出"应当"意义上的改革方案。他们往往提倡新兴的相互依存社会中的各个群体，包括商人联合会和工会，制定适应新的"社会需求"的新规范。这些规范需要被视为"有效的""活的"法律，而不是从个人主义推定中所进行的演绎。这种"法律多元化"的观点，应该而且也将会是立法、行政和司法阐述新的国家法律规则的基础。

韦伯在很大程度上也认同这种理论发展趋势，他认为，自19世纪下半叶开始，自然法则以及由此发展而来的个人主义意志理论必定瓦解。原因如下[①]：首先，社会主义实体性自然法理论的兴起主张"工作权""最低生活保障权""劳动者对于全部产品的权利"等等。其次，自然法教条被马克思主义的进化论教条主义摧毁。换句话说，作为意志理论的古典法律思想被马克思主义理论和社会导向的改革理论破坏。韦伯的如下判断恰到好处地诠释了这一思想[②]：与对法律规范的积极的宗教启示性质或一个古老传统的不可侵犯的神圣性的坚定信仰相比，即使是从自然法则公理中抽象出来的最有说服力的规范似乎也太微妙了，不能作为法律制度的基础。因此，至少目前，法律实证主义已经无法抗拒地取得了进展。旧的自然法观念的消失，摧毁了以内在品质为法律提供形而上的尊严的一切可能性。在其绝大多数最重要的规定中，事实上，如下事实已经被明显地掩盖了，即法律作为在相互冲突的利益之间妥协的技术手段。

---

① Max Weber, *Economy and Society: An Outline of Interpretive Sociology* II (Guenther Roth and Claus Wittich eds.), Berkeley: University of California Press, 1978, p.874.
② Max Weber, *Economy and Society: An Outline of Interpretive Sociology* II (Guenther Roth and Claus Wittich eds.), Berkeley: University of California Press, 1978, pp.874-875.

但是,韦伯的方法论却从根本上构成了对前述法社会学者和马克思主义者的批判与诘难。首先,韦伯坚持主张应该区分社会学中的"是"与伦理学或政治学中的"应当"。从"社会学与经济学中的'伦理中立'的意义"和"社会科学与社会政策中的'客观性'"到"科学作为一种职业",韦伯一直认为,以下这种定义社会的策略是不可行的,就是可以从分析一个事实即现代社会的相互依赖模式,到推论出一种应该即渐进式的改革议程。在这方面,韦伯与杜尼斯、杜尔凯姆以及塔尔考特·帕森斯截然相反,因为他们每个人对于社会的有机主义或者功能主义的理解都允许我们做出"客观的价值判断",至少关于该做什么的判断是从单纯的意识形态偏好中可以想到的最远的事情。对于韦伯来说,社会变革是社会力量作用的结果。这些包括理想和价值以及不同的物质和制度利益,始终处于冲突之中,并受制于法律大规模应用的意想不到的影响。同时,韦伯也是马克思主义经济学方法的一个激烈的批判者,他最强烈批评的是"经济基础/上层建筑"的区别这一单因素方法,其中法律范畴反映了生产方式,法律规则服务于统治阶级的利益。对于马克思主义经济学方法来说,法律反映社会,虽然有时候令人遗憾地有些滞后,应当服务于社会发展的非政治化的和普遍的利益。对于韦伯来说,正如我们现在所说的那样,法律是"相对自主的",也是"构成性的",而不仅仅是反思性的。

第四,韦伯认为合法性问题是一个权力和稳定性问题,而不是作为一个评价意义的问题。法律合法性问题是一个法律制度是否有效和有约束力的问题。因此,在法律合法性问题上有两种极端的方法:一种是自然法的观点,它将这个问题视为最终的客观事实或有效性问题;另一种是激进的主观主义,即需要一个人来确定自己的真实性和有效性的标准。无论采用哪一种方式,合法性问题都取决于真实性和有效性的确定,这必然要么是一个可以从一个法律体系主体的角度来考虑和回答的评价问题,要么是一个法律体系的外部观察者提出和回答的评价问题。

做出这个判断必然要求诉诸评价的外在标准;在判断法律合法性方面,不能保持事实-价值的区分,因为该问题既是事实问题又是价值问题。价值的确定本身就是对合法性的判断所依据的事实。法律合法性问题不能像韦伯那样从形式和内容分离的观点来考虑,也不能像法律实证主义那样将程序和实体分开。韦伯认为这种分离是不恰当的。但是,韦伯试图将内容与实质以及价值问题都转化为事实问题。他的问题在于努力从法律合法性的判断中消除评价的特性。根据哈贝马斯的观点:"如果相信合法性被认为是一种与真理没有内在联系的经验现象,那么其明确依据的理由就只有心理上的意义。这样的理由是否足以稳定对合法性的既定信仰,取决于有关群体的制度化的偏见和可观察的行为倾向。另外,如果认为对合法性的每一个有效的信念都与真理有内在的联系,那么明确建立在其基础上的理由就包含了一个理性的有效性主张,可以独立于这些理由的心理效应来对待和批判。"[1]哈贝马斯断定,韦伯试图通过使用社会学方法来解决合法性问题的尝试一定是失败的。

韦伯认为,资本主义经济行为的纯粹工具理性,即追求自身利益的过程中理性地计算手段和目的,是一种被精神障碍所阻挠的行为形式。由于新教禁欲主义的理性伦理能够克服这种抵制,因此宗教信仰实际上对资本主义经济精神的发展起了促进作用。韦伯认为这是现代资本主义兴起的必要先决条件,但一旦经济体系稳固地建立起来,自从对自身利益的理性追求就足够合理的时候,对这种道德理由的需求就消失了:"在美国该领域的最高发展——追求财富,剥夺其宗教和伦理意义——倾向于与纯粹的世俗激情联系在一起,这往往使它具有体育的特征。"[2]

而根据哈贝马斯的说法,韦伯开始于世俗的法律观。如果新教伦理为资本主义提供了道德上的理由,那么现代法律从一开始就是一个纯粹的工具性机制,它不曾诉求超越经济领域中主导的工具理性的价值。通过这样的解读,韦伯并不关心如何展示或者不允许这种可能性,即现代法律制度像新教那样,通过赋予这种秩序以道义上的理由,而使资本主义秩序合法化。因此,哈贝马斯写道[3]:"韦伯精确地强调与由专家系统化的法律形式主义相联系的结构特性,以及与制定的规范实证性相联系的结构特性。他强调我阐明的结构特征是法律的实证性、合法性和形式性。但是他忽视了需要理性辩护的时刻;他从

---

[1] Jurgen Habermas, *Legitimation Crisis*, Boston: Beacon Press, 1975, p.97.
[2] Max Weber, *The Protestant Ethic and the Spirit of Capitalism*, New York: Charles Scribner's Sons, 1958, p.182.
[3] Jurgen Habermas, *The Theory of Communicative Action*, Vol.1, Boston: Beacon Press, 1984, p.262.

现代法的概念那里排除了恰恰19世纪现代自然法理论所产生的理性辩护的概念……正是这样,韦伯才将法律同化为一种以有目的理性方式运用的组织手段,把法律的合理化从理性的道德-实践的复合体中分离出来,并将其归结为手段-目的关系的合理化。"哈贝马斯声称,韦伯的法律实证主义使他看不到道德理由在法律中的重要性:"总的来说,(韦伯)……认为现代法律和法律的统治极其狭隘,以至于对原则性辩护模式的需要被掩盖起来以支持对纯粹实证主义的偏爱。"① 根据这种解释,韦伯把现代法律完全视为促进经济合理性的机制,除了这一功能之外,并不需要任何正当性理由。哈贝马斯不同意韦伯的法律观点,因为②:韦伯应该把现代法律体系理解为一种与规范的价值领域相联系的生活秩序,而且像早期的资本主义企业家有条不紊的生活方式一样,现代法律体系可以根据规范正当的抽象价值标准理性化。

最终,法律合法性问题是,而且必须是一个评价问题。法律制度的合法性或约束力的问题必须依赖于法律制度实质内容所包含价值的有效性或真实性。韦伯与"法律实证主义"的问题都是由试图分离法律制度的实质内容的有效性与法律制度的有效性所致。强加评价标准的必要性,无论是根植于理性还是基本权利,都是不可避免的。法律实证主义分离形式和内容的努力得到了韦伯的正确批评。但是,韦伯努力避免评价法律制度的价值内容,他把价值问题转化为事实问题的努力同样是成问题的。法律制度的权力和稳定性都不能确立其合法性。法律合法性问题只能通过对法律制度有效性的评价性判断来解决;这不能通过将信仰其有效性归于其他人来避免。

四、政策分析视野里的合法性概念

正如韦伯所指出的那样,法律专业人士也通过提供新的法律标准概念为形式正义的祛魅作出了重大贡献。随着律师和法官开始将法律视为不是一个凌驾于社会的封闭的、形式的制度,而是作为一个在其内部运作的工具,法律决策的整个焦点开始转移。欧美的许多法律学者都完全否定了抽象的法律存

---

① Jurgen Habermas, *The Theory of Communicative Action*, Vol. 1, Boston: Beacon Press, 1984, p. 260.
② Jurgen Habermas, *The Theory of Communicative Action*, Vol. 1, Boston: Beacon Press, 1984, p. 260.

在,并被作为"自动贩卖机"的法官简单地采用以作出正确的决定这一观念。他们认为,法官实际上依靠自己的评价,而不是机械地运用抽象的规范来作出决定,从而将韦伯所谓的"非理性的法律发现"引入一个假定的形式合理的系统。这只是将新的论据引入法律决定的一般倾向的一部分。韦伯还警告说,法官如果被剥夺了对"纯粹客观法律形式主义的神圣性"的主观信仰,并不会因此成为自信地、明智地创造法律的法律先知,相反,他们会变成官僚化的法官[①]。简而言之,韦伯怀疑,纯粹的工具理性合法性会增加这种可能性,即法律将成为一个更加精细地理解发达资本主义工具理性的机制。

在现代的政策分析中,政策(福利主义的、道德的、权利本位的)被理解为严格意义上的合法性,完全在法律解释实践的"内部",而不是外部。政策分析这种所谓的"内部",意指政策的"司法化"有一个隐含的标准,即普遍性。为了维护法律程序的合法性要求,只有为所有人共享的政策或意愿才能被包括进来。所以,一般性道德要求是允许的,但不能是与特定教会或教派(或无神论作为信仰体系)独特相关的道德教义。韦伯的实质法律理性是合理的,因为它仅仅要求合理的可计算因素(没有任何神谕或决斗的审判);它是合理的,也可能因为它是根据一个规则来决定的,它也可能会以特别的方式进行。但在政策分析的情况下,决策者没有现成可以适用的规则,政策分析的目标是选择一个新的规则,该规则将首先应用于当前案例,然后适用于未来的案件。因此,政策分析在拒绝按照规则来决定的意义上不是"非理性"的。

政策分析的先决条件是解释者必须决定有效规范体系中是否存在漏洞,或者他必须运用所谓政策分析的规范,或者由于某种原因允许适用来自政策分析的规范来取代演绎衍生的规范。分析的前提是,在制定规则时有许多政策或要求,即它们往往并不总是相互冲突的,它们在彼此较量中被很好地概念化,并且根据它们应用的确切事实情况而加以权衡。不同类型的政策互相冲突,包括冲突的福利论点、冲突的道德准则以及相互冲突的主观权利。在保证冲突性政策的总体价值最大化平衡的基础上,选择适用于当前案件以及未来类

[①] Max Weber, *Economy and Society: An Outline of Interpretive Sociology* II (Guenther Roth and Claus Wittich eds.), Berkeley: University of California Press, 1978, pp.893-894.

似案件的规范。首先,这个规则只不过是对政策的一种妥协,而不是一种本身有效的存在;其次,在适用的事实情况的范围内,规则必然或多或少是适当的。

政策分析倡议的真正创见在于它找到了一种以承认但又有所保留与商榷的方式来应对这些反对意见的方法。因为它承认漏洞和冲突是不可避免的,有一些具有高风险性;这意味着"价值判断"也是不可避免的。人们所有能指望的只是尽可能以最合理的方式使之成为可能,即以判决过程的不可估量性和最小化政治危险(不是没有危险)的方式。这是在当代政策分析模式下完成的,将所选规则的可计算性问题和法官与立法机构之间适当划分立法权的问题纳入政策演算本身。正是由于这个原因,把它归结为韦伯意义上的"形式的"实质合理性似乎是正确的。但是,对于什么样的政策应该被裁定,以及如何在任何特定的规则创制情况下进行平衡,都需要经常进行价值判断。

当然,政策分析在当代法律思想中从来没有以纯粹的形式存在,总是与至少以下几种早期类型不和谐地共存:卡迪(Cadi)正义或外行平等、根据单一社会目的推演规则的"社会"方法论,以及以现代具有司法审查权的宪章为本位的宪政所特有的自然权利推理模式。此外,韦伯式的合法性范畴并不能反映现代统治者的微妙心理态度,以及他们以这种方式产生的法律应有的权利主张。因此,在政策论据中,一个主要的问题是,所提出的规则是否可以充分地计算出来(用政策术语来说是"充分可控的"),同时考虑到高度可计算的规则不可避免地产生任何含纳过度和含纳不足的问题。第二个主要问题是,选择一个规则是否符合法官和立法者之间的权力分立的前提。

在当代法学理论中,政策始终是意识形态的潜在威胁,仅仅是因为根据普遍性选择政策的明显孱弱的合理性,于是人们只能是不断地"平衡"它们。韦伯的法律秩序的合法性部分取决于如下主张,即"我们"使用民主立法程序,而不是司法立法来处理意识形态冲突。它也部分地取决于宪法以非意识形态的司法执法来保障人权这一主张。因此,在判决过程中出现一个非理性的、韦伯式决定的明显可能性,至少对于既定法律和社会秩序的辩护人来说是"一个问题"。

下编

法治中国语境里的法律与政策问题

第五章　能动司法政策的歧义性问题及其解决
第六章　司法的公共政策创制功能
第七章　"合乎自然"司法观的转换性创造
第八章　大数据时代司法中的"可操作性政策"
第九章　当代中国"指导性案例"的概念考察
第十章　当代中国司法政策变迁的历时性考察
第十一章　中国司法改革进程中的制度变迁
第十二章　中国司法治理中的"善治"维度

第五章
能动司法政策的歧义性问题及其解决

前些年,随着最高人民法院司法理念、司法政策等的更迭,"能动司法"问题曾一度成为国内法学界不得不面对的理论"新话语"与现实"新潮流"。实际上,这种状况在发轫之初就已经具备了强烈的中国特色。亦即,"能动司法"问题始自"中国主体意识"不断增强的前提之下,具有"大局意识"特征的司法观念和制度的再实践。或者说,在法律政治性上,最高人民法院推行这些司法政策的目的在于紧跟社会情势、树立司法权威、更好地服务于民众。细细梳理关于能动司法政策问题的讨论,我们发现,关于它的不同描述与解释共享着某些理念的同时,其歧义性问题一点也不少。也就是说,能动司法政策的歧义性理解是一种常态,能动司法政策问题蕴含着对于同样抽象的目标、成因或价值等在理解上的相互冲突的观念。因此,本章侧重于从歧义性问题入手,通过检讨关于能动司法政策的诸种争论,指出当下司法政策的摇摆品格,并尝试提供处理能动司法政策的一种思路与某些对策建议。

一、何谓能动司法政策的歧义性问题

在社会生活中,有两种对司法的认识是值得商榷的。一种是将其视为社会生活中尤其是政治生活中一个独立的部分,这种狭隘的认识显然是愚蠢的,甚至是糟糕的;另一种将其作为政治生活的某一部分,包括相对独立于政治生活的看法亦是成问题的。基于社会生活的事实,我们认为,司法是现代社会生活的基础之一而不仅仅是某一部分。简要的理由可以这样表述:其一,司法是以现代国家正式手段的方式来裁决各类纠纷、维持秩序的,这是现代社会生活文明的基本面向;其二,司法是以现代国家主权者的身份来选择、主张和推行某种价值观的,这是现代社会生活文明的基本问题,更确切地说,司法关涉价值观的选择这一最大最基本的政治行为[①]。有鉴于此,笔者认为,当下中国转型期社会中的司法是一种全称的、多变的概念,这意味着,对于司法问题的分析应在多种视界下的理论架构里展开,亦即对司法不可能亘古不变地理解,对司法中各要素的分析也不可能一贯抽象地进行,比如政策目标的设定和价值的追求等,在理论上选择将它们在彼此的相互关系之中来理解,这将是明智的,至少是最不坏的。

然而,如果仅仅纠结于某一种立场,从形式逻辑的角度来看,关于能动司法的认识就会是相互排斥的,就会产生歧义性问题。但是,这些歧义性问题作为政治概念范畴却又是符合政治逻辑的。这也就是说,司法政策的政治属性决定了其悖论的特质,亦即如果我们忽视了每一种政策工具都有其自身的功能,都有其自身完成某项社会任务的适当性,那么就会造成认识的困境或误区。我们以学者关于能动司法在当下中国社会提出的背景或政策成因之分析为例来解释这里的复杂问题。

以苏力和顾培东的论述为例,我们从中来分析其所包含的关于能动司法政策的歧义性问题。首先,苏力指出:能动司法"既针对了中国社会的某些问题,也针对了只有从社会角度才能看出的司法的某些问题。就前者而言,它针对的是近年来中国社会纠纷剧增、涉法和涉诉上访人数上升以及案件执行难等社会现象。这种现象容易让人感觉司法未能充分实现社会对它的期待,也没实现司法改革曾经对社会的允诺。执政党要求法院积极运用各种纠纷解决方法来实现司法的政治和社会职能……就司法制度的改革而言,自20世纪90年代以来,中国司法改革的基本导向是职业化和专业化,突出审判和审判

[①] 参见赵汀阳:《坏世界研究——作为第一哲学的政治哲学》,中国人民大学出版社2009年版,第65页。

方式改革,强调法官消极和中立,律师扮演积极角色,取得了重大进展,但也留下了许多不能不面对的问题——这种司法模式在许多地方,特别是农村基层社会,缺乏适用性和有效性,在宏观层面需要适度调整"①。在苏力看来,能动司法的出场在很大程度上是基于我们目前的司法现状提出的应对之策,也即主要是因为司法未能实现相应的社会期待,未能实现执政党所要求的政治和社会职能,同时目前的司法模式缺乏全面的适用性和有效性。为了寻求解决这样的社会困境的方案,能动司法观念应运而生。

但是,在顾培东看来,能动司法则早已是最高人民法院未曾言明却确实践行着的司法理念。"我在学生的协助下,对其时所能收集到的最高法院的各种文献(包括司法解释、司法意见、工作部署、领导讲话以及最高法院《公报》所公布的案例等)进行了较为系统的整理和分析,以此为基础,集中对一些问题进行了思考。这一过程留给我的强烈印象或结论是:中国司法所依循的是一条能动主义的发展主线。虽然其时最高法院的各种文献中并未直接使用'司法能动'或'司法能动主义'这样的语词,但通过司法理念、司法政策、司法解释乃至司法判例等,最高法院已经向社会明确地昭示了其追求能动主义的愿望与情怀。以适应中国国情、因应时代变化、回应社会需求以及响应执政党政治倡导为主旨的司法取向,所体现的正是司法能动主义的一般性状与特质。"②

同时,两位学者皆认为能动司法未必能产生其切实的政策效果或者说能动司法在中国可能面临着约束性限制。在此,这并不是我们要分析的问题,我们要指出的是,尽管他们的观点揭示了某些原理,但是如果把两者对于中国推行能动司法政策的原因或背景的解读综合来看的话,则会形成一系列的歧义性问题。

首先,按照苏力的观点,提出能动司法问题其中一个主要的考虑就是中国社会涉法和涉诉上访人数上升等社会现象。如果这样来看的话,司法的一个主要问题就是其解决纠纷的无效性或者说其权威的危机性问题。对此,能动

---

① 苏力:《关于能动司法与大调解》,《中国法学》2010年第1期。
② 顾培东:《能动司法若干问题研究》,《中国法学》2010年第4期。

司法能够发挥的功用是什么呢？我们似乎可以这样来理解：既然老百姓热衷于寻求政治的或行政的纠纷解决机制，而不相信法律的或司法的解纷机制，那么我们就完全可以进一步增强法院的政治功能，使其也能够具备信访或上访所具有的政治功效。这期间隐含的歧义是为了重新树立司法的权威，解决其政治依赖问题，我们需要使其解纷机制更彻底地被政治化。其次，顾培东虽然告诉我们能动司法早已是最高人民法院确实在践行着的司法观念，但能动司法也仅限于描述或推断事实，而没有告诉我们到底这一做法实行的切实效果为何，或者说有哪些可喜的苗头显示出该做法已经初见成效。职是之故，我们需要进一步论证其必要性和可行性；但他却只是较为一般性地论述了中国需要能动司法的现实理由而已。最后，苏力认为能动司法虽说不一定能够非常充分地解决当下中国司法所面临的困局，但还是有一定作用的，亦即能动司法虽算不上是一剂灵丹妙药，但也总还算是一剂良药。然而，根据顾培东的看法，能动司法在近几年来就一直是最高人民法院所积极追求并实行的。果然如此的话，能动司法既然已经存在了这么长时间，中国司法所面临的困局却并未见得得到根本改善和解决，那么，我们如何能够为了破解困局而全力仰仗能动司法呢？

  在上述分析中，能动司法的政策歧义性就显而易见了。它之所以产生，原因就在于这里的分析都是从一种视界来看待问题的。更准确地说，能动司法的政策歧义性问题指的是，司法作为现代生活的基础之一，其许多关系都同时存在着对立性和共生性，我们不可能根据某种理由或观察就断定其成因或其他问题，从而在根本上忽视了能动司法政策作为理性分析的思想范畴本身就是一种悖论，固有复杂的政治逻辑，甚至是政法传统。换言之，司法政策作为社会存在是一个富有创造性和价值性的法律与政治问题。结合学者们关于能动司法政策目标定位的具体论述，下文笔者将分别从两个关联的层次来推进对能动司法政策目标定位的分析：其一，政策主张者提出能动司法时所寄望达到的目标或实现的功能；其二，剖析在这一主张背后所隐含的基本价值选择层面的目标倾向性问题。在这两个层次的分析中，相关概念或目的本身所隐含的一些歧义性冲突将是我们重点探讨的内容。

二、能动司法政策的目标交错：专业化的或混合职能的司法权属问题之分辨

借鉴相关学者的论述，政策主张者经由能动司法所寄望达到的目标或实现的功能，可以这样表述："能动司法，就是要发挥司法的主观能动性，积极主动地为党和国家工作大局服务，为经济社会发展服务。能动司法是积极性、主动性、高效性司法。"①又或，"在当代中国语境中，所谓能动司法，大致是指，法官不应仅仅消极被动地坐堂办案，不顾后果地刻板适用法律；在尚处于形成进程中的中国司法制度限制内，法官可以并应充分发挥个人的积极性和智慧，通过审判以及司法主导的各种替代纠纷解决方法，有效解决社会各种复杂的纠纷和案件，努力做到'案结事了'，实现司法的政治效果、社会效果和法律效果的统一"②。我们这样来理解，提出能动司法，绝不是要法官可以忽略或置宪法法律这些基本的司法依据于不顾，而是在依法司法的大前提下，进一步发挥司法的、法官的能动性、积极性与主动性，为党和国家工作大局、为经济社会发展服务。有理由认为，能动司法的具体政策目的是突出司法的工具价值，并进一步扩张其功能，即在原有意义上的为人民服务、为当事人服务的理念与功能之基础上，增加了其为全局服务的功能。这种看似简单的功能递增实则隐含了对不同司法观的认可，或者说突显了相互共生的关于司法权不同性质的认识等。换言之，揭示能动司法的具体政策目的需要立足于某些理论认识框架，而非一般性的政治修辞。

如果我们将司法理解为正常的、正式的解决纠纷的制度，则司法权的基本性质便是裁判权，法院应采取独立的、中立的立场。在该种意义上，法院的独立和中立不仅指其不受其他政府部门的领导，而且对于其他政府部门的工作目标或社会的经济发展，法院亦是不能直接参与的。但是，如果将司法理解为执行国家法律和政策的一种政策工具，即从执行权的角度来看待司法权，那么

---

① 最高人民法院王胜俊院长 2009 年 8 月 28 日在江苏高院座谈会上的讲话：《坚持能动司法 切实服务大局》；转引自夏锦文：《当下能动司法亟待处理的六大关系及解决思路》，《法律适用》2010 年第 10 期。
② 苏力：《关于能动司法与大调解》，《中国法学》2010 年第 1 期。

法院的主要功能或目标就成了落实国家或执政党的法律和政策。这便造成了所谓专业化的司法观与混合职能的司法观之悖论。美国学者米尔伊安·R.达玛什卡指出："在一个致力于专业化的司法组织和一个将各种职能混合起来的司法组织中，司法形式得以整合进去的方式是不可能一样的。这为我们提供了一条线索去理解欧陆法律人在观察美国司法系统的各个部门及其相互关系时所感到的种种困惑。例如，在他们看来，美国的民事诉讼程序似乎过于散漫，包含着许多本应属于行政程序、一般行政权力甚或立法过程的形式。另一方面，刑事检控程序中又包含着许多本应专属于民事诉讼程序的安排。"[①]尽管这些论述并不直接针对我们，但是这里的实实在在的困惑或悖论却根源自"司法权"属性关系的判断与"司法职能"认识方面的差异。就此而言，在理论认知架构上，通常又有如下进路：

如果以纠纷的解决为评判标准，那么显然司法有时不能达到解决纠纷的目的，而且有些纠纷从一开始可能就不适合于司法解决。此外，受各种心理的和社会的因素的影响，有很多适合于司法解决的纠纷也未必有机会被提交至法院。因此，有学者将审判制度之外的纠纷解决机制也含括进来，这是其中的一种理论认知进路。例如日本学者棚濑孝雄为了把既有的诸多理论分析中"丢失的个人"找回来，从制度分析的方法转向了过程分析的方法。概括地说，"纠纷解决的过程分析意味着研究的焦点集中于现实中卷入纠纷的个人身上，主要探究规定他们进行行为选择的各种因素"[②]。他对每一种纠纷解决机制的考察都是以人（主体）为中心的，这里的人不是大写的人，而是被进一步类型化了的人，包括如下几类，即当事者、第三者和社会一般成员，并从他们的行为动机和规定他们行为的具体状况入手进行分析。棚濑孝雄进一步将纠纷解决机制分为审判外的纠纷解决和审判的纠纷解决。另一理论进路，我们可以借助美国法官弗兰克福特（Frankfurter）创造的"制度权能"（institutional competence）概念来解释。弗兰克福特认为，既然"在不同种类的争端和不同类型的制度之间可能存在一种自然的、功能的相关性，以至于争端的类型能够

---

① ［美］米尔伊安·R.达玛什卡：《司法和国家权力的多种面孔——比较视野中的法律程序》，郑戈译，中国政法大学出版社2004年版，第101页。
② ［日］棚濑孝雄：《纠纷的解决与审判制度》，中国政法大学出版社2004年版，第7页。

依据与它们相一致的诸种制度化程序加以协调"①,那么,"制度权能"就可以非常妥当地被适用于立法、司法、执法或管理机构等概念范畴与制度设计之中。具体到司法,法庭的特殊任务就是根据理性论辩判决案件,只有能够经由理性论辩得以解决的议题才适合于司法决定;当法庭逾越了这一限制时,它们便将遭受到其作为法律制度的合法性危机。这是因为,首先它们作出了对于政治优先性来说不可证明为正当的主张,其次它们在其权能领域范围外行为。"法律过程学派因此重新建构了法律与政治之间的先在分离,不是通过假设超越性法律原则,而是通过辨识出理性论辩占主导地位的分离的和政治上确立的法律领域。"②

显而易见,如果我们仅仅是辨析当下中国能动司法的真实核心目标是解决法官的司法理念、司法目标、司法作风等问题,仅仅是强调能动司法即为解决改善司法作风、端正司法姿态、树立正确的司法理念和目标、使法院的政治职能进一步延展等问题,仅仅是指出能动司法不是围绕着法律与事实之间的关系来展开的等诸如此类的认识,那么我们就难以有更多的理论上的建树、难以揭示能动司法在中国语境里的可能蕴含。确切地说,对于作为理性分析对象的能动司法,无论是视其为概念化的理论范畴,还是视其为司法实践的策略设计,其本身都是在创造着歧义性,只不过,它需要我们结合具体情势在某个具体方向上做出选择,尤其是迫切需要结合我们的司法现实做出理论上的创造,而非简单地套用他者的理论逻辑。在这种意义上,如何提炼出符合中国语境的能动司法之司法权属性问题、司法与政治的关系问题等,如何脱离一般性的政治话语开拓出符合我们自身政法传统的理论认知架构等则显得尤其必要。换言之,辨析当下能动司法的具体政策目的本身并不需要多费笔墨或其本身并无太多争议,而辨析的理论前提是什么则需要我们明确、需要我们建构,而只有明确了辨析的理论前提,才可能使我们的描述或分析更具意义。因此,分析能动司法的具体政策目的或其实现的功能,简单地断言其是一种专业

---

① See William N. Eskridge, Jr. and Gary Peller, "The New Public Law Movement: Moderation as a Postmodern Cultural Form", *Michigan Law Review*, Vol. 89, No. 4, 1991, pp. 707, 719-720.
② Edward L. Rubin, "The New Legal Process, the Synthesis of Discourse, and the Microanalysis of Institutions", *Harvard Law Review*, Vol. 109, No. 6, 1996, p. 1396.

化的或混合职能的司法观,这多少有武断之嫌、隔靴搔痒之恨。

三、能动司法政策的价值两难:实质正义的或形式正义的司法价值问题之检讨

无论具体的政策目标能否实现,也无论具体的政策目标中隐含了何种形式的歧义性,对于司法或能动司法的进一步认识,还必须根据此种司法观所致力于促进或践行的价值取向予以展现,亦即依据某种形式的正义观来展开(虽然自由、平等、安全、效率等价值也是非常重要的社会价值,但是在考虑司法问题时它们却并不具有正义那样的价值根本性)。正如苏力所言:"的确,从客观实际来看,我国的能动司法已经超越了司法裁判的意义,而是一种更多地具有了政治功能的能动主义司法。换言之,其核心在于人民法院如何更好地服务党和国家大局,服务经济社会发展。"① 也就是说,对于司法价值或效果的评判不能以其裁判功能或其实现法律系统内正义或者说形式正义的情况为根据,而是要综合考虑司法政党的、政治的、经济的和社会诸领域当中所发挥的积极作用,亦即某种社会正义。这里的社会正义,我们认为是一种基于泛政治正确的、调控社会生活的和规制公共价值选择的"良善"。

一般地说,我们常把政策理解为针对特定社会情势的对策,即对具体问题具体解决的政治手段。这种理解并不能算错,然而如果是探究某种政策在思想上的可能性,它往往会造成"互相匹敌的"的观念冲突,进而遮蔽了思想上的关键问题。关于能动司法政策的思考,特别是其政策价值问题最典型的表现为囿于所谓"形式正义"与"实质正义"或"程序正义"与"实体正义"等。更准确地说,人们倾向于认为,能动司法政策在价值选择上造成了两种正义之争,存在实质正义泛滥且有吞噬程序正义之嫌。

一如程序法治主张者所强调的,"在一定条件下,把价值问题转换为程序问题来处理也是打破政治僵局的一个明智选择。程序一方面可以限制行政官吏的裁量权、维持法的稳定性和自我完结性,另一方面却容许选择的自由,使

---

① 苏力:《关于能动司法》,《法律适用》2010 年第 Z1 期。

法律系统具有更大的可塑性和适应能力"①。以规则化、制度化的程序来转换价值冲突，化解各类社会纠纷，这被视为现代法治社会的不二法门。然而，我们也不得不面对这样的局面："在追求实质正义的人们与信奉法条主义的人们之间建立一个话语共同体并非易事。一种信念倾向试图维持政治、伦理与法律因素的分离，另一方却认为这种分离是人为造作的和不恰当的……欧陆法官在观念上仍希望将他们的判决锚定在一个对结果有决定作用的规则之网中；他们不愿将自己处理的事务'政治化'或'道德化'……美国的司法人员具有显著的政治化倾向，人们指望他们能够考虑案件中的'衡平因素'，因此司法过程的大门总是向各种非法律因素敞开。"②显而易见，无论是何种司法实践、司法制度，包括司法政策设计等，几乎毫无例外地都不得不面对追求何种正义的争辩。

并非十分妥当地说，关于法治、关于司法、关于司法政策等，在思想上运用程序正义和实质正义或其他大致通用的概念范畴来做分析并无太多争议，聚讼的是相关事项的理由是否可通约。当然，我们并不是说该类对立范畴不重要，而是说如果局限于此则会掩盖关键问题，亦即恰恰是价值标准的缺失导致了关于司法政策价值蕴含判断上的悖论问题。换言之，关于能动司法政策会造成两种正义之争的论辩，并没有自觉意识到我们的司法政策是基于"人民政治"的理念反映，而非宽泛意义上的"西方公民政治"。两种正义之争在理论基础上皆是现代权利社会的产物，而"人民社会""人民政治"的理论可能远没有被发现或被发明。比如，在什么样的具体理论立场上、什么样的具体关系中来思考能动司法政策就是一个糊涂问题。长期以来，由于缺失有解释力的"人民司法"理论，我们一味追随西方学说的结果，不仅仅造成关于司法政策价值判断标准的缺失，更是不断反衬出我们自己一脸的无奈，甚至成了法学知识和法学思想幼稚的典型注脚。

具体就能动司法政策价值判断标准而言，有理由认为，基于对社会主义司

---

① 季卫东：《法律程序的意义》，载季卫东：《法治秩序的建构》，中国政法大学出版社1999年版，第11页。
② ［美］米尔伊安·R.达玛什卡：《司法和国家权力的多种面孔——比较视野中的法律程序》，中国政法大学出版社2004年版，第101-102页。

法实践的理论提炼——"联动司法"①观念应该能够拓展出"人民政治"所追求的社会正义,一种泛政治正确的、调控社会生活的和规制公共价值选择的"良善"——的某种衡量尺度,亦即"联动的人民性"是能动司法政策的根本价值判断标准。正如张文显指出的,"联动司法是指:人民法院在行使国家审判权、履行国家审判机关职能的过程中始终坚持党的领导,依靠党委统揽全局、协调各方的政治优势;自觉接受人大及其常委会的监督,依靠人大的支持排除非法干涉,维护司法权威;主动争取政府的支持和配合,实现司法权与行政权的和谐联动;积极促成法院与社会的良性互动,提高司法的公信力;努力实现法院系统内部上下级法院之间、不同地区和行政区域的法院之间、普通法院与专门法院之间的互相配合、互相支持"②。一如此论,在具体司法实践当中,能动司法政策要求的就是既交叉又相对独立的不同层级不同权属的机构之间、机构与社会之间的联动。它承诺的是:正确的司法是正确地对待权利、权力,相互间不能逾越/侵犯他者的权益。不得不强调,这样的理解仅是关于当下能动司法政策价值标准之人民性上的一种理论拓延;然而,如何判明联动本身的人民性之正当,却是攸关能动司法政策的另一个经常被忽视的关键问题,比如,联动司法如何避免"被人民""被代表"等。具体地说,如何兼备泛政治正确的优势来进行制度创新,这是必须解决的理论问题和实践问题,否则我们的司法活动必会持续地摇摆在主义或问题之间,并一再丧失自主性。总之,我们不能在否弃了基于"公民政治"的司法认识之后,又无视基于"人民政治"的司法需要以及理论与实践创新要求。套用德国学者拉德布鲁赫的名言——"不,不是必须声称,所有对人民有利的,都是法;毋宁相反:仅仅是法的东西,才是对人民有利的。"我们可以这样说:"不,不是必须声称,所有对人民有利的,都得经由司法;毋宁相反:仅仅是经由司法的,才是对人民有利的。"

四、能动司法政策的实践可能:裁判公正的或政治正确的司法可行性问题之解决

通常人们习惯于只看到或主要关注通过司法裁判解决的利益纷争问题是

---

① 张文显:《诉讼社会境况下的联动司法》,《法制资讯》2010 年第 11 期。
② 张文显:《诉讼社会境况下的联动司法》,《法制资讯》2010 年第 11 期。

否公正,而相对忽视司法裁判本身的政治正确性。如果仅以司法裁判是否公正为根据去分析能动司法问题,这是严重的理论失误。能动司法,不能被简单地理解为服务现实政治的一个方面,而必须被理解为现实政治的一个基础。更确切地说,尽管能动司法政策本身存有歧义性,但是我们在学理上也应该关注其可行性所蕴含的理论意义和实践价值。正如学者赵汀阳指出的,"一个社会把什么事情看做是最值得追求的和最受尊敬的,它将决定一个社会的总体价值取向,所以这是根本的政治问题"①。有鉴于此,推行能动司法政策的过程就不能流于形式,我们不能允许将中国的司法理论湮没于政治修辞当中去,又或迷失于政策效果预期的冲突之中。

能动司法政策的目标设定除了基于前文所述原因方面的考虑之外,对于某项举措实施之后的效果预期同样也起到了非常重要的作用②。2009年8月,最高人民法院王胜俊院长在江苏调研时强调,能动司法是新形势下人民法院服务经济社会发展大局的必然选择。2011年1月24日,在形成中国特色社会主义法律体系座谈会上王胜俊院长再次强调指出,中国特色社会主义法律体系以邓小平理论、"三个代表"重要思想为指导,深入贯彻落实科学发展观,坚持党的领导、人民当家作主、依法治国有机统一,是我们坚持走中国特色社会主义政治发展道路的具体体现。深入理解这一本质特征,人民法院必须始终坚持正确方向,确立"党的事业至上、人民利益至上、宪法法律至上"工作指导思想和"为大局服务、为人民司法"工作主题,……使人民法院工作始终围绕中心、服务大局,切实履行中国特色社会主义事业建设者和捍卫者的神圣职责。深入理解这一本质特征,人民法院必须始终坚持能动司法,立足审判执行工作,认真贯彻落实党和国家的重大战略部署,围绕科学发展主题和加快转变经济发展方式主线,围绕经济结构战略性调整,围绕深入推进三项重点工作,找准服务大局的切入点和着力点,大力推行服务型、主动型、高效型司法,为经济社会发展提供有力的司法保障。

我们可以看到,在王胜俊院长关于能动司法的相关主张中对能动司法大

---

① 赵汀阳:《坏世界研究——作为第一哲学的政治哲学》,中国人民大学出版社2009年版,第65页。
② 这里的"原因方面的考虑"可参见前文所引苏力和顾培东的论述等。

力推行以后能够对党和国家经济社会生活产生的有利影响以及对人民利益的切实维护是有非常美好的预期的,这一美好预期用公共政策学的术语可被概括为"利益",即指对于政策实施后积极效果的认定。概括地讲,能动司法政策信奉或致力于实践一种关于美好生活图景的全面理论,并以此为基础设计其践行此美好图景的规划。据介绍,围绕坚持"能动司法",主动高效服务,江苏省各级人民法院形成的各类调研报告达 666 份,共向党政机关和企业发出司法建议 1 211 份,为各级党委、政府决策和人民法院司法决策提供了可靠依据。此外,还通过开展人民法院联系企业活动,共联系企业 11 162 家,培训企业员工 87 149 人次。乍看之下,可能好多人会有疑问,法院怎么做着这些与解纷解决不相干的工作?寻思再三,则释然,原来我们本来也没有限定法院只能中立被动地等待解决纠纷,而是希望他们能够能动起来,凡是其认为有利于党和国家工作大局和经济社会发展的工作都可以去做。但由此带来的问题是如果有些纠纷的解决不利于大局和经济社会发展,法院是否就可以不去裁断了?或者说如果法院必须在从大局考虑与从法律考虑之间作出选择的话,他们会如何进行裁判呢?是否会导致裁判公正与政治正确的冲突呢?比如,我们可以看到,近年来一些产生较大社会影响的案件比如"许霆案""彭宇案"等,媒体和公众舆论的介入对法院的判决都产生了一定的作用。那么我们的民众是不是应该振臂欢呼"我们胜利了"呢?其实,在这里理应抛开这类一般性问题,亦即除了司法裁判的方式、司法裁判公正与否之外,真正值得关注的是攸关司法政策政治正确的可行性问题。因为司法裁判行为涉及的不仅仅是明晰权益纠纷,更重要的是在明晰过程当中或明或暗地主张和推行某种价值观及其实践方式,而后者恰恰深深关切着现代政治生活的基础问题,亦即政治正确问题。因此,在这里笔者将就此试从政治生态或者说司法关系上做一分析,以期提供理解能动司法政策的某种折中思路。

在现实政治生活当中,明确政策问题并不是最终的目的,最后还需要找到合适的处理政策问题的手段,我们把它称作政策工具或政策解决方案。政策解决方案代表的是如何在服务于政策目的的过程中调适某些部门或某些人的行为。前文已述及,能动司法的提出并未否定司法裁判功能本身,而只是在此基础上并在此前提下,进一步发挥法院积极、主动为党和国家工作大局服务的功能。换言之,能动司法政策实际上是通过赋予司法机关某些功能或权力的方式来达成其政策目的的,法院现在可以做一些在没有该政策之前不会或不会积极去从事的工作。但是,在能动司法这一政策主张的提出过程中,似乎并未涉及其他的政府部门。由于我们知道永远无法脱离部门或机构间的分工合作关系来单独地理解司法权力,所以寻求一种恰当的概念范畴是十分必要的,而"制度权能"则恰恰能够提供给我们某种解决之道或良好的启示。有理由相信,对于"制度权能"观念的认同及其践行能够中和裁判公正与政治正确的冲突或竞争关系。

制度权能,着眼的是哪一政府机构是最适合作出社会政策选择的制度安排。具体来讲,"制度权能",意指在一个试图增进公共利益的政府中,每一机构都有一种特殊的权能或专长。好政府的关键不只在于制定出最好的政策,而且也在于辨识出何种制度应该产生出何种决定而且不同的制度如何能够最有成效地合作。

提出制度权能观念的法律学者的核心主张是每一个政府的制度都拥有一个特定的权能领域,这样一来特定的任务能够被分配给那一制度而无须考虑其所包含的实质政策。而且每一制度都具有特殊的权能和与其制度性功能相适应的特定程序。具体地说,尊重司法的形式和界限的结论源自这样的前提:司法不十分适合于这样的情境,即在其中通过理性论辩作出决定是不可能或不可欲的,委托给立法机体或行政机构的任务则经常处于那一范畴之内。司法负载着某些制度约束,这些约束使得它成为理性的而非意志的区域并保持一个独特的法律推理领域。司法过程对法官可以做的事情的种类强加了限制,而且那些限制并不适用于立法者或官僚等。此处我们所着眼的问题并不单单是司法是否适合为大局服务,而是司法在当下中国的现有制度框架内其制度定位问题以及其与其他各主要政府部门之间的分工合作问题。它们至少涉及司法与立法、行政部门等之间的政治生态关系;司法与其他的纠纷解决机制之间的权能关系。

就司法与立法、行政部门等之间的政治生态关系而言,我们拟从司法权威的树立这一角度来切入问题。对于当下中国司法的权威处于相对匮乏状态,人们是可以达成某种一致认识的,但是对于为什么司法应当具有权威以及是什么造成了司法权威的不足却莫衷一是。有很多学者认为是因为作为民主立法机构的立法机关具有权威,所以作为适用立法机关法律的司法机关就必然具有权威。这明显是一种不合逻辑的类推,将司法机关权威想当然地依附于立法机关,很有点狐假虎威的意味。在此种权威观下,能动司法名不正言不顺,而且这压根儿就是自损其权威根基的做法;因为能动司法要求的就是面对立法和法律时能够能动地进行解释和适用。还有学者从司法机关本身解决纠纷、维护正义角度来认识司法权威问题。这种权威观对于法官恪尽职守,而不要受制于为经济社会发展大局服务的思想要求得就更为严格了。同时因为全国法院和法官的规模和数量是有限的,如何使得这有限的资源发挥其应有的功用绝不是能动司法一个政策本身就可以应对的。因此,能动司法政策的可行性尚须着眼于整体社会主义政治体制的变革与完善。

就司法与其他的纠纷解决机制之间的权能关系而言,在此我们以"调解"为例作一剖析。调解作为一种替代性的纠纷解决机制,其之所以为人们所青睐,一个根本的原因是其自愿性特征以及其仍然具有司法机关这一最后保障可诉求。但是如果将调解纳入审判程序甚至是审前必经程序就有令人担忧的成分了。尽管事实上调解是写入了中国民事诉讼法的,已经是当代中国司法制度的必要程序和重要构成部分,但是"在大调解中,法院和法官始终以司法身份出现,于其中扮演核心角色,积极主动解决纠纷,因此不仅与传统的调解不同,甚至与外国法官以非司法身份展开的调解也有重大区别"[①]。调解作为替代性纠纷解决机制,必然是因为其具有不同于正式司法的一些优点,如果将替代性的纠纷解决机制司法化,那么其替代性的功用是非常存疑的。苏力在一篇文章中强调判决和调解要"两手抓,两手都要硬","之所以提这个问题,因为我近来听到有些地方法院甚至要求法官做到'零判决'。这是非常危险的倾向,不仅做不到,而且也有损能动司法和大调解,并且不利于司法改革成功经验的累积"[②]。由此来看,能动司法政策的可行性,重要的在于如何保持司法对于调解等替代性纠纷解决机制的适度距离,因为这不仅仅只是一个审判的问

---

① 苏力:《关于能动司法与大调解》,《中国法学》2010年第1期。
② 苏力:《关于能动司法与大调解》,《中国法学》2010年第1期。

题。如何保持裁判公正与政治正确的合理张力关系恰恰需要我们不断地进行实践创新和理论洞识。

五、非总结意义上的结束语

在一定意义上,或许"政策更像是无穷的垄断游戏,而不像是自行车的修理。因此,人们常常会抱怨,政策似乎从没能解决什么问题。挑选和实施政策手段的过程是政治性的和连续性的。我们通常所谓'新政策'的行动,实际上是某些人的下一步动议"①。由此可见,无论我们把能动司法政策看作解决当下司法无效性或无权威性等问题的对策性手段,还是将其看作连续有机的整个政治领域当中的一个阶段性或过渡性主张,其歧义性或悖论性存在状态是不争的事实,而如何正视这种歧义性或悖论性样态则是无论该政策的反对者还是赞同者都必须仔细斟酌的。这不仅仅是在强调作为学者思想的权利,而且也是在强调普罗大众的基本生活意义与价值。因为无论如何权利已经成为现代人当然包括中国人的基本法律存在根据,同时权利也是非常重要的一项政策工具。值得一晒的是:"早在1830年,法国的政治学家托克维尔在美国游历之后即指出,在美国每一个政治问题最终会变成法律问题。的确如此,19世纪最大的道德问题,也就是奴隶制问题,最终变成了法律问题。……下列所有社会问题和政治问题也最终是在法院里面获得解决的:如何分配联邦立法权与州立法权?种族隔离是不是可以允许?警察行使权力的恰当程序是什么?公立学校中是不是可以允许宗教的存在?堕胎是不是合法的?"②实际上,所谓的法律解决政治问题是通过赋予/剥夺某项权利的方式进行的,以较有影响的布朗诉教育委员会案(Brown v. Board of Education)即1954年作出的废止种族歧视案,和罗伊诉韦德案(Roe v. Wade)即1973年的堕胎案为例,这两个案例实际上关涉的是平等教育权和妇女生育自由权或者说处分自己身体的自由权的问题。笔者在这里所关注的问题不是这些权利如何保障了

---

① [美]德博拉·斯通:《政策悖论:政治决策中的艺术》,顾建光译,中国人民大学出版社2006年版,第258页。
② 强世功:《司法独立与最高法院的权威——与麦德福教授关于宪政的对话之一》,载强世功:《法律人的城邦》,上海三联书店2003年版,第199页。

哪些人的基本利益的问题,而是这些权利之所以得到赋予、认可或进一步明确的根本依据问题。对此,我们可以发现,法院在裁判的过程中并非完全根据经济社会发展大局进行能动的司法,而是严格地将宪法解释性地适用于手头案件。或许他山之石亦有值得我们借鉴学习之处,能动司法政策所涉及的基本政治及政治价值选择等问题都应当立足于当代中国的宪政生活本身。或许唯有如此,方可能最终廓清被歧义性迷雾所遮蔽的诸种现实,方可能树立起中国司法的自主品性。

第六章

司法的公共政策创制功能

"扶不扶?"这是一个问题,尤其是 2007 年南京"彭宇案"之后,它就更是一个令人头痛的社会大问题。从这句表述当中,读者当能揣摩,似有将"扶不扶"问题上的诸多争议与焦头烂额归罪于"彭宇案"之意。那么这种归罪是否公允呢?为了对此问题作出尝试性的回答,我们大可以展开一次思想冒险:改写"彭宇案"的判决结果,然后再来分析还会不会造成这样的困境。或者如赵汀阳所说,"这就像在回顾一盘棋,我们不仅思考当时每一步棋的得失,而且思考如果重新下这盘棋怎么下"①,因为我们相信法理学的思想能力不仅限于接受与分析既定的案件结果,而且应该能够提供关于案件判决的各种可能性,为司法与法学的发展保留余地。

我们是否可以说:根据人之常情或常理来判定,当下社会任何一个中国人在碰到类似老太倒地这样的情况后,都会积极主动地施救并且一定会坚持将好事做到底。由此,我们可以得出结论,认为在双方都无法证明案件事实的情况下,根据常理来判断,彭宇的行为很大可能出自他救助他人的善心,而不太会出于他弥补过失的补偿之心。因此,我们判定老太是在讹人,要承担相应的法律责任,而彭宇是受害的一方,不需要担责。是否这样判决就不会导致不

---

① 赵汀阳:《一个或所有问题》,江西教育出版社 1998 年版,第 76 页。

良的社会反响？是否这样判决就不会引发社会非议呢？对于这个问题，任谁都无法肯定地给出答案。

但是，如果法院做出的判决是后者的话，我们是可以较有把握地推想出未来可能产生的相应后果的。在倒地的老太一类人身上，会产生这样的效应：受到伤害的倒地者首先当然要积极地寻求救助，但同时更要积极地获取证据，不然法律是不会站在自己这一边的。而对于踌躇是否扶人的一方来讲，此后将可以后顾无忧地积极救助自己有能力救助的人而不必顾虑反而会被冤枉了。也许就个案而言，倒地的老太有可能受到了委屈，没有获得她所期望的正义，但是法律所维护的是能够证明的权利，而非空口无凭的一己主张。如果法院准备做出一个决定以解决纷争并为未来人们的行为提供指引，则法院应当考虑该决定所导致的事物状态是好还是坏。这就是司法判决的政策制定功能。

在国内外的经验中，公共政策过程①中的突发事件都是不可避免的诱发因素。比如，孙志刚事件曝光后，在开始的几天内，媒介和公众所关注的主要是诸如"孙志刚被毒打惨死的原因是什么？""究竟由谁来对此事负责？""打人凶手现在在哪里？""应该为死者讨回公道"这些并没有超出事件本身含义的话题。但是，随着时间的推移，人们开始提出"不能让类似的事件再度发生"，也就是开始关注死亡背后的深层原因——这就是国务院1982年出台的一项旨在维护城市治安的《城市流浪乞讨人员收容遣送办法》，也就是我们的收容制度本身的问题，进而发展到对所谓的违宪审查机制的呼吁。综观整个事件的发展过程，我们可以借用学者有关政策分层的理论来解读公共政策过程，即该事件实际上是从为个人争取有关政府部门（司法调查部门、法院等）采取有利于他们的行动这一微观政治的层次上升到相关的职能领域（市容管理）当中特定行为管理的次系统政治，最后因其吸引人们广泛的注意或者形成广泛的争

---

① 强调公共政策过程关注的是政府官员的活动方式或活动过程，而不是他们所做的那些单独的、彼此毫不相关的决定。举例说，一种政策不仅包括就某一问题通过某一法律的决定，而且还包括随之而来的关系到这一法律的贯彻、实施的那些决定。因此，就此观点而言，法院所做出的司法判例实际上是政策过程当中的重要环节。就政策分析的过程而言，制度化理论由于强调机构的形式或结构，因此能很好地运用于政策分析。但是，只分析制度，无视政治的动态方面，也是不妥当的。

论而进入宏观政治(宪政等)的领域。以这种视角来看,司法、法院与法官毫无疑问确实介入公共政策过程当中。

下文以"彭宇案"等为切入点,从制度分析的角度来详细考察(基层)司法与公共政策之间的关系。但是,"传统的制度研究法集中于描述政府机构的形式和合法性,诸如它们的正式组织机构、合法的权力、程序的规定以及功能或活动。各机构间的正式关系也可能作为研究对象。通常,这种方法很少去解释这些机构实际上是如何发挥作用的,以及这些机构实际上发挥的作用同原设想应该发挥的作用之间有何不同;也很少去分析由政府机构作出的公共政策,或试图找出组织结构同公共政策之间的关系"①。因此,本章将首先借助"彭宇案"分析司法的公共政策创制功能,努力发现并解读在中国目前的社会状况下,司法实际上是如何在公共决策中发挥作用的,其实际政策作为与被期望的应当作为之间的主要关系②,重点考察基层法院的决定所产生的政策效果;并试图在克服传统制度分析的惯性基础上,探讨法院判决的公共政策意义是否有悖于其组织结构所致力于寻求的司法公正。最后将指出评价法院之公共政策创制功能的相关理论。

一、司法创制公共政策的过程分析

法院判决的公共政策效果通常会遵照以下几个步骤展开。首先,司法判决直接作用于社会所产生的反响,主要表现为人们对判决结果的评价以及人们根据判决结果对自己行为的调适。其次,司法判决作用于其他国家机关,引发其他国家机关(主要指行政机关与立法机关)不同的对策行为并进而对人们的日常行为产生影响。这种影响往往也会传导至社会的团体组织机构并导致其采取不同的行为策略。最后,司法机关有可能根据前述几种情况下其判决的不同效果以及人们的不同行为调适反过来调整自己在未来的司法判决当中的行为,或者坚持其之前判决的政策或者在具体案件的判决中作出调适。

---

① [美]詹姆斯·E.安德森:《公共决策》,唐亮译,华夏出版社1990年版,第28页。
② 需要说明的是,关于法院实际作用的发挥和实际作为与应然作为之间的差异问题,笔者在此处只想作简略考察,将另文详细探讨这个问题。笔者觉得在这个问题上我们既不能作过多期许,也不应当忽视其功能弱化现象。

(一)"彭宇案"的公共政策创制过程

2011年,我们遭遇了天津"许云鹤案",类似"彭宇案"的尴尬再次出现。6月16日,天津市红桥区人民法院作出判决,许云鹤被判决承担40%的民事责任,赔偿王老太108 606.34元,其中包括残疾赔偿金87 454.80元。法院判决的理由是,不能确定小客车与王老太身体有接触,也不能排除小客车与王老太没有接触。被告发现原告时只有四五米,在此短距离内作为行人的原告突然发现车辆向其驶来,必然会发生惊慌错乱,其倒地定然会受到驶来车辆的影响。2011年8月26日,江苏南通的长途车司机殷红彬、乘务员郁维贞在路上扶起了一位被撞伤的老太太,事后,老太太指称司机为"肇事者"。但是,由于殷红彬、郁维贞所开长途车辆装了监控探头,录像最终证实了司机和乘务员的清白。

在"彭宇案"等一系列案件发生之后,政府有关部门和有关立法机构都对此类判决所引发的社会后果作出了回应。2011年9月6日,卫生部公布《老年人跌倒干预技术指南》,其核心提示为,不要急于扶起,要分情况进行处理:如果老人意识清楚,救助者应询问老年人跌倒情况及对跌倒过程是否有记忆;如不能记起,可能为晕厥或脑血管意外,应立即护送老人到医院或打急救电话。2011年9月14日,《羊城晚报》一篇题为《深圳拟立法保护助人为乐》的报道则指出卫生部指南实际上是将助人为乐变成一项"技术活",而技术显然不足以保证助人为乐者免于遭受可能的误解、尴尬甚至是不公与不利。深圳则拟立法来保护助人为乐,起草中的《深圳经济特区助人行为保护条例(草案)》的主要内容为助人行为社会鼓励制度、助人者受帮助制度、助人行为免责制度和助人行为免予起诉制度,表明其希望通过法律制度建设来回应社会关切,填补助人为乐方面的法律空白,助长助人行为。2013年2月22日—25日《深圳经济特区助人行为保护条例(草案)》提请深圳市人大常委会审议。在当时的常委会表决会上,该草案未获表决通过。相关委员会将根据审议的意见对该条例草案进行修改,期待下一次常委会会议继续审议。

也就是说,"彭宇案"等的影响已经从有关政府部门(司法调查部门、法院等)作出相关决定这一微观政治的层次上升到相关的职能领域(卫生部)当中特定行为管理的次系统政治,最后因其吸引人们广泛的注意或者形成广泛的争论而进入宏观政治(深圳市人大常委会)的领域。个人与社会也会进一步对相关政治议程的决议与决定等加以理解、消化与反馈。据《南方都市报》2015年10月23日报道,支付宝推出了一款名为"扶老人险"的险种。截至10月20日晚间,投保人数已超过5万,"80后"和"90后"是绝对的主力,其中"90后"在所有投保用户中超过57%。"扶老人险"保费为3元,保期一年。投保后,如果不幸发生"好心扶起受伤老人反而被讹"的意外状况,投保人最高可获得2万元的法律诉讼费用赔偿。除此之外,"扶老人险"还会赠送给投保人全年的法律咨询服务。关于该不该投保"扶老人险"的问题引发了广泛的社会热议。

社会民众、组织与团体等在自己的权限范围内对法院相关判决所引发问题的对策和行为调适也会传导至法院等政府机构,促使它们进一步完善自己的决策过程与决策方式。与彭宇案类似的案件清单仍然在不断加长,到2015年9月8日发生在淮南师范学院门口附近的一起交通事故,从女生袁某发微博称扶老人被讹,求目击证人为自己证明清白开始,"撞人与扶人"的问题再一次引起社会舆论的高度关切。就在公众都在愤慨又一起"扶老人被讹"的故事再次上演之际,淮南市警方向多名直接和间接证人取证(包括120急救车医生在内的几名证人均表示,当时看到袁某承认自己骑车撞倒了老人),获取的证言形成了完整的证据链,足以证明当时袁某和老人"相互有接触"。扶人的女生袁某被认定承担主要责任,被扶的老人承担次要责任,因为老人当时走上了非机动车行驶车道,存在违反交通法规的行为。

有论者曾这样评价"许云鹤案":直接推定行为人为"坏人"只能是"思维跳跃"的结果,绝不是逻辑的结果。一旦这样判决就会大大增加价值追求的风险与成本,这无疑大大伤害了全体社会成员的情感。这样判决是以损害许云鹤利益和全体社会成员的价值追求动力为代价,支持王秀芝一个人的权利诉求,从价值选择与利益衡量的角度分析,答案不言自明①。由"彭宇案"和"许云鹤案"判决所确立的基本政策方向是只要无法排除行为人或者说扶人者有撞人的可能就会一律推定行为人承担一定的赔偿责任(通常是次要责任)。所以,由此造成的怪圈就是想助人为乐的扶人者不敢扶怕被冤枉,而真正的撞人

---

① 陈惊天:《事实难辨,司法要引导主流价值观》,《法制日报》2011年9月3日第7版。

者又会极力自证清白,因为公众都会倾向于认为他是清白的。或者说,这种判决所代表的政策方向既阻碍了"好人"去做善事,又为"坏人"①抵赖自己的行为助长了气焰并提供了底气。这就是"彭宇案"等案件的判决对未来人们行为所提供的指引,也就是司法判决的政策制定功能,但是我们很难说该决定所导致的事物状态是好的。

(二)"彭宇案"的思想实验

因此,即便在诸如"彭宇案"这样的私法判决中似乎也有必要在不违背法律与程序的前提下适当考虑判决之后果。诸如:谁受到了影响?他们会如何行为?他们为什么会这样做?也就是,使判决的后果往好的方向影响人们的行为而不是相反。"它们是一些行为背后的、持久的结果,在政治语言中,也就是后果的积极方面,是人们经验或想象后果,并试图影响它们的结果。"②所以,在对判决进行公共政策的分析中,核心问题就是判决能否、如何以及为何产生积极的后果。那么究竟有没有一些确实可行的策略能够使得我们预知到判决的后果是否积极的呢?我们换种思路,如果说彭宇案作出的是相反的判决,也就是说由于没有证据证明彭宇是否撞了老太并假定彭宇是助人为乐的"扶人者",因此判定彭宇在此案中不承担任何责任。那么,此判决的后果又会怎样呢?为了比较彭宇案判决所可能造成的行为指引与相反判决所可能带来的行为指引之间的微妙关系,我们通过以下两个问题的设问以及在两个判决参照下的答案来辨析不同判决的不同政策创制功能。

首先,我们可以问:是否有人会在大街上故意假装被撞而讹人?笔者相信一个正常理性的人要回答此问题都不会是特别困难的。在彭宇案判决的激励下,极有可能会有人希望利用司法机关等权威机构的决定来为自己谋取不正当利益。因为不论是自己不小心跌倒了还是真的被别人撞倒了而撞人者已逃跑抑或赤裸裸的"碰瓷",在这些情况下,倒地者讹诈扶人之人都会或者避免了自己的损失,或者增加了自己的收益;只要不被发现,倒地讹人者就是在做

---

① 本书所谓的"好人"与"坏人"并不具有任何道德评判的意义,而仅仅具有法律责任评判之有无的意义。
② [美]德博拉·斯通:《政策悖论:政治决策中的艺术》,顾建光译,中国人民大学出版社2006年版,第209页。

着只赚不赔的营生。那么我们再来看看在与彭宇案相反的判决的情况下,这个问题的答案是怎样的。由于没有切实的证据,倒地者讹人之举是不会获得司法支持的,因此倒地者闭着眼睛说瞎话的可能性是极为微小的。

其次,可以提问:是否有人会在撞了老太之后谎称自己是"扶人者"而逃避法律的惩罚?笔者认为在两种判决的情况下这都是有可能的,因为总会有些人甘冒风险尝试经由谎言来为自己谋取不正当利益。但是,我们根据彭宇案的判决,思考这个问题的答案的时候,会发现它极有可能助长这样的情况,那就是"撞人者"极有可能在撞人之后就逃逸了,因为这是在撞人之后得以逃脱处罚的最有利可图的手段,否则留下来即使无切实证据落实撞人事实,但至少也要承担相当比例的责任。而在与彭宇案相反判决的情况下,逃逸则并非最有效的手段,因为留下来扶人同样可以通过主张自己是"扶人者"而避免法律的处罚,同时还避免了进一步危害后果的发生(受害人的伤害进一步扩大、逃逸者逃逸行为一旦被发现极有可能带来刑事处罚等等),另外也避免了行为者个人可能因为逃逸所造成的心理的、精神的以及道德的负担。

我们以上的分析实际上是从个体层面着手的,在假定个体更多为理性的自我利益最大者的意义上,通过不同分类项下的个体对不同判决所最可能作出的行为调适与选择的判断,对"彭宇案"类案件的两种不同倾向的判决之后果可能是什么以及为什么会是这样等作出了分析。通过分析我们发现,无论是站在"扶人者"的角度还是从"倒地者"的立场来看,不判定彭宇承担责任都会带来较为正面的行为激励并倾向于引发较好的事务状态。当然,也要意识到运用这种分析来对后果如何做出预判总是会受制于现实中个体的多样性以及客观环境的多样性等因素。

从以上的发展过程中可以看出,"在一个群体中找到共同的问题要比在其中找到共同的解决问题的方案远为容易得多"①。当下在"扶人"或者更一般意义上的"助人为乐"问题上,社会各界已经形成了共识,那就是如何避免助人者被冤枉并进而引发社会整体的"助人为乐""慌&荒"。但是对于如何避免这种

---

① [美]德博拉·斯通:《政策悖论:政治决策中的艺术》,顾建光译,中国人民大学出版社2006年版,第213页。

最坏结果的发生,各个部门及群体则各有自己的主张与动作。设计来防止或消除"助人为乐""慌&荒"的任何新的法律规则和实践选择对于不同群体、不同个人的效果未必是同一的。在新的法律规则或实践选择中,有些群体或个人将比别的群体或个人获益更多,因而对某些群体或个人将更有积极的作用或效果。因此,可以发展出基于对不同群体或个人的行为要求不同而作不同的利益分配这样的决定方式。

之所以可以有这样的考虑是因为我们假定了司法决定具有政策效果,包括法院在内的政府部门应当保护那些弱小却又合理的利益。而且影响具体当事人的具体案件的判决不可避免地会在更一般意义上的利益、权利、价值或群体当中作出选择。比如有论者分析过所有者诉德拉贡(Property Owners v. Dragon)这一特定案件[1],假定如果所有者决定在自己的土地上建造一座磨坊并且在流经土地的溪流上筑坝。但是德拉贡具有一个约定俗成的权利去使用该溪流以补充其冷却系统。因此,德拉贡以水流的改变对他的冷却器造成损害为由而提起诉讼。对这一案件的判决结果不仅影响德拉贡一个人的权益,而且能够引起一系列其他问题,诸如在该溪流流经之处拥有财产的其他个人的问题,也会影响以水能为主要能源的制造业的技术发展。法院对这一案件的判决解决的是两个个体公民之间的权利争议,但是其决定却也意味着法院偏爱某一方而非另一方当事人所代表的那一类利益、权利或价值。

虽然法院的典型制度权能就是处理"特殊的利益"纠纷和"根据案情"解决有争议的议题,但是法律规则永远不会是中立的。每一个法律规则,甚或原则,总是偏爱一种利益、权利、价值或群体而不是另一种。两个个体公民之间的冲突,能够迅速升级为竞争集团之间甚或不同社会阶级和经济阶级之间的冲突。随着效果的累积并且随着时间的推移,个案的司法判决不可避免地影响一般意义上的公共政策,也会影响经济与社会的发展。

二、司法创制公共政策的正义考量

前述司法的政策创制功能是指判决所导致的事物状态更多是一种实然意

---

[1] See Walter F. Murphy, C. Herman Pritchett, Lee Epstein, Jack Knight, *Courts, Judges and Politics: An Introduction to the Judicial Process* (6th edition), Boston: McGraw-Hill Education, 2006, p. 45.

义上的描述,与某一决定应该导致何种事物状态是两个不同的问题。也就是说,决定既可能导致决定者所期望或预期中的事物状态,也可能导致决定者不期望、没有预见的事物状态。通过对彭宇案等案件的分析,我们知道单个决定或一系列决定都可能具有这样的效果。但我们此处的问题是:法院是否应当在其单个判决制作过程中考虑该决定所可能导致的事物状态并基于这种考虑来决定案件?或者法院是否应当在它此前的某一个(些/类)决定已经导致了它所并不期望的事物状态之后,对它之前的判决作出改变或调适?更确切地说,法院判决执行公共政策创制功能是否有悖于裁判正义?

(一) 泸州"二奶"遗产继承案

我们以四川泸州的"二奶"遗产继承案(简称"泸州案")为例来说明这个问题。四川省泸州市中级人民法院于 2001 年 12 月 28 日作出终审判决,法院认为,遗赠人黄永彬的遗赠行为虽系黄永彬的真实意思表示,但其内容和目的违反了法律规定和公序良俗,损害了社会公德,破坏了公共秩序,应属无效民事行为。上诉人张学英要求被上诉人蒋伦芳给付受遗赠财产的主张,不予支持。被上诉人蒋伦芳要求确认该遗嘱无效的理由成立,予以支持。该判决作出后,得到了广大人民群众的积极支持和声援。可见,在我国,社会对于有配偶者与他人同居的行为危害社会、危害婚姻家庭关系,因此法律应给予否定性评价这一问题还是有广泛共识的。在民众一片叫好与称颂的同时,诸多法律专家和学者对于"泸州案"还是持有保留、商榷甚至是批评态度的,有人甚至认为该案的判决"牺牲张学英的个人利益,捍卫一个虚无的概念",而并未实现"真正的依法判决,依法治国"[①]。

不管从法理上学者能够分析出"泸州案"的多少问题,但是从该案的判决所达成的事物状态来看,我们可以较有把握与自信地认为是好的事物状态。也就是说,我们同样看到了"泸州案"的判决所带来的公共政策创制效果。我们在"泸州案"当中所要探析的恰恰是法院和法官如何能够保证自己作出的判决引起好的事物状态的可能性尽量大些。判决不外乎认定事实与适用规则这两大核心内容。"泸州案"的事实问题没有什么争议,关键是规则适用的问题,

---

① 王国亮:《再议"二奶继承案":二十年之后的考量》,《魅力中国》2011 年第 18 期。

也即"泸州案"中关于公证遗嘱的效力裁判标准舍弃了规则而适用了原则。

2010年我国最高人民法院对这一问题作出司法解释上的回应。11月15日,最高人民法院发布《最高人民法院关于适用〈中华人民共和国婚姻法〉若干问题的解释(三)》(征求意见稿),其中第二条被称为"小三条款",即"有配偶者与他人同居,为解除同居关系约定了财产性补偿,一方要求支付该补偿或支付补偿后反悔主张返还的,法院不予支持;但合法婚姻当事人以侵犯夫妻共同财产权为由起诉主张返还的,人民法院应当受理并根据具体情况作出处理"。当然,我们知道,2011年8月13日《最高人民法院关于适用〈中华人民共和国婚姻法〉若干问题的解释(三)》正式施行时,广被热议的征求意见稿中有关"第三者"的条款被删除。很多专家学者对此都发表了自己的看法,北京大学法学院教授马忆南表示,"当'第三者'到法院起诉要补偿金时,法院一般不会支持。这样的一种道德倡导,其实不需要司法解释再去刻意强调"[①]。另外,也是因为我国既有法律当中已经有了可以援引的规定,法院所要做的就是依据相关法律来处理相关争议,当时的《民通意见》第89条关于夫妻的共同财产属性(共同共有)的规定就可以担此重任。在夫妻关系存续期间,部分共有人擅自处分共有财产的行为一般应被认定为无效行为。

《京华时报》2011年9月1日报道,男子刘康与女同事王琳保持8年情人关系,先后斥巨资给王琳购买房产、汽车等。刘康的妻子张丽发现后将王琳起诉至法院,称丈夫给情人的钱属夫妻共同财产,要求王琳返还230万元,并赔偿精神损害抚慰金5 000元。海淀法院审结此案,判决王琳返还张丽有充分证据支持的105万元。《新民晚报》2012年2月27日报道,原居住在上海市大宁路的庞女士,知道了丈夫胡某为"小三"徐莉购买了一套商品住宅,将丈夫和"小三"告上法庭,要求确认赠与行为无效,并返还属于自己所有的夫妻共同财产1 329 350.5元。闸北法院做出了支持庞女士诉讼请求的判决。《京华时报》2012年7月30日报道,丈夫瞒着妻子,花了100多万元给情人置办一套房产,后妻子将丈夫与"小三"起诉到法院。北京市一中院终审也认定丈夫的赠与行为无效。"泸州案"之后,很多类似案件的判决立场均与其一致,但是判决

---

① 《新语微播》,《人民法院报》,2011年8月20日第5版。

理由当中都不再强调公序良俗等内容,而主要是基于夫妻共同财产处置问题作出的决定。

至此,正是因为司法与立法等有关部门正确认识并回应了"泸州案"判决时所遭遇的法律适用方面的种种质疑,使得此后类似案件都有了明确法律规则性依据,这也正是我们所谓的司法之公共政策创制功能的题中应有之义。"法治是规则化的治理。以前纠纷解决就是纠纷解决,而现在由于通信发达,就不能只是关注这个纠纷怎么解决,还要考虑这个纠纷解决之后别人会得到什么信息。每个纠纷解决都在某种程度上涉及规则,这就要求我们要有政策眼光,要有事先的预判。……此类案件的处理涉及国家和法律如何处理家庭内的人际关系和财产关系。因此处理问题时还是必须有点全局眼光,要考虑是否具有普遍性,能不能得到老百姓普遍的认同。"①我们可以说,"泸州案"判决的政策效果是令人欣慰的。但是,我们似乎仍然没有回答该案的判决是否正义这个问题。因为司法的政策创制效果与司法的正义性要求是两个截然不同的问题。那么,我们到底该如何来思考司法的正义性问题呢?如果一个判决是以牺牲司法的正义性要求来实现良好的政策效果的,我们还会为此欢欣鼓舞吗?

(二) 法官的裁判正义

何谓正义?有两种最常见的有关正义的见解,即正义就是善以及正义就在于给予每个人他应得之物。一个人的应得之物是由法律亦即国家的法律所规定的。但是国家的法律有可能是愚蠢的,因而贻害于人或者糟糕至极。如果正义就是要保持善,我们就必须把它视作本质上独立于法律。这样,我们就要把正义定义为给予每个人依据自然他应得之物。可是,并非每个人都知道一般而言对于人类来说什么是善的,以及具体而言对于每个人来说什么是善的②。换言之,正义与法律之间的关系完全是一个值得探讨和争论的问题。

一方面,"正义所关注的焦点,是确保人们得到他们有权得到或理应得到的东西,而这些似乎也是所有法律体系中最具代表性的法庭关注的焦

---

① 苏力:《中国司法的规律》,《国家检察官学院学报》2009年第1期。
② 参见[美]列奥·施特劳斯:《自然权利与历史》,彭刚译,生活·读书·新知三联书店2003年版,第148-149页。

点。……这一做法反映出,正义与法之间的联系存在于其本质中,因为法律自身就涵盖了其目的"①。辛普森举例说明了这一观点,在英文当中,法庭的对应词有两个,既可以称作 a court of law②,也可以称作 a court of justice,从中可以看出,"justice"和"law"是在同一的意义上使用的,比如法治既可以说成 the administration of justice,也可以说成 the administration of law,又如在许多国家司法部部长指的是 Ministers of justice,这里的"justice"同样代表的是"law"。依据此种正义观,法律与正义问题是合一的或同一的,二者之间不存在一个批判或者检省的距离。

另一方面,对于将正义等同于法律,将正当的行为等同于遵守法律的行为这种观点,西季威克将其判定为一个对正义的粗鄙定义。"这首先是因为,我们并不总是将违反不义法律的人称之不义,只是在某些法律之下如此:例如好斗者或赌徒违反了法律。其次,我们一向对此明察秋毫:法律并没有完全实现正义。我们的正义观提供了标准,我们以此比较事实上的法律,进而宣布它们或是正义或是不义。最后,某些正当的行为处于法律领域之外。例如,虽然法律没有(也不应该)规定父亲应如何对待自己的孩子,父亲如何对待自己孩子仍然有正当与不正当的差别。"③因此我们还必须在批判的意义看待正义与法律之间的关系,我们需要对法律抱持一种批判的态度,置身法律之外,对其保持一定的距离,更加理智地看待它,因为这种态度源于假定法律本身也可能是公正或者不公正的。

我们首先来看看大陆法系的规则裁判与正义。在大陆法系评判司法公正与否似乎转换成了司法所依据的法律或规则是否正义的问题。这是因为大陆法系通常会认为法律是一个体系,是按等级制度安排的封闭的、自给自足的、自我持续的、逻辑有序的体系,而一部法典则是明确的、详细的而且是全覆盖的,试图解决人类之间所有争议的规则。法官仅仅被认为是熟练的技术工人,

---

① [英]布赖恩·辛普森:《法学的邀请》,范双飞译,北京大学出版社 2014 年版,第 63 页。
② Court of law,两种含义:一是广义用法,指任何正式组成的法院。二是狭义用法,指普通法法院,依据普通法的规则和原则审判的法院,与衡平法院(court of equity)相对应。参见[英]布赖恩·辛普森:《法学的邀请》,范双飞译,北京大学出版社 2014 年版,第 189 页。
③ 转引自[美]约翰·奇普曼·格雷:《法律的性质与渊源》,马驰译,中国政法大学出版社 2011 年版,第 16 页。

他适用被认为是完整的法律的具体条款。这显然不仅间接否定了法官的自由裁量权,而且也低估了法官作为司法者的重要作用;不仅如此,这种观点将导致判决中错的永远都是法律或规则而不会是法官。这种见解显然是有待商榷的。而且就规则本身的特性而言,我们都承认,规则具有一种深刻而普遍的两难性:"我们所关心的人的行为的不同侧面总是比一些正式的规则所能把握的要多得多和复杂得多。"①可见,法律或规则是否公正并不必然决定司法判决的公正与否,因为即便是公正的规则被公正地适用于具体个案也可能会产生不公正的判决结果。这时就需要对规则较为灵活的执行,但同时又会担心法官这样做会有损司法公正。

这种担心在普通法法系也同样存在,这也是为什么在普通法法院系统之外,英国还发展出了另外一套衡平法法院系统(尽管19世纪与普通法法院系统合并)。它不仅用于解决普通法法院无法解决的问题,而且也构成对普通法法院非常有效的一种监督机制。正是因为司法正义的深刻复杂性,普通法在其发展的早期就有注重法律程序的传统,而且程序也代表着他们所追求的正义理想,因为人们普遍相信"正义先于真实"(Justice before Truth)。只要严格遵守正当程序,结果就被认为是合乎正义的。历史上有两个法律文件被许多学者视为英美普通法中正当程序或程序正义的最早渊源:即1215年英格兰国王颁行的《大宪章》(*Great Charter / Magna Carta*)第39条规定:"除非经由贵族法官的合法裁判或者根据当地法律",不得对任何自由人实施监禁、剥夺财产、流放、杀害等惩罚;1355年,英王爱德华三世颁布的一项被有些学者称为"自由律"的律令明确规定:"任何人,无论其身份、地位状况如何,未经正当法律程序,不得予以逮捕、监禁、没收财产……或者处死。"这两个法律文件正是以正当法律程序条款保护人的生命、自由和财产权利的典范。

在美国,最早的各州宪法都忠实于《大宪章》的言辞并且维护着"国家的法律"(the "law of the land");其中一些州现在仍然如此。但是,《权利法案》的起草人采用了柯克所用的短语"正当法律程序",因而,"正当法律程序"从此成

---

① [美]德博拉·斯通:《政策悖论:政治决策中的艺术》,顾建光译,中国人民大学出版社2006年版,第289页。

为标准的美国用法①。1791年美国宪法第五条修正案正式规定"非经正当法律程序,不得剥夺任何人的生命、自由或财产";1868年宣布生效的美国宪法第十四条修正案又规定"不得未经正当法律手续使任何人丧失其生命、自由或财产"。其中前者规范的是联邦政府及其官员的行为,后者直接针对州政府、州政府官员和地方政府。美国宪法第五条和第十四条修正案是正当程序在现代的版本,也由它构成了"正当程序条款"(Due process clauses)这样一个特定的概念②。美国州和联邦的宪法都包含了柯克最喜欢的法律短语"正当法律程序",这意味着美国法官最终不但可以运用许多自然法的原则,而且还可以有一些他们自己的个人偏好③。

在现代社会,"正当程序"作为宪法上的一项基本原则,不仅在普通法法系,而且已经为世界各国宪法所广泛采纳,如《公民权利和政治权利国际公约》等国际性公约也作了相应的规定。当然,各国关于正当程序的确认和适用,在方式和方法上可能不尽相同。"随着自然法概念的衰落,最低限度的程序公正标准逐步由观念形态转变为规范形态,通常在诉讼法典中就能找到它们的位置。"④似乎,以"正当程序"保证司法裁判的正义正在成为世界各国的普遍趋势。所以,最终要评判司法裁判正义与否,不管在大陆法系还是普通法系,似乎落脚点都在所谓的程序正义。但是,这样真的可欲吗?"这自然会导致司法过程转化成一种仲裁过程,在此过程中,法律和原则除了有助于达成一个公正的解决方案之外,很大程度上被抛弃了。因此,程序性的法律和原则可能依然存在,但实质性的法律和原则将在很大程度上消失了。"⑤我们有理由担心,单

---

① 参见[美]约翰·V.奥尔特:《正当法律程序简史》,杨明成、陈霜玲译,商务印书馆2006年版,第6页。另外,根据适用的对象不同,正当法律程序可以分为实体性正当程序(substantive due process)与程序性正当程序(procedural due process)。前者是对联邦和各州立法权的一种宪法限制,它要求任何一项涉及剥夺公民生命、自由或者财产的法律不能是不合理的、任意的或者反复无常的,而应符合公平、正义、理性等基本理念;而后者则涉及法律实施的方法和过程,它要求用以解决利益争端的法律程序必须是公正、合理的。
② 参见张文显:《法理学》(第三版),高等教育出版社2007年版,第183页。
③ [美]约翰·V.奥尔特:《正当法律程序简史》,杨明成、陈霜玲译,商务印书馆2006年版,第33页。
④ 肖建国:《程序公正的理念及其实现》,《法学研究》1999第3期。
⑤ P. S. Atiyah, "From Principles to Pragmatism: Changes in the Function of the Judicial Process and the Law", *Iowa Law Review*., Vol.65, 1980, p.1250.

纯依靠程序公正保障司法裁判的正义会存在"失之毫厘,谬以千里"的危险。

根据"泸州案"的判决及其后续影响,我们可以较有把握地说,司法裁判正义的根本要点在于,在程序公正的背景下,如何在个案的具体正义(法律权利的实现)与判决的未来影响(政策效果或者说未来的法律发展)之间实现一种动态的平衡。"法院并没有被要求通过比较不同需要的性质和强烈程度的方式来阐明政策,而是被要求判断何种政策已经得到了必要的社会支持。"①而如果法院适用的是已得到社会充分支持的政策,无论在实体上还是在程序上都是公正的。从实体上讲,当争议双方本身受益于由法院制定的并已对政策有所考虑的规则,期望法律能反映这些政策的规则,期望他人依此规则行事时,法院通过考虑把事物状态分为对整个社会有利或不利的政策来解决纠纷是公正的。从程序上讲,当已经存在要求法院在解决纠纷时应考虑政策的制度性原则,当政策得到必要的社会支持时,当考虑政策的过程可以由律师复现时,法院考虑政策是公正的。

三、司法创制公共政策的理论难题

如果说我们在"泸州案"中已经看到了,正因为在判决当中将判决的未来影响纳入考虑之中,才保证了相应司法判决的正义,那么我们在一般理论论证的意义上又该如何看待以下这些问题:法院在决定单个具体案件的过程中是否应当考虑其决定所导致的事物状态呢?是否应该鼓励具有积极或肯定特征的行为,例如履行配偶义务、支付债务和履行合同?或者说法院是否应该承担公共政策创制责任呢?即便对这些问题我们都给予肯定回答,也仍然存在法院是否能够胜任上述任务的问题。法官作为公共政策制定者,这种观点可能会引起各种反对和争论,因为一般人们会认为,法官是客观、公平、公正的化身。而制定政策则要求决策者在各种备选项中进行筛选,其筛选的结果对受制于政策权威的人的行为具有约束力。换言之,政策制定者具有裁量权,而这在司法实践当中也会备受争议。目前学界关于此问题的探讨主要采取以下几

---

① [美]迈尔文·艾隆·艾森伯格:《普通法的本质》,张曙光、张小平、张含光等译,法律出版社2004年版,第43页。

种思路:

(一) 司法自由裁量权

以哈特为代表的法律实证主义和以卢埃林为代表的法律现实主义以及与其一脉相承的批判法学、以沃尔特·墨菲为代表的政治法理学,这些法学流派都承认法官在某种程度上执行政策并将其概括为司法自由裁量权问题。比如,法律实证主义为解决其理论自身在面对疑难案件时理论解释上的不足,认为法官在这种情况下需要运用其自由裁量权来决定疑难案件。其中的佼佼者当属哈特,我们以哈特对"机动车辆"的语义分析为例来说明。在哈特看来,法律规则中的一般术语有一个确定意义的内核,但是也存在着一个意义不明确的模糊地带,这就产生了所谓的疑难案件问题,在疑难案件当中语言的习惯用法不会提供任何答案,在这里相反的决定也许都是可以在语言学上加以辩护的,而且在这里法官必须求助于对政策、正义和道德的考量。

再如,沃尔特·墨菲等作为政治法理学的代表显然对法院创制政策问题持肯定态度。他们经由分析表明,不管是在民法法系还是普通法法系,法官都拥有相当程度的自由裁量权,而这意味着法官有非常大的选择空间①。现代政治体系依赖法律作为主要机制之一甚至是主要机制去贯彻实施国家的目标并分配权利和义务。因此,法院和法官,在他们帮助决定和使用"法律"的范围内,不可避免地参与到政治过程当中。在民法法系,法典化运动能够保证法律体系的完整性,其背后的动机则是要控制司法自由裁量。法官的任务仅仅是找到法典的适当条款,并将它们适用于当前案件。完成该任务需要的是高度训练有素的理解力而非创造力。对法律系统的任何司法窜改,哪怕是在特定个案中出于仁慈去减轻法典之有害影响的努力,从长远来看,都必定会通过损害整个体系之理智的完整性和概念的纯粹性而弊大于利。然而,显而易见,没有任何一个学者群体能够预见所有人类行为将会采取的形式,不管其多么博学。因此,民法法系法官很快就开始在制定法律和公共政策过程中运用大量的自由裁量权,而且他们今天还在继续这样做。这就造成了这样一个矛盾现

---

① See Walter F. Murphy, C. Herman Pritchett, Lee Epstein, Jack Knight, *Courts, Judges and Politics: An Introduction to the Judicial Process* (6th edition), Boston: McGraw-Hill Education, 2006, p. 3.

象:尽管民法法系官方的原理对司法权力和自由裁量权运用规定了一个非常狭窄的范围,但是实践中其空间却是非常广泛的。普通法的情况则更为明显。普通法是法庭斗争的产物。普通法规则努力去解决当下的人际冲突,因此必然强调实践的结果而非强调概念的纯粹和逻辑的对称。实际上,普通法一直被认为是法官法。但就普通法的产生来说,它几乎就是法官自由裁量的结果。在诺曼征服英国之后不久,王室的官员——其只有在粗略比拟的意义上可以被称作现代意义上的法官——在全国各地巡回以解决私人争端并惩罚公共犯罪。这些官员声称适用王国的普通习俗而非特定郡或村庄范围有限的传统。哪种习俗是普通的以及哪种是地方的,很大程度上依赖于王室官员的感觉、经验、价值与个人判断,因为既没有可用的合理数据也没有可用的客观标准。

与前述主张针锋相对的观点是,"政治法理学依然是'法理学'。在政治背景中的裁判依然是裁判。裁判与立法或行政始终是不一样的。法官们可以选择,但是他们选择的'自由度'不同于立法者……在对宪法、法律和条例解释时,的确存在空间。但是司法的功能依然只能是解释而不是独立制定政策。认为法官可以自由地裁量,因而并非完全没有政策功能的观点是错误的"①。罗伯特·波克(Robert Bork)也在分析美国联邦最高法院的宪法司法时提出了类似的主张,因为只有当它的裁判是,且被证明是合理的意见:具有坚实的分析,合乎宪法保护多数派和少数派各自的权益时,它的权力方拥有合法性。如果它没有这样的分析,仅仅是将自己的价值强加于人,甚至于用分析来遮掩自己的个人偏好时,它就失去了麦迪逊模式赋予其权利的正当性基础。其结果,要么是引起多数人的暴政,要么是导致少数人的暴政②。显然将法官执行权利还是政策问题作为"司法自由裁量权"问题来讨论,不管是持赞同还是反对的观点,似乎最后都变成"司法裁量权的自由程度"问题,或者变成对"自由裁量权"进行不同界定的问题。德沃金也不例外。他承认法律规定范围内的自由裁量,但德沃金的不同之处在于他将其概念化为他的"原则立法论"主张。

---

① C. Herman Pritchett,"The Development of Judicial Research," in Joel B. Grossman and Joseph Tanen Haus, eds., *Frontiers of Judicial Research*, New York: John Wiley and Sons, 1969, p. 42.
② Robert H. Bork,"Neutral Principles and Some First Amendment Problems", *Indiana Law Journal*, Vol. 47, No. 1, 1971, p. 3.

(二)"原则立法论"——权利与功利

以疑难案件为切入点,德沃金提出了一种他称之为"原则立法论"的司法方法,以帮助法官解决无规则可以依靠的案件中原则的决定性作用。德沃金相信,法官应当根据法律的规范理论来决定案件,该规范理论是指最好地适合于并能够证明"作为整体的法律"这样的理论。德沃金想象中的法官即赫克斯,就是通过建构这种规范理论来决定案件①。如果一个案件找不到可用的规则,则法官须寻找由某一道德立场或道德理论所导出的"原则"来判决,而且这个道德原则是本来已经内在于法律体制之内的。但是该原则必须满足以下两个条件:"那个原则不得冲突于为了正当化他正在实施的法规而先行假定的其他原则,不得冲突于其他法规的任何重要组成部分。"②德沃金试图建构的是一种能够与民主理想更为一致的替代性司法理论。

德沃金指出只有根据原则的论辩也就是基于权利命题的司法判决才能与一个社会的民主理想相一致。因为如果法官是立法者或立法者的代理人的话,那么对于他们来讲,根据政策来做出决定就是合理正当的,但是法官实际上不是而且也不应该是立法者或立法者的代理人,所以他们只能根据原则来做出决断。在民主社会中,根据原则的论辩优越于根据政策的论辩,不在于是否承认法官的原创性,而在于法官这种原创性是用来决断既存的政治权利还是用来推进作为整体的社会之集体目标。"法官一心所念的应该仅仅是依既有的法律该判给人民其法律上既存的权利;法官管的是个人法定的rights,即宣示既有的法是什么,而不是在制定policy,在管公共利益如何增大。这种职责的区分是对权力分立的民主政治文化起码的尊重;⋯⋯法庭被认为不是要去决断一个权利的要求是否正好也符合公益,而是去判定权利的要求是否为既有体制所认可的,而法庭亦是这个既有体制的一个部分。"③

德沃金指出疑难案件当中的判决应当根据并且也确实是根据原则的论点作出的。"根据原则的论辩通过表明该决定尊重了或保证了某些个体或全体

---

① See Lawrence B. Solum, "Virtue Jurisprudence: A Virtue-Centered Theory of Judging", *Metaphilosophy*, Vol. 34, No. 1/2, 2003, pp. 178–213.
② [美]罗纳德·德沃金:《原则问题》,张国清译,江苏人民出版社2005年版,第13页。
③ [美]罗纳德·德沃金:《原则问题》,张国清译,江苏人民出版社2005年版,第18页。

的权利来为某个政治决定提供正当性证明。"①也就是说所谓的根据原则的论辩必须以其"权利命题"(司法判决强制执行既存的政治权利)为前提。而为了证明根据原则的论辩能够满足司法判决的正当性任务,德沃金将其与根据政策的论辩进行了比较,也即根据政策的论辩正好是作为否证出现在德沃金的论述中的。所谓根据政策的论辩,德沃金指的是"通过表明该决定推进了或保护了某些作为整体的社会之集体目标来为某个政治决定提供正当性证明"②。这样来看的话,德沃金实际上要做的恰恰是以司法理论为切入点来剖析作为法律实证主义之理论根基的功利主义在解决司法判决尤其是疑难案件判决之正当性方面的问题与不足,也即法律实证主义理论无法为普通法司法建立一种连贯一致的理论。在民主社会的普通法体系中,功利主义只是为既存的法律提供了正当性根据,因为其符合最大多数人的最大多数利益,即便是该社会中的少数人也被假定有必须遵守这些多数法律的义务;但是对于司法领域中的疑难案件问题,也就是极可能需要法官之原创性的案件来说,功利主义着眼于整体福利的基于政策的论辩无法提供一种令人满意的回答。"有时有两种不同的观点反对在普通法推理中适用政策。第一种观点认为非代议机关涉足政策问题不合适。第二种观点认为在解决一项由两个当事人之间的过去发生的交易所引发的纠纷时,将整体福利考虑进去是不公平的。"③而且似乎在德沃金看来,法律实证主义也不曾为普通法司法理论做出过任何有价值的贡献。举例来说,哈特和德沃金两人都对"肖诉检察总长"一案进行过评议,虽然两人所采取的立场或最后得出的结论几乎是相同的,但是这样做的理由却有着天壤之别。哈特将此案主要界定为法律是否能够强制执行道德的问题,在他看来尽管该道德可能有损于公共福利,但只要没有造成对他人的伤害,以法律的方式强制执行该道德就是错误的。但是德沃金考虑的却是该判决是否基于政治原则的理由而作出,他认为,"被要求基于政治原则理由作出判决的法官原本不会把肖投入监狱,除非他拒绝那项权利是一个道德原则问题,或者他认为

---

① Ronald Dworkin, "Hard Cases", *Harvard Law Review*, Vol.88, No.6, 1975, p.1059.
② Ronald Dworkin, "Hard Cases", *Harvard Law Review*, Vol.88, No.6, 1975, p.1059.
③ [美]迈尔文·艾隆·艾森伯格:《普通法的本质》,张曙光、张小平、张含光等译,法律出版社2004年版,第41页。

英国的实践否认那项权利"[1]。

德沃金所谓的根据政策的论辩颇有些类似于着眼于最大化整体福利的功利主义计算。我们早已经知道,功利主义因其有极大可能造成的对个人权利的漠视或侵犯而受到了诸多学者的批判和攻击,其中最具代表性的当数当代政治哲学家罗尔斯。罗尔斯不仅指明了功利主义的缺陷,而且正是根据对功利主义缺陷的认识建构起了他自己的正义理论。对于像罗尔斯这样的自由主义者来说,在如下两种意义上权利优先于善:"第一,个人权利不能为了普遍利益而牺牲;第二,规定这些权利的正义原则不能以任何特定的良善生活观念为前提。为权利辩护的理由不是这些权利最大化了普遍福利,也不是这些权利促进了善,而是这些权利构成了一个公正的框架,在其中个人和群体能够选择自己的价值和目标,并且与他人同样的自由是相容的。"[2]如果从这个角度来看,可见德沃金也属于自由主义的阵营,他实际上并无太多的开创性工作而只是将"权利优先于善"这种理念运用于司法判决理论当中。而且,他也奉行自由主义对自由的排序,认为存在着"优先的自由",而这种自由需要特别的司法保护。比如有论者认为德沃金实际所做的就是给他偏爱的政策重新贴上"原则"的标签,敦促法官依据这些"原则"决定案件而忽视(其他)"政策",后者被分派给了立法机关[3]。但是,这项复杂的任务只能由拥有"过人的技能、学识、耐心和敏锐"[4]的德沃金式的法官那里得到执行。这种理想化的法官的设定,似乎并未扎根于现实的法律制度之中;其实我们更需要的是在现实的法律制度当中工作的现实的法官。于是,我们可以求助法律过程学派的相关理论主张。

(三) 制度权能——立法、行政与司法

是否法院只能作出"权利"判断,而无法染指"政策"问题呢？它实际上涉

---

[1] [美]罗纳德·德沃金:《原则问题》,张国清译,江苏人民出版社2005年版,第30页。

[2] [美]迈克尔·桑德尔:《民主的不满:美国在寻求一种公共哲学》,曾纪茂译,江苏人民出版社2008年版,第12页。

[3] Bernard Williams,"Realism and Moralism in Political Theory", in Bernard Williams, ed., *In the Beginning was the Deed: Realism and Moralism in Political Argument* 1, Princeton: Princeton University Press, 2005, p. 12.

[4] Bernard Williams,"Realism and Moralism in Political Theory", in Bernard Williams, ed., *In the Beginning was the Deed: Realism and Moralism in Political Argument* 1, Princeton: Princeton University Press, 2005, p. 105.

及不同权力机构之间的职能应当如何分工的问题。此处,我们借用弗兰克福特大法官所提出的"制度权能"(institutional competence)这一法律过程概念来展开分析。"制度权能",意指在一个试图增进公共利益的政府中,每一机构都有一种特殊的权能或专长。好政府的关键不仅在于制定出最好的政策,而且也在于辨识出何种制度应该产生出何种决定而且不同的制度如何能够最有成效地合作[1]。实际上,如果借助所谓"制度权能"的观念,我们会发现,法院是否应该创制政策更是一个制度间比较分析的问题。也就是说,它既可能是一个司法与立法比较的问题,也可能是一个司法与行政比较的问题,又可能是司法与立法、行政这三者之间比较的问题。

我们可以看到,借助"制度权能"观念,弗兰克福特等论者"相信区分政府权力的合法与非法运作是可能的"[2],"在不同种类的争端和不同类型的制度之间可能存在一种自然的、功能的相关性,以致争端的类型能够依据与它们相一致的诸种制度化程序加以协调"[3]。制度权能就可以非常妥当地被适用于基本的执法、立法或管理机构等概念。比如,富勒曾经认为:法庭的特殊任务是根据理性论辩判决案件,只有能够经由理性论辩得以解决的议题才适合于司法决定;当法庭逾越了这一角色,它们便会遭受其作为法律制度的合法性危机,主要因为它们在其权能领域范围外行为。因此,从"制度权能"观念出发,权利与政策的问题最终还是要依靠政府不同权力机构之间的职能界定与职能分工、合作来厘定。

有哪些因素会影响或决定法官发挥公共政策创制功能呢?霍洛维茨(Donald L. Horowitz)是在与行政和立法机构的功能比较中来探讨司法机构的该项职能的。在他看来,在美国法院与法官已经超越了保护被行政行为侵害的当事人权利这个界限,参与到解决问题和保护更广泛的公共利益当中来。司法审查已从程序性事项转移到程序的和实体的问题。而在此前只要行政机

---

[1] See William N. Eskridge, Jr. and Philip P. Frichey, "The Making of 'The Legal Process'", *Harvard Law Review*, Vol. 107, No. 8, 1994, p. 2033.

[2] See Gary Peller, The Metaphysics of American Law, *California Law Review*, Vol. 73, No. 4, 1985, pp. 1151, 1183–1185.

[3] See William N. Eskridge, Jr. and Gary Peller, "The New Public Law Movement: Moderation as a Postmodern Cultural Form", *Michigan Law Review*, Vol. 89, No. 4, 1991, pp. 707, 719–720.

构遵循了相应的程序,法院并不会推翻其行为,除非该行为是"自由裁量权的恣意、反复无常或滥用,或与法不符"或"不被实质性证据支持"①。法院不仅审查行政行为,而且也审查不作为;他们已经要求机构去做机构本身已经拒绝做的事。而司法审查范围的扩大,在他看来,主要是因为法官以前给予行政决定的尊重已趋于单薄。在界定和保护公众利益方面,法院今天发挥着更为突出的、更少间质性的作用(less interstitial role)②。而司法与立法面对的问题有着根本的不同,诉讼根本上是在一个公共论坛进行的私人竞赛,法官面临的问题通常是当事人双方权利和义务的有无,相比之下,立法委员或官员面临的问题则是替代性的选择是什么。而司法的制度框架并不鼓励提出替代性的选择和成本效益的匹配等,因而不是制定社会政策的合适模式。

具体来讲,法院架构问题和援引理由的方式不支持它作政策性判决。法院一次只能决定一个案例,只是以一种特殊的方式决定特殊的案件,在决定过程中,单个案件的事实被重点突出,更为普遍的案件事实被轻视。当事人只能代表他们自己,只能表达狭窄的自身利益诉求。司法只提供有限的机会去查明历史的(法律的)事实,也没有足够的手段去确定发展社会事实。证据规则有助于寻求当事人之间的真理,不是寻求普遍的真理。司法程序将理性作为判决的方式,但是理性并不提供找到合适答案的线索,等等。从法院的这些运作特性来讲,它们在社会政策制定中注定要处于劣势。

当然也有论者持完全相反的立场③。通过与立法的、行政的决策机构相比较,会发现法院在公共政策制定方面,也有其他机构所不具备的优势。比如,立法机构要受制于利益集团的压力,它们所处理的议题几乎是不受其控制的,立法者必须根据政治条件对于政治问题作出政治决定。而法院所处理的议题则直接来自个人,往往比其他政府部门更为接近个人;法官并非根据政治条件工作,他们具有完整的议事日程,他们能够考虑的事实是受控制的;等等。毋

---

① *Administrative Procedure Act*, 10, 5 U.S.C. 701.
② Donald L. Horowitz, "The Courts as Guardians of the Public Interest", *Public Administration Review*, Vol.37, No.2, 1977, p.150.
③ See C. Herman Pritchett, "Political Questions and Judicial Answers", *The Western Political Quarterly*, Vol.17, No.3, 1964, pp.12–20.

第六章 司法的公共政策创制功能

庸置疑,美国的民权运动是由最高法院在由种族隔离受害者提起的诉讼中作出的判决发动的,而该受害者却不一定能够得到听证或者来自总统、国会或大多数州的有效行动。

再如,行政机构一直要忙于应对各种紧急状况,这使它需要快速作出强制性决定,这就导致不太可能一次长时间地专注于任何一个议题。虽然行政机构可以接近非常丰富的信息,但是实际上可能只有一小部分为它所用并在它作出决定的过程中是有效的。而法院有时间考虑他们要处理的问题;他们接受为其决定准备合理的正当性证明的责任,这会将他们前辈的推理和司法的原则考虑进去。这使得法官能够长时间地甚至是不同年代的法官能够跨时代地持续关注同一个议题,由此作出的决定不仅可能是超越时代限制的,而且极有可能也是经得起未来相当长时间检验的。

四、结语:迈向司法政策制定的过程分析

上述关于法院与公共政策之间关系的这些国外的理论主张,可能在某种程度上都传达了一些真知灼见,也是我们在思考法院与公共政策关系问题时非常有益的借鉴和参照。但是,它们的共同点可能正如前述引文所表达的观点,即集中于描述政府机构的形式和合法性,诸如它们的正式组织机构、合法的权力、程序的规定以及功能或活动。各机构间的正式关系也可能作为研究对象,却忽视了更为重要的动态过程中的制度分析。比如,霍洛维茨认为,法院很难完全依靠它们自己来强制政策改变。法院极其缺少检测和纠正意想不到的政策后果的机制,因为它们没有监督机制,没有督查,也没有内幕消息。这些正是司法正当性的当然要求,判决的制作者被隔离于其决定必须起作用的环境。除非当事人向法院提供有关它们的决定所带来后果的反馈,而这种私人的主动性似乎不足以作为政策反省的坚实依靠[①]。我们相信,霍洛维茨如果愿意将关注点扩展至对政策制定更为动态的过程分析,那么他的担心也许就有可能减少甚至消除。

---

① See Donald L. Horowitz,"The Courts as Guardians of the Public Interest", *Public Administration Review*,Vol. 37, No. 2,1977,p. 153.

在国内学者的相关论述中,司法被赋予了诸如解决纠纷、维护社会正义、推动社会进步、确立规则与增强民众参与等众多功能。近几年来也有一些关于法院之公共政策创制功能的研究,既有研究的代表性作品关注点主要集中在最高人民法院。有论者重点分析了最高人民法院创制公共政策正当性以及当代中国社会转型、立法的粗疏与滞后以及最高人民法院角色变迁等背景,说明最高人民法院创制公共政策是可行的和必要的;同时概括出目前我国最高人民法院创制公共政策的方式则主要采取司法解释、司法文件、典型案例和司法审查四种,并提出应该通过确立最高上诉法院的主体定位、实行各种影响因素的程序化、选择案例的形式、实现司法克制下的能动四个方面对最高人民法院的公共政策创制功能加以完善[1]。也有论者以经验描述的方法告诉我们,"至少在金融司法领域,最高人民法院扮演了公共政策制定者的角色,这不仅体现在通常理解的司法解释功能和案例指导功能中,而且体现在案件受理的筛选机制、金融审判专业化的努力和金融监管中行政权与司法权配置等各个方面"[2]。但是既有的研究既没有将注意力更多地投向基层法院及其具体判决,也没有将研究视角扩展到公共政策过程,基于动态的、连贯的政策过程展开制度分析。因此,笔者真切希望本章的尝试会成为那块"引玉之砖"。

---

[1] 参见张友连:《最高人民法院公共政策创制功能研究》,法律出版社2010年版。
[2] 强世功:《法律社会学研究的困境与出路》,载黄韬:《公共政策法院:中国金融法制变迁的司法维度》,法律出版社2013年版,第8页。

第七章

"合乎自然"司法观的转换性创造

有这样一则案例：罗城西门外冯汝棠有一女儿，名叫婉姑，姿容美丽，擅长吟诗，与她家书塾先生钱万青相爱，并私宿，后请媒人说合，准备正娶。罗城纨绔子弟吕豹变目不识丁，但好女色，以重金贿赂婉姑的婢女。婢女进谗言，挑拨离间，同时吕豹变多方游说，托人说媒。汝棠市侩势利，贪慕吕家富豪，竟然悔弃前约，答应了吕豹变的婚事。迎亲的那天，婉姑不从，被强行抬去。拜天地之时，婉姑乘人不备，从袖中抽出剪刀一把，猛刺吕豹变喉部，顿时热血飞溅。婉姑乘乱逃到县衙，要求于成龙为她做主。钱万青闻讯亦到县衙起诉冯汝棠悔婚之事，要求于成龙公断。吕豹变经人救治保住性命，亦到县衙投诉，要求于成龙惩办凶手[①]。

于成龙审明情由之后，做出了如下判决：《关雎》咏好逑之什，《周礼》重嫁娶之仪。男欢女悦，原属恒情。夫唱妇随，斯称良偶。钱万青誉擅雕龙，才雄倚马；冯婉姑吟工柳絮，凤号针神。初则情传素简，频来问字之书，继则梦稳巫山，竟作偷香之客。以西席之嘉宾，作东床之快婿，方谓情天不老，琴瑟欢谐。谁知孽海无边，风波忽起。彼吕豹变者，本刁顽无耻，好色登徒；恃财势之通神，乃因缘而作合。婢女无知，中其狡计。冯父昏聩，竟听谗言。遂以彩凤而

---

① 王若东、刘乃顺、林祥：《天下第一廉吏——于成龙》，山西人民出版社2014年版，第24-25页。

随鸦,乃使张冠而李戴。婉姑守贞不二,至死靡他,挥头血以溅凶徒,志岂可夺？排众难而诉令长,智有难能。仍宜复尔前盟,偿尔素愿。月明三五,堪谐夙世之欢。花烛一双,永缔百年之好。冯汝棠贪富嫌贫,弃良即丑,利欲熏其良知,女儿竟成奇货。须知令甲无私,本宜惩究。姑念缇萦泣请,暂免杖笞。吕豹变刁滑纨绔,市井淫徒,破人骨肉,败人伉俪,其情可诛,其罪难赦,应予杖责,儆彼冥顽。此判。"[1]

如果案件所涉及的情由,"特别是涉及户婚、田土、钱债、相殴一类事件的所谓'民间细故',仅从这一原则性条款的性质,从它着眼于'不应得为'的立场,以及从它背后隐含着不承认任何私人'权利'的文化界限,我们可以推知中国古代的'私法'是怎么回事。事实上,在律、令无正条或只有纲要式规定的情况下,法官所依据的只能是礼俗、惯例、良知、天理、人情,简而言之一个字：义"[2]。但是,本案所涉及的情由既然在当时的法律中是有明确规定的[3],于成龙为什么仍然舍弃法律不用转而依据其他的标准来裁决呢？他这样做在当时能够被认为是正当的吗？于成龙的裁判主要依据的是《诗经》《周礼》之义这些中国古代社会的文化典籍当中所阐说的道德礼仪。或者说,在这种情况下——不用律令正条规定的,而依据道德礼仪等标准——进行裁断,就会产生诸多对法官的质疑与不信任。因为采用什么样的标准,最后倾向于得出的结论到底是怎样的,这些全依仗法官个人对于纠纷解决、社会秩序建构和仁义道德等的理解和把握。诚如我国古代法官一样,在所谓的典籍当中来寻找解决某些纠纷的标准是否会使法官的裁判陷入不确定的状态,是否会使当事人的诉求仅仅沦为法官依凭个人好恶而作出的偶然的、专断的决定

---

[1] 王若东、刘乃顺、林祥：《天下第一廉吏——于成龙》,山西人民出版社2014年版,第24-25页。
[2] 梁治平：《寻求自然秩序中的和谐》,中国政法大学出版社2002年版,第189页。
[3] 如若依据清朝第一部综合性法典《大清律集解附例》(简称《大清律例》)来判案的话,结果会怎样呢？1.对冯婉姑刺伤吕豹变,如果判定他们"夫妻"关系成立的话,则《大清律例·刑律·斗殴下》明确规定："凡妻殴夫者,杖一百；夫愿离者,听。至折伤以上,各加凡斗伤三等；至笃疾者,绞；死者,斩。故杀者,凌迟处死。" 2.对钱万青、冯婉姑"私宿"行为,《大清律例·刑律·犯奸》规定："凡和奸,杖八十；有夫者,杖九十。……其和奸,……男女同罪。" 3.对冯汝棠悔弃婚约,《大清律例·户律·婚姻》规定："若许嫁女,已报婚书及有私约而辄悔者,笞五十；虽无婚书,但曾受聘财者,亦是。""若再许他人,未成婚者,杖七十；已成婚者,杖八十。"参见翟书俊：《浅议关注民生的于成龙"婚姻不遂案之判"》,《时代文学(下半月)》,2008年第6期,第196-197页。

的牺牲品呢？对于这个问题的回答，人们往往会走向两个极端，即认为法官面临着的选择要么是一方面严格屈从于法律，要么是另一方面摆脱一切束缚，做自己认为是正确的事情。但是这个问题远比这一简单回答所设想的要复杂得多。

对于中国传统司法，人们通常的认识是"在传统中国的司法领域中，司法活动最为显著的特点，就是排拒形式主义司法的要求，极力追求和注重所谓'实质公道'原则。……裁判的依据并不仅仅是具有法律效力的规范，往往要考虑到神圣的传统、家族背景和个人品性，并且依据具体情况的不同而不同。因此，传统中国司法体系不是形式主义的司法系统，而是一种以实体性公正为追求目标的伦理型的司法类型"①。这样一种认识也在很大程度上折射出我国现代法学研究当中的一种基本态度与立场。与施特劳斯挑战西方现代社会政治法律秩序相映成趣，我国的法学（司法）理论，却往往以西方近现代法律原理为认知起点。这种迎合他者对自己进行描述和解释的状况，并非时下才有。正如杨念群所指出的："自五四以来，中国思想界出现的各种流派，无论是持全盘西化观点的自由主义派别，还是弘扬国粹的文化保守主义，乃至鼓吹社会变革的激进社会主义思潮，几乎毫无例外地都是援引某些西方的社会理论以为自己的后援。比如形式上最为保守的新儒家梁漱溟也恰恰是利用欧洲观念史的思路来定位中国传统文化的价值"②，以至于到今天，我们在评价和表述中国的问题时几乎没有自身的标准与理据。具体就司法理论而言，中国传统的裁决形式往往会淹没于西方以权利为标示的观念类型之中。以于成龙在"冯婉姑案"的审判为例，我们今天既会对其裁判依据感到陌生，也会对其裁判效果持有疑义。进一步来说，无论对它做出何种判断，我们似乎皆是以合乎权利与否的观念来评判的。那么，对这种背离当时有效的成文律例《大清律例》，依据《诗经》《周礼》之义，尊崇"男欢女悦，原属恒情"这类人伦常情的司法运作到底该如何认知呢？

需要说明的是，中国古代并非所有案件都遵循"冯婉姑案"的判决思路和

---

① 公丕祥：《全球化背景下的中国司法改革》，《法律科学（西北政法学院学报）》2004 年第 1 期。
② 杨念群：《杨念群自选集》，广西师范大学出版社 2000 年版，第 41 页。

方法。在传统中国案件分类当中的所谓"词讼"一类案件中,通常才会出现这样明显地背离律例、不受规则限制或者说在法律的规定之外灵活处理案件的情况。对此,有论者指出,"总体而言,词讼与案件分类,既与案情本身的性质与构成要素有关,同时也和事后判决结果及量刑的轻重相连,词讼为枷杖以下,案件为徒刑及以上。这两类诉讼裁决时的依据各有不同:词讼的裁决主要以官员对情理、习俗和对公平正义的理解与把握为依据;案件的裁决则主要以律例为依据(断罪引律例)。不过,公平正义和情理习俗等因素与当时的法律规范未必截然两分或对立"①。因此,在这里笔者对中国传统司法问题的讨论主要限定在"词讼"司法上,而非所有案件的审理活动。

对于"词讼"这种司法运作类型的解释,清朝名幕汪辉祖有过十分精辟的概括:"幕之为学,读律尚已。其运用之妙,尤在善体人情。盖各处风俗,往往不同,必须虚心体问,就其俗尚所宜,随时调剂,然后傅以律例。"②意思是说,司法者除了掌握国家法律,还应细心体察一地的风土人情,以使案件裁决与当地民情相契合,不致滋生非议。但对于"词讼"所体现的传统中国法的特性等问题的理解,论者的观点或有出入,但无外乎:"甚至可以说,儒家道德观念在帝制时期中国法律中扮演的角色,某些方面类似于形式主义权利原则对基于先例的英美普通法所起的作用。两者均在某种程度上结合了理想和实际考虑。当然,差别在于,中国法中的这种结合——我称之为'实用道德主义'——并不强求以法律推理的方式将所有的司法判决都归入其道德前提之下,而这种法律推理方式是韦伯式的法律形式主义所坚持的"③;"从远古一直到19世纪终了,中国知道并且使用一种非常独特的、与大多数西方国家所接受的希腊、罗马观念极不相同的法的概念。这一中国概念虽然不是儒者们的创造,但至少是被他们异常精确地表述出来的。或许可以说,两千五百年来,中国是靠着'儒家的玄想'来维持的,靠着它关于人类秩序与自然秩序相互作用的理论、关于君主对社会与宇宙之间和谐负责的理论、关于依靠对礼仪的示范和遵守而

---

① 邓建鹏:《词讼与案件:清代的诉讼分类及其实践》,《法学家》2012年第5期,第129页。
② 邓建鹏:《词讼与案件:清代的诉讼分类及其实践》,《法学家》2012年第5期,第126页。
③ 黄宗智:《经验与理论——中国社会、经济与法律的实践历史研究》,中国人民大学出版社2007年版,第316页。

非法律和惩罚而达于和谐的理论。中国实在法所特有的近代法典编撰之前的表征，就浸淫于这种玄想之中"①。简言之，学者们都认为，以"词讼"为典型代表的传统中国法（包括司法理念）与儒家道德观念，几乎可以说是一枚硬币的正反两面而已，即"词讼"为代表的传统中国司法的一个根本特性为各种（司法）问题都在同一个问题体系之中②。然而对它的进一步辨析，学者们却往往是按照西方的法学知识分类、司法类型等进行的。如此一来，它被以西方的观念类型重组和解释，这样常会损害传统中国司法本身的思想意义和存在价值，这样好比按照书架的结构去重组椅子一样会破坏本来的性能。

那么，以"词讼"为代表的传统中国司法到底该做何种解释呢？为了与西方所谓的"合乎权利的司法"相对应，本章将传统中国司法界定为"合乎自然的司法"。所谓"自然"，类似于价值共识，"法律中贯穿了诸多政治价值，当广大公众赞同这些价值时，这些价值就为假设和前提提供了背景，而不是争论不休的战场。那些不受挑战的东西，看起来就像是自然的，而不是政治的"③。因此本章接下来将逐步剖析"合乎自然的司法"的价值共识问题及其哲学根源，以及在此基础上形成的传统中国司法观。

一、"合乎自然的司法"之价值共识

中外诸多学者看待中国古代法官的司法就好像是"以实体性公正为追求目标的伦理型的司法类型"，比如公丕祥借用韦伯的相关论述表明，"在传统中国的司法领域中，司法活动最为显著的特点，就是排拒形式主义司法的要求，极力追求和注重所谓'实质公道'原则。……裁判的依据并不仅仅是具有法律效力的规范，往往要考虑到神圣的传统、家族背景和个人品性，并且依据具体情况的不同而不同。因此，传统中国司法体系不是形式主义的司法系统，而是一种以实体性公正为追求目标的伦理型的司法类型。在传统家长制的条件下，官吏不是根据形式的法律和一视同仁地来进行审判，而是按照神圣传统所

---

① 梁治平：《寻求自然秩序中的和谐》，中国政法大学出版社2002年版，序言第3页。
② 参见赵汀阳：《没有世界观的世界》，中国人民大学出版社2003年版，第159—179页。
③ ［美］理查德·波斯纳：《法官如何思考》，苏力译，北京大学出版社2009年版，第214页。

能允许的原则和范围来审理案件"①。单以"下不为例"这一民间俗语为例就可以窥见在传统中国语境下建立"合乎权利的司法"之困难程度。"下不为例"出自明代余继登《典故纪闻》："疏闻，英宗谓吏部臣曰：'此人子之至情，予以移封，后不为例。'"清代张春帆《宦海》第十八回亦提道："既然如此，只此一次，下不为例如何？"意思是下次不可以再这样做，只通融这一次。至于是否可以做到下不为例不是我们关心的，我们要注意的是它的言外之意是这次已经破例了。

而"合乎权利"的意思是不管任何人、任何地点，只要境况相同，大家都会受到一样的待遇。若按照"合乎权利的司法"逻辑来判定，"合乎自然的司法"势必会产生英国法学家布莱克斯通所担忧的状况："没有衡平的法律，尽管刻板和让人厌恶，但对于公益而言，却比没有法律的衡平更值得人们追求，因为后者将会使每个法官都变成立法者。不同法官在思维方面的能力和感觉不同，会导致法庭对同样行为制定出许多不同规则，进而会引发无穷混乱。"②传统中国司法中，尤其"词讼"类的案件并不被强制必须遵循正式的成文律例，即便到了清代，民间词讼的数量仍增加明显，但仍然只是民间同类纠纷中极小的部分，而且只有少部分由官府裁断，多数仍发回民间③。"对于词讼，官方并不完全致力于厘清双方具体权利归属，保护当事人应得利益，而是想方设法如何平息纠纷，多数情况下律例只是其参考依据之一，并无必然的法律拘束力。只要能解决当事人间的纠纷与冲突，官员突破律例做出裁判并无不可。"这时，先例、习惯、道德规范等都可能成为官府裁断的依据。

"秦朝的政体建立于法家思想的基础之上。法家认为，社会结构和经济结构、法律、价值观，以及（也许是最重要的）语言都是社会习惯，都是人的意愿而不是自然的产物。它们的合法性即在于它们能够增进国家利益。……虽然汉朝的统治者们保留了大部分秦代的法律制度，他们及他们的理论家们却毫不

---

① 公丕祥：《全球化背景下的中国司法改革》，《法律科学（西北政法学院学报）》2004年第1期，第4页；也见[德]马克斯·韦伯：《儒教与道教》，洪天富译，江苏人民出版社2003年版，第122-124、174页。
② 参见[美]阿德里安·沃缪勒：《不确定状态下的裁判：法律解释的制度理论》，梁迎修、孟庆友译，北京大学出版社2011年版，第23页。
③ 参见梁治平：《清代习惯法：社会与国家》，中国政法大学出版社1996年版，第172-173页。

犹豫地批评秦律的残酷和专断。他们说,秦律违背自然,造成了王朝的覆灭,而汉朝的兴起则是自然的和必然的。""无论是坚持汉初的黄老学说,还是坚持汉儒的学说,理论家们一致认为,统治者和制度必须与宇宙秩序和谐,以求合乎正统。"①

如果从西方的观察角度看,至少在民事方面,中国古代司法似乎并无"法律"或"权利"可言。"如果州县享有极权,那么便不可能存在独立于统治者意志的法律权利。如果州县只充当调解人的话,那么就谈不上有什么前后一贯的法律体系,或旨在保护个人权利的法官。进言之,如果州县官行使的指导原则是息事宁人的话,就不会有真正的判决。"②因此,西方概念中的很多民事案件诸如邻里口角、琐事纠纷等等,在中国古代不仅会存在官方在律例之外裁判的可能,而且官方也准许甚至鼓励亲邻从中调解,平息纷争。如此这般的司法运作即是因为官府相信"乡党耳目之下,必得其情,州县案牍之间,未必尽得其情"③,所以由民间自行调处比由官府审断会更为允当。若按照合乎权利与否的逻辑来看,这样一种根据情理习俗灵活地对待制定法的司法运作,也许不仅会带来个案的不公正,而且还可能增加整个法律体制的不确定性并加重治理的负担。为了明确这些问题,最重要的还是要探寻"权利"或"合于权利的司法"的缘起,以防止一方面依据他者意义上的问题意识看待传统中国司法的思想意义和存在价值,另一方面却对作为评判依据的他者意义上的问题意识一知半解。

(一) 社会层面的价值共识

那么,为什么英格兰的普通法能够发展出抽象"权利"的理念,而中国古代的法官司法却没能产生这样的观念。对于这个问题我们可以以英国法律史发展中从习惯到权利规则的转变为例来说明其中的玄机。密尔松在《普通法的历史基础》一书中开篇即指明,欧洲人的习惯由于偶然的原因两次演化为理性的法律制度,也就是罗马和英格兰这样两种法律制度。今天,统治着世界大多数地区的法律都是从这两种法律制度派生而来的。构成普通法的内容的,就

---

① 参见梁治平:《清代习惯法:社会与国家》,中国政法大学出版社 1996 年版,第 172-173 页。
② 黄宗智:《清代的法律、社会与文化:民法的表达与实践》,上海书店出版社 2007 年版,第 65 页。
③ 《牧令书》。

是那些社区实体的习惯。这些社区的地理界限在某种情况下，又是区分人和文化的界限，而并非仅仅是地理界限。在某些情况下，它不仅意味着政府管辖的范围，而且把人和文化区别开来。不过在每一种习惯的适用范围内，那些被我们视为法律的东西，其实并未与社会的其他方面割裂开来。虽然王室法院在很大程度上也只是在实施这些习惯中体现的规则，但是它实际上结束了适用这些习惯的封建司法体系，并且不得不由自己来适用它们。不过，适用这些习惯的法院的变化却改变了习惯的性质。"位于习惯产生的社区以外的王室法院不可能从社区管理的角度来看待这些习惯，它认为这些习惯只是一些规则和抽象的权利。此外，因为它最初干预封建采邑法院是由于这些法院社区管理的职能可能导致不公正的结果，所以它适用的规则具有改变过去的做法的效果。……即使像分配牧场这样更明显地具有管理性的安排也令人吃惊地转变为一种抽象的财产权。"①从这段论述中可以发现，本来具有丰富内涵与地方特性的习惯，在英国司法审判权的中央集权化不断强化的过程中彻底转变为抽象的权利规则。

我们似乎可以这样来评判英国法律发展过程中的这一转变，也就是它事实上面临一种危险，亦即将那些并非每个人都接受的价值观强加于人。我们不情愿赋予那些政治以某种特定的目的或目标，这反映出我们对个体权利的关心。我们将政治看作一种程序，它使每个人都能够选择自己的目的。卡内冈是这样看待普通法的这种特质的，普通法在最初意义上——往后亦持续了很长一段历史时期——是关于自由佃户这一封建阶层的法律，因为它主要解决封建制度中的一个核心问题：谁能从谁那儿得到什么，并以什么为代价。"罗马法中关于绝对财产权的理念，对英格兰的封建领地法而言，显得非常遥远，后者的产生，主要基于两个平行的理念——一个人从另一个人那儿获得并持有某物（物的因素），同时也就与该人建立起了一种特定的关系（人的因素）。……普通法发端之时，并无民主可言，但它也不具有专制的特点，因为它是建立在以隶属关系为中心的封建习惯上的。这种隶属关系并不是单方面的

---

① ［英］S.F.C.密尔松：《普通法的历史基础》，李显冬等译，中国大百科全书出版社1999年版，第3页。

第七章 "合乎自然"司法观的转换性创造

服从,而是依托于契约自由基石之上,双方互享权利,互负义务。"①

相较于英格兰,就中国古代社会的情形而言,它的官方行为规矩与地方的行为规矩之间不会产生具体内容上的差异和理解上的嫌隙。因此,没有进一步以所谓的抽象"权利"观念与"权利"规则来保证帝国法治之统一的基础和必要。在传统中国,"不错,典章制度不可或缺,法律的威严也要时时加以强调。然而,圣上的贤明和官吏的廉正不能靠外在的规范来保证,相反,倒是个人内在的品行、修养可以决定政制的存亡。这并不是因为外部的规范不足以约束个人,而是因为那种可以有效约束个人的外部规范从来没有——在中国传统文化的氛围中也不可能——建立起来"②。这种司法运作也同样是以中国古代社会在基本价值选择问题上具有广泛的共识为基础和前提的③。而这种价值共识就是自然的。波斯纳举例说明这一观点,比如为什么社会不赞同食人或溺婴,这并不仅仅是一种政治看法。正因为人们对此具有广泛的共识,所以它也就像是自然的。而且,一个社会所取得的共识性程度越高,规则或权利所能够发挥作用的空间就越小。因为众人在基本价值选择问题上具有广泛共识,所以官方在大多数情况下就没有必要再以权威性"立法"的方式来明确到底人们需要的是什么、人们可以做的有哪些事等这类"私法律"问题。司法自然也就可以在基本价值共识的框架内来照顾到"零售"的正义,而非"批发"的正义。

而这正是亚里士多德对于政治的看法,在他看来,政治的目的并不在于建立一套中立于各种目的的权利框架,而是要塑造好公民,培育好品质。"任何一个真正的城邦——而不仅仅是名义上的城邦,必须致力于促进善这一目的。否则,一种政党就沦为一个单纯的联盟……否则,法律也就变成一种联盟……'是对人们权利的一种担保'——而不是它应当成为的那种例如能使城邦的成

---

① [比]R.C.范·卡内冈:《法官、立法者与法学教授——欧洲法律史篇》,薛张敏敏译,北京大学出版社2006年版,第72页。
② 梁治平:《寻求自然秩序中的和谐》,中国政法大学出版社2002年版,第83-84页。
③ 实际上,在笔者看来,西方的"自由民主"观念本身就是以本社会及其成员在某些重大的价值选择问题上基本上会达成一致意见为前提的。比如说契约论,不管是传统的还是被罗尔斯改造了的,之所以契约本身能够有效是因为这是一种能够达成一致意见的一种过程,契约本身的含义就是合意,就是达成一致意见。

155

员变得善良和公正的生活规则。"①当然,亚里士多德的这种见解也可以从侧面映衬出中国古代法制所可能和应该具有的,而为我们今人所视而不见的某种优越性;这种优越性是值得我们去不断探寻与发掘的。

后世之人谈到中国古代人对待诉讼态度时,常讲其"厌讼"而追求"无讼"的理想与"和谐"的秩序,这样的解读在笔者看来常具有隔靴搔痒之感。首先,此处的"无讼"之"讼"似乎应作限定,而更多情况下这个问题却被忽略。明代"海青天"海瑞曾作出过如下表述:"大抵皆因风俗日薄,人心不古,惟己是私,见利则竞。以行诈得利者为豪雄,而不知欺心之害;以健讼得胜者为壮士,而不顾终讼之凶……"②依照他此番言论的具体语境来看,他并不是在批评所有诉讼皆可作如是观,而仅仅是在谈到淳安县"词讼"繁多的原因时才这样讲的。这是因为对于词讼类案件所涉之问题,诉诸官府解决,可能"于法无据"先不说,即便有明文的律例规定,官方也可能参照律例之外的社会惯例等来解决。那么,如何来解读这种官方法律之外的判决依据的法律地位呢?从某种意义上说,官府所适用的即是法律。这里,不但习惯与法律,而且民间法与国家法的界限也变得模糊起来③。而之所以二者可以被模糊起来,主要因为它们实际上具有共同的价值基础;正是有了这种价值基础的依托,中国古代官方与私人的法律可以呈现为一个有机整体,而非格格不入、截然两分。

其次,中国古人对待诉讼的这种态度似乎更为契合"司法为社会正义的最后一道防线"这一西方语境下的论断,如果坚持这一见解的话,相信任何一个社会都不会鼓励人们去积极诉讼。在现代西方的自由民主的法治国家里,比如美国,法官们常常为诉讼所累。唐纳德·L.霍洛维茨指出,在过去的二十年中(指二十世纪六七十年代),美国人越来越多地指望法院解决他们的一些最棘手的社会问题。法院已经被要求为如下事项制定规则,例如融合学校和社区、保护环境、控制警察和改善穷人的命运。他们还取消了高中文凭作为消防

---

① [美]迈克尔·桑德尔:《公正:该如何做是好?》,朱慧玲译,中信出版社2012年版,第220页。
② 《海瑞集》上册。
③ Mark A. Allee, "Code, Culture, and Custom: Foundations of Civil Case Verdicts in a Nineteenth-Century County Court", in K. Bernhardt and P. C. C. Huang ed., *Civil Law in Qing and Republican China*, Standford: Stanford University Press, 1994, pp. 134-135.

员工作的要求,暂停了汽车轮胎和安全气囊的性能要求,并决定必须给墨西哥裔美国儿童提供双语教育①。从这些示例可以看出,法官一直非常忙碌于操劳其并不熟悉的领域。在笔者看来,造成这种"诉讼爆炸"的主要原因是人们往往将司法作为解决争议的第一道防线,而非最后一道防线,而这根本背离了司法这项制度设置的初衷。

(二) 职业层面的价值共识

如果说"权利"缘起问题的考证比较的是静态意义上的法律及法律制度,那么如果我们将目光移向具体法律与司法实践当中的法律(法律理由),我们则要细细品味法官具体推理过程中对法律及法律理由的运用。这时我们的视角将局限于所谓的法律职业共同体。所谓的法律职业共同体,在英美等国主要是指法官和律师,当然还会包括立法者、执法或管理人员,有时还有其他一些人。在共同的普通法传统或制定法体系的约束之下,共同体成员有可能分享过去实践当中形成的解决法律问题的方法和经验,而且又由于社会和职业背景相同,法官的思维可能非常相似,根据一个分享的前提展开辩论可能导致客观上可验证的结论。在未来可能出现的案件中,他们极有可能作出相似的判决。而在中国古代法律职业共同体则主要是指身兼行政与司法二职的地方官员。也就是说,在中国古代的司法制度中,法官是由朝廷派往地方的行政官吏兼任,司法只是他们作为父母官职责之中的一部分。因此,"于听讼之际,尤当以正名分、厚风俗为主"②,"且讼之为事,大概不离伦常日用,即断讼以申孝友睦姻之义,其为言易入,其为教易周"③。论者往往强调其间所着力的古代司法的"明刑弼教"等所谓的司法教化功能。但笔者在这里看到的却是此种司法教化功能得以发挥的前提或根据,也即司法或教化绝不可能脱离伦常日用,或者说如果我们不能窥见司法教化中为教化者所共享的价值共识,则就会像当年杰里米·边沁质疑普通法司法而忘却了其曾经存在的自然法这一基础一样。

---

① Donald L. Horowitz, *The Courts and Social Policy*, Washington: Brookings Institution, 1977, pp. 293-298.
② 《名公书判清明集》第1卷。
③ 汪辉祖:《亲民在听讼》,载汪辉祖:《佐治药言 学治臆说》,辽宁教育出版社1998年版,第51页。

"普通法是由法官基于一个人为他自己的狗而制定法律一样的原则造出来的——他等待着,直到狗做了他不喜欢的事情,然后为此事而惩罚这只狗。"[1]这是边沁在反驳阿什赫斯特法官关于"每一个人都幸运地知道他所遵循的法律意味着什么"这一断言时做出的类比。但是也有论者认为边沁之所以有这样的认识,是因为人们几乎不承认中世纪关于自然法的存在和内容的共识逐渐崩溃这一事实。此前,柯克和利特尔顿援引理性作为最高的合法性检验的标准,至少对法律理性禁止什么意见一致。或者如布莱克斯通(William Blackstone)所言,"聪明的做法就是要求,作为一般命题的法律原则和定理都要来自抽象了的理性,并且不迎合时代或某些人,它们应当存放于法官的心中,应当不时适用于在法庭上得以恰当确认的事实"[2]。18世纪后,理性逐渐回归自身,司法判决就好像是建立在事实发生以后产生的规则的基础上似的[3]。这样就难免使人担心期间可能的任意与妄断。恰如边沁所言,实际上英国人是很担心法官的自由裁量权的,其中比较重要的一项保证措施就是英国法官的遴选机制。英国从少量同质的社会和职业精英中挑选法官。他们都是资深出庭律师,而一个人除非是社会上层成员,不大可能成为出庭律师,因为由于禁止出庭律师组成律所,在从业确立自己的地位之前他不可能挣钱活下来[4]。

为诸多论者所强调的官方尤其是法官行为的一致性,在德沃金那里得到了最为极致的强调。德沃金的基本理论主张是在每一个案件当中可能存在一个唯一正确的答案,因为法官用以裁判案件的原则要确保最适合于先前的法律素材。当然这一主张要求法官预设一种视法律处在最佳状态的理论,德沃金称之为"作为整体性的法律",其视权利命题为可接受的并且法律素材根据它得到解释。权利命题的中心意旨是,法律共同体通过它的强制性法令,能够尊重所有公民得到平等关爱和尊敬的基本权利。法官有望选择能"最适合"于

---

[1] Jeremy Bentham, *The Truth Versus Ashhurst*, London: R. Carlile, 1835, p.11.
[2] William Blackstone, *Commentaries on the Laws of England: A Facsimile of the First Edition of 1765—1769 (Vol. III)*, Chicago: University of Chicago Press, 2002, p.379.
[3] 参见[美]约翰·V.奥尔特:《正当法律程序简史》,杨明成、陈霜玲译,商务印书馆2006年版,第27-28页。
[4] 参见[美]理查德·波斯纳:《法官如何思考》,苏力译,北京大学出版社2009年版,第144页。

先前法律素材的原则,就像造法进程中小说的合著者一样,他自己关于公正、正义与正当程序的潜在意识形态承诺要受制于一种需要,即保持与该法律共同体早期决定相一致的需要,而这一法律共同体甚至被看作一个合体人(communal person)①。于是,此合体人应当"会遵照德沃金所设想的一套放心的人际伦理规范即一个人应当行为连贯有始有终,同时努力达到公正、正义与正当程序等经典政策目标"②。也就是说,只有借助于司法进程中这一几乎合为一体的法律共同体概念,德沃金关于其权利命题的全部论述才不会沦为一纸空谈。

作为同为"法官法"的英美等国与中国古代的司法,法官等作为一个具有价值共识的共同体是尤其重要的。"尽管在数百年间发生了变化,但是我们可以公道地讲,'现在的英国法就是六百年[前]的英国法',黑尔坚持认为:就好像'阿尔戈号船在返航靠岸时,仍是出发时的那艘船,尽管它在漫长的航行中不断地进行修补,几乎没带着它以前的任何材料返回'。"③保持那艘船能够航行并返航,既是法官的职责之所在,亦是法官司法的界限与限制。而这艘船既是形式的,也是实质的;我们切不可完全将这种价值共识进行实体性的处理和归结。

在笔者看来,中国古代司法官所具有的价值共识同样不仅仅只具有实体性的含义,而且很大程度上也具有形式性的含义,它是一种人人都心照不宣的有形规制。它不仅体现在人们的日常行为与行为评判当中,而且也实实在在地被包含在古代权威典籍当中,于当时的人们来讲它是明确的而且是稳定的。传统的习惯、经验和偏好等充分界定了法律共同体的特征,把它视为一个独特的解释共同体,主要的任务就是解释法律。这个共同体运用相同的技艺适用规则、判例及政策等来裁判疑难案件,从而在整体上协调判决并维持法制的统一。有了形式与实质的双重保证,就不必担心所谓的法官自由裁量问题了,因为这种自由裁量本身就具有非常强大的规范性与确定性;只要法官能够在该规范所保证的范围内做决断,不管是何种决断,就会在很大程度上是可预见的和确定的。这种决断所给予人们的行为预期也将会是非常明确与合乎情理的。

---

① Ronald Dworkin, *Law's Empire*, Cambridge: Harvard University Press, 1986, pp. 225, 255.
② [美]邓肯·肯尼迪:《判决的批判:写在世纪之末》,王家国译,法律出版社2012年版,第87页。
③ [美]波斯特玛:《边沁与普通法传统》,徐同远译,法律出版社2013年版,第7-8页。

二、"合乎自然的司法"之理论核心:"整体性的法律观"

梁治平也曾指出,清代习惯法已经具有了一定程度的统一性,在一些重要的习惯法制度上实现了不同地区之间最低限度的共识,表现为一些重要的制度流行于一省、数省乃至全国,其原则只有微小的不同①。如果根据前文所述,我们已经在某种程度上承认一种以价值共识为基础的法律或司法观,那么这种法律或司法观的核心特征应该如何来体认呢?从权利与自然的关系以及法律与道德的关系来看,"合乎自然的司法"彰显的是一种"整体性的法律观",不仅现存的法律材料具有一定程度的整体性,而且官员也会以最有吸引力的方式来理解这些法律材料并对具体个案作出相应的处理。这种"整体性的法律观"可以区分为以下两个层面:

(一) 权利与自然

"合乎自然"并不是在西方所谓的"权利与自然"相对应的意义上来讲的,在西方的哲学以及社会科学探讨中,"自然"与"权利",通常主要是以一对相对应的范畴而存在的。在《自然权利与历史》一书当中,施特劳斯主要论述了"权利"如何被剥离于"自然"的历史与理论。大致来说,他认为,事物之间"自然的"区别大大不同于那些因群体而异的事物之间的武断任意的区别;也就是说自然(客体)与权利或正当(主体)之间构成了一种二元的结构关系,"自然一经发现,人们就不可能把自然族群的与不同人类部族所特有的行为或正常的行为,都同样看作是习惯或方式。自然物的习惯被视为它们的本性(nature),而不同人类部族的'习惯'则被视为他们的习俗"。"法律声称它使得初始事物或者'在者'彰显出来了。反过来,法律又是从群体的成员们的协定或习俗那里获得其约束力的。法律或习俗有着隐匿自然的趋向或功能;……按照此种理解,存在方式之间最根本的区别在于'真实的存在'和'依靠法律或习俗的存在'之间的区别……"②换言之,在施特劳斯看来,

---

① 梁治平:《清代习惯法:社会与国家》,中国政法大学出版社 1996 年版,第 173 页。
② [美]列奥·施特劳斯:《自然权利与历史》,彭刚译,生活·读书·新知三联书店 2003 年版,第 91、92 页。

第七章 "合乎自然"司法观的转换性创造

以"大小外套"的案例①为例,依据"真实的存在"的司法即是"公正的所有权"问题、"自然正当"的问题,而依据"依靠法律或习俗的存在"的司法就是"合法的所有权"问题、"权利平等"的问题。因此,"合乎权利的司法"的核心问题是司法如何保障权利平等或者如何规范与实施权利的问题,而"合乎自然的司法"的核心问题则更多是司法所保障或实施的这种权利。

由此一来,司法过程中的"合法性问题"与"公正性问题",在具体司法实践当中就转化为这样一个根本性的困惑:法官经常面临着合法司法与公正司法的两难选择。也就是说,司法过程中合法性与公正性时或存在着某种分离。之所以会存在这种分离是因为持有此种观点的论者假定了法律与正义不是同一的,二者之间存在着一种批判性的距离。举例而言,有论者主张,"法官也知道,自由主义要求法治,它禁止任何人去挑战已经被正式创制之后的法律,除非法律本身要求这样做的时候。那么那些想要忠诚于正义的法官的责任又是什么呢?又是何种荣誉或崇高能够存在于如下工作中,即一个人不仅要留心,而且要帮助政府去做他知道是错误的事情?迄今为止,我强烈地感到法律是一种杰出的或丰富的实践推理形式,法律的力量来自它要求法官抹去他或她自身这一事实。司法就是通过成为法律的一个工具而促进正义的。"②正是因为正义具有对于司法的某种审视或批判作用,所以才会产生具体司法实践当中的这种法律适用的矛盾。那么我们是否可以通过消解掉二者之间的这种距离来弥合这种矛盾呢?也就是说中国古代司法是否可以被认为根本就不会存在司法过程中的"合法性"与"公正性"分离的问题,抑或它本身就能够恰到好处地解决二者之间的矛盾呢?这就是本章所谓"整体性的法律观"的用意所

---

① "一个大孩子有一件小外套,一个小孩子有一件大外套。大孩子是小外套的合法拥有者,因为他或者她的父亲买了这件外套。可是,这件外套对他来说并不好,不适合他。"如何解决这个问题?施特劳斯告诉我们,按照"苏格拉底-柏拉图-斯多亚式的自然权利论","明智的统治者因而就会从小孩子那儿把大外套拿走,给了大孩子,而丝毫不考虑什么合法所有权的问题。我们至少得说,公正的所有权与合法的所有权是完全不同的两回事。如若真有正义存在的话,明智的统治者就必须给每个人分派他真正应得的东西,或者依据自然对他而言是善的东西。他们只会给每个人他能够很好利用的东西,而且会从每个人那里拿走他不能很好利用的东西。"参见[美]列奥·施特劳斯:《自然权利与历史》,彭刚译,生活·读书·新知三联书店2003年版,第149-150页。

② Anthony J. Sebok, *Legal positivism in American Jurisprudence*, Cambridge UK: Cambridge University Press, 1998, p. xi.

在,意思是我们认为中国古代司法确实在"合法性"与"公正性"分离的问题上符合一种"整体性的法律观",即"合法性"与"公正性"是一个不可分割的有机整体。

所以,我们还可以从西方与中国对待立法的不同态度来说明中国古代之"合乎自然的司法"。这首先需要从西方的自然法观念或自然权利等说起。边沁认为,自然法以及与此类似的自然正当、理性法等无论如何自我标榜为自然的、客观的,它们都只不过是这些观点的作者本人个人主观情感的表达而已,而且这些观点的共同危害在于,它们掩饰、伪装和助长(实际的或意向的)专制,因为这些思想方法和论辩方法都是把个人的说成是所有人的,而一旦这些方法与权力相结合,极易带来实际的专制,尤其在立法的过程中。但是,之所以产生此种判断的原因是西方的法律发展情况与中国古代不同。而在中国古代法中却最终并没有形成官方法规在私人事务领域当中的绝对主导权力,相较于西方大多数国家的权利法治而言,中国私人事务领域享有着更大程度的自由和自治。这种根本性的差别决定了在回答"为什么根本应该存在法律"这一问题时,西方与中国的答案是大相径庭的。

在《立法理论》中,边沁陈述如下:"最大多数人既无足够的意志力量亦无足够的道德敏感性,将他们的忠诚置于法律的指导之下,通过给它增加一种更稳定的和更容易察觉到的人工兴趣,立法者必须弥补这一自然兴趣的缺陷。"在边沁看来,在没有法律的情况下,一个人所能具有的考虑其他人幸福的仅有动机是慈善的快乐和友好的快乐,以及道德和宗教制裁的痛苦。但是如果他更看重其他快乐的价值,这些可能不足以阻止他伤害其他人并因此减损共同体的幸福。具有政治制裁形式的法律能够提供给人一个有力的额外的动机,使其将其他人的幸福纳入考虑当中。通过加强道德的和宗教的制裁来反对伤害其他人,法律就能够对共同体的幸福有所贡献。因此,法律是与功利主义原理相符的。

而在中国古代社会情况却完全不同。这也正如孔子所云:"其人存,则其政举,其人亡,则其政息。"[1]这也正可以对应于美德和义务之间的一个重要区

---

[1] 《礼记·中庸》。

别:"如果我们追随美德,这种价值施加于我们的力量是极具吸引力的;如果我们负有义务,它的力量是强制性的。义务,是强制性地把价值施加给那些有懈怠、反抗和抵制因素作祟的质料。义务,是形式的强制力。美德是自然之事——而义务——……乃人为之事。"①正是因为中国古人相信自然美德或美德的自然属性,所以他们并没有着力以人为之事即政府的权利义务法规来取代自然美德在人们私人事务领域当中的重要作用。职是之故,所谓"合乎自然的司法"在某种意义上也可以被体认为"合乎美德的司法"。

(二) 法律与道德

通常人们认为,自汉代以降,儒家学说逐渐占据思想的统辖地位,历代鸿儒致力于将道德与法律整合为一体,这以《唐律》的颁布为标志;从此,传统中国法的特色就在于尊崇儒家道德或者说礼教秩序内在于法律,儒家道德观念既可以当作法律适用,又具有优先于制定法的地位。因此,传统中国的司法类型被理解为一种道德自然主义,或者说,它符合美德伦理学的某些特质要求。

经过考察我们发现,近现代以来,在西方"传统的有关自然与道德秩序的连续性的观点已被摒弃,取而代之的或者是由道德世界到自然世界的还原,或者是两个领域截然分开的观点"②。他们或者如德沃金对其所谓的"建构性的解释"进行说明时所强调的那样:法官并非随随便便拿一套自己喜欢的信念或道德理论就可通过这个门槛,"每一位法官的解释理论都立基于其自己的信念之上……,而这些信念必将是因人而异的",但是"多种的力量将减缓这种差异并且协力促进一致化。……过去的判例之实践史是任何当今的法官都不可忽略的,其将把众法官推向一致"③。对此,我们或许可以这样认为:法官基于实践智慧从浩渺的判例当中寻找到原则来作为裁判(疑难案件)的依据,正是在追求"整体性法律"的过程中实现了司法公正,维护了个人权利及权利体系的稳定性。或者如美德理论所设想的那样:"对于决定为中心的美德理论来说,正确决定的观念是首要的,司法美德皆导源于此。因此,德沃金对于赫克斯的描述是从对于善决定的标准开始的,然后构想出能够做出这样决定的理

---

① [美]克里斯蒂娜·科尔斯戈德:《规范性的来源》,杨顺利译,上海译文出版社 2010 年版,第 23 页。
② [美]R.M.昂格尔:《现代社会中的法律》,吴玉章、周汉华译,译林出版社 2001 年版,第 36 页。
③ [美]罗纳德·德沃金:《原则问题》,张国清译,江苏人民出版社 2005 年版,第 188 页。

想法官。美德为中心的理论并不以这种方式展开论述。我将以对具有美德的法官的说明为首要的，然后才进一步推演出具有美德的决定之观念。"[1]无论是德沃金的理论还是美德理论，关注的都是同样的要素，或者从美德到法律或者从法律到美德；二者的差别只在于思考问题的起点和目标互相置换罢了。

既要警惕以西方意义上的法律与道德的两分视角来解释传统中国法或司法问题，更不能落入道德自然主义的窠臼却不自觉。一般来说，在现代西方伦理学中道德自然主义从自然规律和人的生理、心理特征中引申出道德要求，在人的自然本性中寻找决定人的行为的目的、动机和原则，并依据自然科学的材料和方法加以论证，从而建立起道德理论。"抽象地说，道德自然主义（与自然公正相关）仅仅指如下观点，即道德事实是自然事实"，美国当代伦理学家劳伦斯·B. 索罗姆（Lawrence B. Solum）认为，道德知识可以根据关于自然世界的知识模型来理解，而且道德自然主义还抓住了常识道德的实质——善与恶、对与错，这些都是人类理性能够理解的自然世界的真实特征[2]。其实道德自然主义思想源远流长，它甚至可以一直追溯至古希腊的赫拉克利特、伊壁鸠鲁等人的伦理思想。20世纪英国哲学家、伦理学家G.E.摩尔几乎把以往的所有伦理学说都称为"自然主义"，并加以批判。其中，既包括以人的自然本性为道德本原的快乐主义、幸福论、功利主义等伦理学说，也包括某些宗教道德理论，甚至把从社会历史条件中寻找道德根源的马克思主义伦理学也列入其中。

进而言之，道德自然主义需要借助某些"超自然的"或"超验的"的理由或视角，如上帝最终将世界界分并解决各项事务。然而，这种基于二元论观念的认知并不适合传统中国司法。最根本的理由在于，在中国的哲学观念之下，自然或客观物并非独立的、可以与主体等量齐观的一元，而是被蕴含到人与人之间的关系之中。同时，由于事实上中国社会一直醉心于世俗生活状态，我们根本无需所谓"超自然的"或"超验的"存在根据来指引我们如何生活。诚如赵汀阳所言，"孔子正是以人的概念所蕴含的循环意义制造了人对人的绝对价值的

---

[1] Lawrence B. Solum, "Virtue Jurisprudence: A Virtue-Centered Theory of Judging", *Metaphilosophy*, Vol. 34, No. 1/2, 2003, pp. 178-213.

[2] See Lawrence B. Solum, "Natural Justice", *The American Journal of Jurisprudence*, Vol. 51, No. 1, 2006, p. 66.

第七章 "合乎自然"司法观的转换性创造

自身证明,以人之间的最好关系证明了人的神圣性,而无须借助人之外的条件,这是儒家思想不需要神的根本原因"[①]。也可以这样说,传统中国社会所追求的是一种和谐的生活秩序或状态,它是以各种关系的自然和谐为主旨的,而不是以事物关系的界分和明晰为基本目的的。

因此,在探讨中国古代司法观念时,我们既不需要道德与自然之间的界分,也不需要将道德回归于自然,因为这两者在中国古代本就是不可分割的。就像在古希腊人的观念中,"成为有德之人像稚童长大那样自然而然。我们需要学习德性;但这正如我们学习语言一样,因为我们是人,这就是我们的本性"[②]。比如对于公正的理解,在古代社会它是公正的人所具有的一种个人品质,只是到了今天西方人才倾向于把公正主要看作一种社会安排。而由亚里士多德创立的作为道德的或自然授权的正义理论,一直以来已经成为西方思维方式的一部分,但是将其与个人权利联系在一起还是近代发生的事。或许施特劳斯对此就颇有同感。"正义所要求于我们的乃是违反自然的。自然的善、不依赖于人们的奇思异想和愚蠢的善、这种实质的善乃是被称作'权利'或'正义'的那种虚幻不实的善的反面。此种自然的善乃是每个人出于本性所趋向的他自身的善,而权利或正义只有通过强制,而且最终通过习俗才具有了吸引力。"[③]

那么,在古代中国,法官"合乎自然的司法"又是否具有某些确定性依靠或约束使其可以保持一致性或不致引发混乱呢?这个问题似乎是一个非常重要的理论问题,但是如果仔细思索反而会发现,此问题之所以会成为问题完全是因为现代人的思维在思考人/观念与自然之间关系时的错位所致。"对于古代人来说,完美是个完成式的概念,上帝或者自然就是完美的标准和榜样,人之所思所为都必须符合自然,才有可能接近完美。现代却把观念与自然的关系颠倒过来,要求自然符合观念,完美就势必变成一个无法完成的开放概念,……根据人的观念去修改自然,意味着人能够定义什么是完美的,而无须

[①] 赵汀阳:《普遍价值和必要价值》,载陈嘉映:《普遍性种种》(修订版),华夏出版社2013年版,第44页。
[②] [美]克里斯蒂娜·科尔斯戈德:《规范性的来源》,杨顺利译,上海译文出版社2010年版,第4页。
[③] [美]列奥·施特劳斯:《自然权利与历史》,彭刚译,生活·读书·新知三联书店2003年版,第107页。

听从自然,这正是人类试图自证其神性的追求。可问题是,当失去了自然的外在标准或参照,人就反而无从知道什么是完美了,对完美的想象和追求变成了一种无边的自由冒险。"①"合乎自然的司法"或"合乎美德的司法"之确定性标准的问题是否仍然保持为一个重要但难解的问题则取决于人们是否继续坚持上述的冒险活动。

三、"合乎自然的司法"之哲学根据:"一元论"

"合乎权利的司法观"从人来反观自然,也即从人类中心论的立场对现实加以解释,不允许把人理解为自然秩序的一部分。这样一来,主体性就成了文化的渊源,而文化则失去了"自然"这个基础。比如,霍布斯就是从某种绝对无可非议的主观诉求即自然"权利"出发;这种主观诉求完全不依赖于任何先在的法律、秩序或义务,相反,它本身就是全部的法律、秩序或义务的起源②。而传统学说主要是从自然"法则"出发,即从某种客观秩序出发。那么,"合乎自然的司法观"会否招致这样的质疑:它会不会走向另一个极端,即从自然来反观人?它是否意味着人被看作自然的一部分,因此人将失去自己的主体性地位?

前述这些问题显然体现了一种思维定式的作用结果,也就是"二分法"或"二值区分式"。而要想对前述问题作出回答与分析显然应该对"二分法"或"二值区分式"展开检讨与批判。在西方通常惯用的"二值区分式"的思考框架下,一个区别构成了一个脉络,但这个脉络在运作的同时也存在着无法跨越的界限,而此界限之外的空间或脉络就体现了对当下脉络的否定、反省。它是差异的产物,总是指出界限的存在以及界限之外的观察可能性。由此一来,社会当中各系统之间就能够彼此观察,因而就没有一个高高在上的阶序点、价值或最终指涉物能禁止别人观察并整合所有的脉络或系统。因此,现代社会中都可以以某个差异重新被建构或者拆解。如果说一阶的观察制造了对象的确定性,二阶观察则将一阶的观察看作是观察的结果而不是既予的本质。因此,被

---

① 赵汀阳:《完美是最好的吗?》,载[美]迈克尔·桑德尔:《反对完美——科技与人性的正义之战》,黄慧慧译,导论,中信出版社2013年版。
② 参见[美]施特劳斯:《霍布斯的政治哲学:基础与起源》,申彤译,译林出版社2001年版,前言。

第七章 "合乎自然"司法观的转换性创造

视为既予的事物都变成偶连的。但是,就连偶连性本身也是被制造出来的,没有绝对的偶连性。

因此,有论者指出引入"多值区分式"的可能性,对于第三个值的选择就抛弃了那种只能两者取其一的正值与负值既定选项,在二值区分式下观察者作为第三者或者逻辑的使用者是不能被反省的。但是,现代所谓的"多元""相对"这些术语的使用并未能改变单一的二值思考方式。例如,冈瑟(Gunther)曾指出,"存有/思考"及"过去/未来"这两组差异虽然占有四个值,却同时受制于单一二值的脉络。再如哈贝马斯虽然提出了社会面向的多元,但最后却因为论述逻辑的要求而重新回到单一主体上,即主体必须反映出论述的规则与共识。

前述这些克服"二值区分式"的努力显然都以失败告终。那么,我们是否有可能超脱这种思维逻辑的平面化构图,转而开创出一种立体的思维逻辑构图呢?也许我们可以认为"权利"与"自然"或者"合乎权利的司法"与"合乎自然的司法"就如一个螺旋式弹簧的两个端点,它们之间不是一种线性的直接相关关系,而是不仅它们之间的距离可以伸缩,而且它们之间是由很多个概念(小螺旋)勾连起来的。这些概念相对于"权利"与"自然"或者"合乎权利的司法"与"合于自然的司法"的重要程度依赖于它们相互之间的距离。除此之外,这些概念还有可能被重组成不同的或大或小、或近或疏的螺旋结构,并因此改变自己的位置关系。

"权利"与"自然"或者"合乎权利的司法"与"合乎自然的司法"各自的追求呈现一攻一守的关系,或者说是"上线"与"底线"的关系,即人人都希望自己得到的越多越好,但是总有一些东西是人之为人所必须坚持的。所以,笔者认为,现代社会的司法追求如果说有一个发展空间的话,那么非此种"上线"与"底线"之间的范围莫属。而当今社会的司法发展实践和发展趋势似乎也佐证了这种理论的现实可行性。

我们可以分别从对规则与对法官个人德行的态度转变上来说明这种变化。就拿中国来说,当下中国的立法与司法实践都更多地学习并借鉴了权利法治的基本原则与方法,权利与公正观念早已为人们所耳熟能详,虽然在民事诉讼领域当中调解等非诉讼纠纷解决方式仍然存在着极大的适用空间。而在西方国家的代表美国,调解和仲裁的适用则得到了越来越多的强调和重视。在美国民事诉讼开始后,各级法院通常都有一些与法院关联的调解形式可用。许多受理小额索赔案件的法院都会从志愿调解员小组中选择调解员并提供免费调解。其他法院则向纠纷双方提供由法官、裁判官或其他司法人员所进行的调解。除了主动为选择调解的双方提供调解服务外,法院和法官也可以施加压力要求双方进行调解。而有一些司法管辖区,依照法院的规定,所有民事案件都必须在审理前先进行调解,根据这一规定,法官可命令双方进行调解。另外,美国等国家都规定了严格的法官任用与规范机制,而在中国一度则因为强调与相信所谓的权利与规则之治而忽视了对法官个人品性方面的要求。这说明,在实践当中这两种司法观所标示的司法实践已经在不知不觉中走向了不同形式的、各有侧重的融合与统一,虽然仍路漫漫其修远兮。

"合乎权利的司法"与"合乎自然的司法"也并非只能是顾此失彼的关系,而是存在着互相调适、取长补短与融合为一的极大理论空间的。而如何发现、诠释并坚持这两个重要支点之间的平衡点则是司法理论与实践、智慧与技艺完美演绎的艺术。或许正如伽达默尔所言:"传统并不只是我们继承得来的一宗现成之物,而是我们自己把它生产出来的,因为我们理解着传统的进展并且参与在传统的进展之中,从而也就靠我们自己进一步地规定了传统。"① 也许司法传统正在我们自己的规定中孕育着崭新的生命和未来。

四、结语:中国司法观念的转换性创造

总之,笔者以合乎自然与否来理解和解释传统中国司法类型等,一定会存在这样或那样的问题。无论如何,保持对司法类型化的某种理论自觉却是十分必要的。同时,尽管这样的认识或是一种无根基的冒险,但至少我们应该认识到仅仅按照一种观念体系来宰制思想是可怕的、可悲的。司法目的与司法运作的复杂关系所揭示的道理永远不会停滞在某处,它们需要我们的"不完美的思想冒险",需要寻找一种开放式的观念支撑。这恰如赵汀阳对"现代政治"

---

① [德]伽达默尔:《真实与方法》,纽约1975年英文版第261页。转引自甘阳:《传统、时间性与未来》,《读书》1986年第2期,第3-10页。

的略显悖论式的批评那样:"任何试图通过知识上的发现去彻底解决人类冲突与合作问题的努力都是徒劳的,无论人们多么理性,都不可能解决问题,或者说,理性终究是有限的。人类要改善命运,很可能还是不得不求助于经常为经济学家所嘲笑的道德,但是现代价值观并不可靠,一切以个人为准的现代价值观正是强化了人性弱点的原因。现代世界已经深陷危机,价值观的重建已经不再是一件好笑的事情了,而是唯一的拯救。"①

正如赵汀阳对于重建现代社会价值观那样疑虑重重,笔者所谓"合乎权利的司法"与"合乎自然的司法"所发现和概括的司法观念类型,并不是两种不同于其他理论分类所言说的司法实践,而是对既有司法实践在观念上的一种理论反思,它们本身还需要不断发展。概括而言,笔者现有的纲要性认识如下:"合乎权利的司法"强调的是司法的规则性或者说法律体系中权利的完备性;这种类型的司法观念,往往以法律或权利为出发点。而"合乎自然的司法"强调的则是司法者的个人品质或德性;这种类型的司法观念,常常是以法官或个人为出发点。我们也可以这样来理解:"合乎权利的司法"通常以权利(自由)、平等诸如此类的价值为司法目的;而"合乎自然的司法"则推崇和谐秩序。在很大程度上,恰恰是由于司法目的的不同,司法运作才呈现出各异的结构和形式。宽泛地说,在"合乎权利的司法"思维公式中,单向的"人—物"(主体—客体)是主导项,它关注的是个人向自然、社会或他人要求的是什么,结果就以权利(西方的权利最早是土地等财产权)和正义为核心特质,即人可以要求的是什么以及此种要求的合理性限度。而在"合乎自然的司法"模式中,居于主导地位的则是"人—(物)—人""主—(客)—主"这样一种双向或多向的关系式,"物"只是人与人之间关系的媒介,是居于次要地位的或可以隐去的,因此,古代中国的思想观念关注的是在不同的关系之下人如何自处以及与人相处的问题,和谐秩序则成了主导性特征,即人应当承担的是什么以及此种担当的好处。

不过,对于"合乎权利的司法"与"合乎自然的司法"之间的关系,我们要特别警惕两种错误倾向:其一,它们往往标榜为"现代化转化"之类,大概是从中

---

① 赵汀阳:《每个人的政治》,社会科学文献出版社2010年版,第49页。

国传统观念里"开出"西方现代观念诸如民主自由等①；另一则是夜郎自大类或如井底之蛙型，自信从中国传统观念里能够找到任何他者的观念，其实它们正如王铭铭指出的："西方作为一种异文化，变成了东方社会文化发展的自我之前景。"②它们都不会产生（司法）观念的转换性创造③。

司法观念的转换性创造，首先指的是，摆脱既定认知类型的束缚性限制，不是转换到某个司法模式里去，如所谓三权分立之下的司法独立，而是要充分发扬自己的优良传统；其次指的是，要创造一个新类型，但它需要时日，不是革命式的臆造，而是改良式的不断摸索探求。对于中国司法观念的转换性创造来说，最重要的可能是，使中国司法的某些概念进入世界法学通用的思想概念体系、使中国司法所发现和解决的一些普通问题进入世界法学公认的思想问题体系。事实上，当今世界各国的司法发展，可以说都在不断进行着程度不等的融合和创新。尽管如此，在这样一个全球一体化的时代，我们就更加需要特别保持一份理论上的清醒。笔者认为，当下中国司法观念的转换性创造尤其应追求那种以共鸣、理解、宾服和爱意为支撑的"自然"的和谐秩序。这样的融合和创新必会为中国司法文明、中国文明本身开创新局面、新未来。

总结而言，司法之治应是法治的另一种称呼，它必然会涉及社会事务的条理安排和价值选择。对它的任何一种整齐划一的认知，几乎都会存在问题，尤其是在当今这样一个文化和利益千差万别的时代。如果说某一类型化的司法观念既会是一种帮助也会是一种束缚，那么不同类型的司法观念要达成某种融合就只能通过思想创新，而不能只是在它们之间发现共同点、甄别差异之处；就只能以多种思想观念为背景来转换性创造出一种新思想，而不能故步自封或全盘否弃。在这种意义上，保持对司法类型化尤其是固化现象的警醒，笔者对此的阐释应该是一种对既有理论的解毒剂，至少可以说是一种清醒剂；坚持对中国司法观念的转换性创造，应该是中国法治面向未来的一种理解和实践可能。

---

① 参见赵汀阳：《没有世界观的世界》，中国人民大学出版社2003年版，第165页。
② 参见王铭铭：《想象的异邦：社会与文化人类学散论》，上海人民出版社1998年版，第341页。
③ 参见李泽厚：《中国现代思想史论》，安徽文艺出版社1994年版，第11—52页。

第八章

大数据时代司法中的"可操作性政策"

"扶人与撞人"的案件,一直都能激起持续不断的广泛社会议论。这不只是由于案件裁判本身存在瑕疵与否,重要的也源于媒体的无节操传播。其中,2007年南京"彭宇案"尤为典型①。这样一个貌似简易的案例,即彭宇是肇事者(撞人)还是救助者(扶人)的个案,如果是肇事者就应承担相应的法律责任,如果是救助者就应得到社会的肯定、尊重和褒扬,却因司法裁判、传媒影响等一干因素而饱受争议,并且使此类案件一直深陷于某种不可名状的困境②。从法理角度来讲,"彭宇案"一审裁判最为人诟病之处莫过于:主审法官根据所谓的"日常生活经验"和"社会情理"这样的或然率判断作出了案情的推定,这相当于直接否定了人们在本无法律责任或义务的前提下仍然能够将"好人"做到底的可能性。至于"彭宇案"的事实真相到底如何,似乎早已无关宏旨。

笔者亦不打算深究"彭宇案"的事实真相问题,而是将注意力聚焦于"彭宇

---

① "遗憾的是,当年一些媒体一边倒地将彭宇'人设'为被冤枉的'好人',毕竟'好人蒙冤'的剧情要比'撞人该赔'的现实更加能够撬开读者的眼睛,撩动他们互动的欲望。……'以讹传讹'似乎总比真相走得快一些。这就造成如今遗憾又尴尬的局面,人们对于该案的误解、误读越陷越深,至今仍然有不少人坚信着彭宇仅因施救而被判赔偿的假象。"详见舒锐:《十年前彭宇案的真相是什么?》,《人民法院报》2017年6月15日第1版。
② 继南京"彭宇案"之后,类似"撞人与扶人"的案件如2011年天津"许云鹤案"、2011年南通的长途车肇事案和2015年淮南师范学院女生袁某撞人案等,无一例外都引发了社会舆论的高度关切。

案"一审最受争议的事实裁判方法上。正是由于这类案件的事实本身难以证明①,才使得该问题尤其受到人们的普遍关注。实际上,不仅"扶人与撞人"案件,其他任何案件的事实都会或多或少面临不确定性。对"待证事实"的准确判断,与其说是发现某种事实真相,倒不如说"要求我们当我们面临那些不完全的、带有争议性的、相互矛盾的证据时,在特定的时刻判断所争议事实哪一种故事版本发生的可能性更大"②。具体在"彭宇案"中,一审法官在尽力达到最佳的事实发现准确性水平的过程中,运用了一种"可操作性政策"的方法。而何为"可操作性政策"?其功用如何或其适用有无必要性?为避免重蹈"彭宇案"的裁判覆辙,运用该方法又需要注意哪些问题或遵循哪些原则呢?

基于上述疑问,下文以"彭宇案"的事实认定问题为切入点,首先将明确"可操作性政策"的内涵、意义及其适用方法。概言之,在司法过程中运用"可操作性政策"的直接目标,就在于解决事实认定中的疑难问题。例如,为解决案件事实认定环节的不确定性,"可操作性政策"着眼的,不再是事实认定不确定的原因到底是什么,而是寻找与事实裁判之确定直接相关的要素或数据,如"替代性事实"(alternative facts),并据此提出解决问题的方法。其次,在司法事实认定标准的语境下,剖析"可操作性政策"的司法适用所须面对的问题与责难,坦承其在有助于解决事实认定不确定性的同时,也固有自身特定的局限。最后,指出以当下"大数据"③所带来的思维方式变革,即由单纯依赖适用"假设的"标准于具体个案的裁判方法为"假设+数据"的方法所代替、由简单因果思维方式向关系思维发展变革,来确立"可操作性政策"的司法适用原则才更具合理性。

---

① 有一种法律形式主义的观点认为,法官应该谨守"谁主张,谁举证"的举证责任规则来辨明案情,而无须自主依"常理"进行推定。实际上,这样一种具有机械司法嫌疑的主张,常会造成另一种"案结事不了"的困境。
② [美]罗纳德·J.艾伦:《理性 认知 证据》,贾峥、王佳译,法律出版社 2013 年版,第 138 页。
③ 美国作家拉尔森(Larsen)在 1989 年首次提出"大数据持有者"的概念;《科学》杂志于 2008 年提出用"大数据"来讨论新信息时代的科学研究;2012 年《纽约时报》刊文宣告"大数据时代已经到来"。"大数据"最新近的定义方式是将其简化为"5V"——大量(Volume)、多样性(Variety)、快速(Velocity)、真实性(Veracity)、变化性(Variability)。

一、"可操作性政策"及其适用方法

对于"彭宇案"一审的事实认定,有论者将其作为"信服力不高的间接证明之示例",并大力推介德国法中信服力更高的"表见证明"。其借助奥地利最高法院的归纳将表见证明界定为:将证明对象从要件事实转化为更容易证明的典型的关联事实。这样的证明减轻规则通常以"典型事实经过"为适用前提,并以盖然性较高的经验法则为基础,从而在防止法官恣意和提高判决的信服力方面发挥重要作用①。本章下述分析将表明表见证明并不当然具有如此理想的功用,甚至有可能成为麻烦的制造者,而同样着眼于疑难事实认定的"可操作性政策"则可以在某种意义上克服其缺陷。

(一)"可操作性政策"解析

所谓"可操作性政策"是指"一项法律规则的可适用性不应当依赖于法院无法可靠确定的那些信息"②。比如,对于过失责任的认定标准,取决于行为人的行为是否与理性人的行为一致,而不是看行为人是否按其所认为的方式行事。换言之,"可操作性政策"意指法院在决定是否适用一项法律规则时应当依赖它能够可靠确定的那些信息。这也就意味着,法院在作出判决时只能够根据现有的证据。如果现有的证据是充分的,则判决可以很容易被证明为正当,但是,很多时候证据不是充分的,甚至人们并不清楚其是否充分。这就是法院工作的处境,所以法官也注定要成为一位"能工巧匠"。因为他往往需要以并不充分的材料创造出尽可能令人信服的决定,所以法官能做的实际上并不是其对事实的认定是否符合某些经验法则或原则,而是是否会与某些可为现有证据所证明的替代性事实相冲突、相矛盾。这也体现了普通法的精要,"普通法的任务并不是去确定什么构成了伤害和权利,而是在现有的基础上发现社会在多大范围内认为一些行为造成了侵害并应在法律上给予救济"③。

与在个案中可以由案件见证人根据其所见所闻确立的有限事实不同,确立替代性事实,其所必需的事实可能必须根据社会调查结论或人口普查报告

---

① 参见周翠:《从事实推定走向表见证明》,《现代法学》2014年第6期。
② [美]迈尔文·艾隆·艾森伯格:《普通法的本质》,张曙光等译,法律出版社2004年版,第35页。
③ [美]迈尔文·艾隆·艾森伯格:《普通法的本质》,张曙光等译,法律出版社2004年版,第21页。

或经济数据或布兰代斯诉讼要点(Brandeis Brief)等得出。在这里,我们以布兰代斯诉讼要点为例来说明在个案中是如何援引这类非个案性事实的。布兰代斯诉讼要点在美国法律史中首次指出更多地依靠科学信息和社会科学而非法律引证。它以当时的诉讼律师和后来的最高法院大法官路易斯·布兰代斯(Louis Brandeis)命名,布兰代斯在为1908年美国最高法院的判例"穆勒诉俄勒冈州案"的论点中提出了该要点,以支持一部限制妇女工作时间的州法。布兰代斯诉讼要点长达100多页,其中只有2页是专门的法律论据。该文件的其余部分包含了医务人员、社会科学家以及男性工人所提供的证词,论证了长时间的工作对"妇女的健康、安全、道德和一般福利"具有负面影响。

另外,美国"沃伦法院"在20世纪50年代审理的"布朗诉教育委员会"(Brown v. Board of Education)案可被视为适用"可操作性政策"的典范。1954年5月17日,联邦最高法院一致裁定公立学校的种族隔离体制具有违宪性质。首席大法官沃伦在裁决书中指出,公立学校的硬件设施以及其他"有形"因素可能是相同的,但仅仅基于种族而对儿童实行隔离剥夺了弱势群体的儿童接受平等教育的机会,这本身就是不平等的。判决的理由是种族隔离造成了有害影响,尤其当这种隔离得到法律的支持时,其有害性可能变得更大。如此一个事关美国种族隔离问题的重大案件,最高法院大法官们自然会格外谨慎对待。然而,他们为什么可以如此有信心地做出上述裁决?大法官们的价值观与信念当然会起作用,但更重要的原因在于当时的社会科学研究已经证实了种族隔离政策往往被理解为标明黑人群体低人一等。低人一等的感觉会影响儿童的学习积极性并进而影响其未来的人生发展。也就是说"有形的"平等或者不平等好判断,但是"无形的"平等还是不平等大法官们则无法凭空判定,这时社会科学的长期研究结果就为此提供了依据,作为替代性事实成为大法官们裁判的依据。

"可操作性政策"这种方法的意义在于,仅就法院而言,让自己支持的事实认定及决定并不与作为替代性事实的相关证据相冲突,会使得法院的决定为正确的可能性更大些。这样一种事实认定策略所代表的实际上是从对错各占50%的尴尬处境不断往正向加分的过程,因为替代性事实的加入就相当于减少了该事实认定可能犯错的概率。这一过程凸显的是正确的可能性在不断增强,虽然好像一直在路上,但是前方永远充满希望。而与之相反,所谓的表见证明完全表征着一个相反的过程。它是从一个盖然性较高的经验法则开始,然后检验某一案件证据所表明的事实与该法则是否相符合,也就是经过"自由心证"形成内心确信的过程。它实际上是从一个几乎100%的经验法则开始,然后达成了一个正确性只能大于50%的决定。这个过程凸显的是司法事实认定理想与现实之间的差距,虽然愿望很美好,但现实却往往需要作出妥协和让步。这样看来,不管是论者用心良苦地倡议有效区分"表见证明"与"间接证明"也好,还是有论者提倡的"经验法则类型化"的努力方向,都无法改变类似表见证明这样的过程将充满问题与苦恼。

相比于表见证明看重所谓法官的"内心确信","可操作性政策"更看重所达成决定的可接受性。就像在"彭宇案"一审判决中,我们毫不怀疑主审法官确实形成了所谓"内心确信",然而却不得不承受因为忽视该决定的外部可接受性所带来的一系列后果。"可操作性政策"实现其决定的可接受性的重要策略就是尽可能保证所使用的替代性事实的事实属性,用布兰代斯大法官的话说:"……显然不要根据假设或先验的推理来确定。判决应当基于相关事实的考虑,实际的或可能的——法律产生于事实(Ex facto jus oritur)。"[1]这不同于表见证明所使用的带有主观意味的经验法则或原则,这也可能是表见证明极易与间接证明等产生混淆的原因。例如德国学者普维庭、鲍姆盖特、劳门等通过对判例的梳理,得出如下结论:德国法官进行的事实推定可能构成了表见证明(如果其运用了盖然性足够高的经验原则),也可能构成了间接证明(如果其使用了盖然性不足以构成经验原则的经验法则),更有可能以纯粹成见为基础。不仅学术界,德国联邦最高法院也长期在事实推定与"表见证明"的关系上观点模糊[2]。法律概念在被创造出来之后引发某些争议很正常,任何一个新的概念总会经历逐渐被释明、完善的过程。但是,"表见证明"这个在19世纪就已经被德国帝国法院创设出来的法律概念,经过了近两个世纪的不断磨炼和试验还是无法辩明,则很难说它到底是有助于解决问题的,还是制造问题的。

---

[1] 244 U.S. (1917), p.600.
[2] 参见自周翠:《从事实推定走向表见证明》,《现代法学》2014年第6期。

(二)"可操作性政策"的适用方法

在此,我们首先以两个案例为例来说明"可操作性政策"的具体适用方法,进而揭示"替代性事实"的重要性。

第一个案例是"油水铜钱案"①。县西一老妇状告伍员外讹诈她儿子五百铜钱。老妇说钱是儿子卖油所得;伍员外说老妇之子入室抢了他家铜钱,有家人丁孙三见证。伍员外与县令是朋友。县令是白居易的上司。县令要判伍员外胜诉,并已将卖油郎抓入牢房。白居易觉得事有蹊跷,坚持要亲自复查此案。他先将铜钱放入热水之中,顿时油渍漂浮,明白了这是卖油郎之钱无疑。又传讯丁孙三:你是管家,为何不当场抓获盗贼,怎能大白天让他入室抢走五百铜钱?丁孙三无法抵赖,只好供出是伍员外指使他作的伪证。庭审之时,人、证俱在,伍员外只好供认了他栽赃讹诈的罪行。白居易在当事双方各执一词而证人又需避嫌的情形下,觉察到争执双方中有一方为"卖油郎"的特殊身份,遂依据生活常识即"油不溶于水"的特性,决定以浮满油渍的水作为认定事实的依据。也就是说,现有证据无法确定铜钱是否属于"卖油郎",但根据生活经验和常识,如果能够证明铜钱沾满油渍,则可以判定铜钱应为"卖油郎"所有。

第二个案例是新中国成立初期的一则离婚案件。"1965 年 B 县的一个案件,申诉人是一位 30 岁的男子,农民出身而后来成为唐山附近一家工厂的工人,是党员。他在十年前结婚,即 1956 年,据说是由父母包办的,并且婚后夫妻关系一直不好。他妻子对他父母不好,让婆婆受了很多气,他声称这是导致他母亲去世的部分原因;最近妻子还迫得公公从家中搬出去。因此他提出与这个思想落后脾气又坏的女人离婚。"②当然,后来法院发现,男方是为了达到离婚再与他人结婚的目的,而编造出两人婚姻是由父母包办的。当事人之所以要这样编造,完全是因为当时党和司法部门对婚姻关系所持的政策——破除封建旧式婚姻,亦即,只要能证明婚姻是父母包办这样的旧式婚姻,就可以

---

① 宫常木:《白居易断案》,http://www.xiancn.com/gb/wbpaper/2007-07/31/content_1266321.htm,最后访问日期 2016 年 6 月 30 日。
② [美]黄宗智:《经验与理论:中国社会、经济与法律的实践历史研究》,中国人民大学出版社 2007 年版,第 283 页。

达到离婚目的。

这两个案件,若以"可操作性政策"来描述与理解:当一项权利或义务 R(铜钱是否属于"卖油郎"/结婚自愿与否)无法通过直接证据证明时,因 R 通常与一项替代性事实 S(铜钱沾满油渍/婚姻由父母包办)共存,而 S 可以相对较容易地为这些证据所证明,则法院可以审慎裁断:即使 R 与 S 并不总是一并出现,但如果 S 出现,则就判定当事人要承受相应的后果(获得铜钱所有权/离婚)。

若与"彭宇案"这类案件的判决相比较,我们可以发现,在将"可操作性政策"运用于司法裁判的过程中,法院所依据的替代性事实——所设定的那个可适用的标准或正常情况的适当性,直接决定了法院裁判的公正性与可接受性。在"油水铜钱案"中,油与水相遇的特性显然具有现实性,在今天看来也是具有科学性的。至于新中国成立前后的离婚类案件,法院所设定的替代性事实也是在深入农村基层、深入人民群众日常生活的前提下做出的,这样才能产生良好的司法效果。因此,"可操作性政策"适用中替代性事实应该如何来确定,就成为疑难事实认定过程中至关重要的问题。因为如果稍有偏颇就极有可能导致无辜者反受罚而无权者反获益这样一种不公正更不可欲的结果。

具体到"彭宇案",我们可以引用一审判决书中引发极大争议的一段表述来辨析法官对"可操作性政策"的不当适用:"如果被告是见义勇为做好事,更符合实际的做法应是抓住撞倒原告的人,而不仅仅是好心相扶;如果被告是做好事,根据社会情理,在原告的家人到达后,其完全可以言明事实经过并让原告的家人将原告送往医院,然后自行离开,但被告未作此等选择,其行为显然与情理相悖。"也就是说,在本案中彭宇撞倒老太之后或遇到有老太倒地的情形会如何行为等这类问题,法官是无法直接确定的;于是,法官根据"社会情理"设定一个所谓"正常人"标准,并据此判定彭宇行为的法律意义。当然,在"彭宇案"中对决定案件事实至关重要的"正常人"标准的设定及运用,看来是十分拙劣的。究其实质,法官是基于其自身关于世界运行方式或者人们行为方式的观点和信念进行事实推定的,而这极有可能在某种程度上歪曲案件的相关证据,至少激发了更具倾向性的社会舆论——好人应有好报。实际上,包括法官在内,"我们常常会错误地判断应该做些什么,这或是因为我们忽视了相关的事实,或是因为我们错误地阐释了这些事实,或是因为我们错误地判断了最佳的行动方案"①。

总而言之,不同时代、不同法系处理事实认定的方式方法不尽相同,但法官运用"可操作性政策"来处理事实认定问题却是不争的事实。尽管某一时期可能并未名之为"可操作性政策",更一般的说法则是对事实与法律的权重考量等,但是我们既不能作"鸵鸟状"只关注法律问题而置事实认定问题于不顾,也不能因为探讨事实认定上的不确定性问题往往陷入其他学科(比如哲学上的"运气"问题、心理学上的"主观"问题等等)当中无法自拔而偃旗息鼓。分析司法运作中"可操作性政策"的适用问题,无疑会提升我们直面"不确定性"问题的勇气,但这并不妨碍我们充分地检讨适用"可操作性政策"所可能存在的风险。

二、"可操作性政策"适用的价值与风险

司法的目的之一是确定性,但悖谬的是,恰恰由于其对确定性的追求常常掩盖了个体和情境多样性的无数变量,这往往会导致法律或者说司法是不确定的。例如,在刑事案件中,犯罪不需要排除所有的怀疑;事实的审理者必须满足于对被告定罪只是"排除合理怀疑"(beyond a reasonable doubt)②。在民事案件中,事实通常是建立在"优势证据"(a preponderance of the evidence)的根据之上;这一短语一般来讲被界定为仅仅是"较有可能"(more likely than not)③。从这两个标准中,我们可以发现法律并不要求绝对保证特定裁决的完全正确。当然法庭在事实认定时是正确的这很重要,但同样重要的是,法庭根据由双方当事人所提供的证据作出相关案件的裁决。要求纯粹的确定性甚或接近确定性,在这样一种语境中必定是不现实的,也是不可欲的。在这个意义

---

① [英]马丁·洛克林:《公法与政治理论》,郑戈译,商务印书馆2002年版,第184页。
② 在2012年《中华人民共和国刑事诉讼法》第二次修正时,"排除合理怀疑"被正式引入我国的刑事诉讼制度。
③ 2015年《最高人民法院关于适用〈中华人民共和国民事诉讼法〉的解释》明确了相关事实认定的"高度可能性"标准。详见第一百零八条:对负有举证证明责任的当事人提供的证据,人民法院经审查并结合相关事实,确信待证事实的存在具有高度可能性的,应当认定该事实存在。第一百零九条:当事人对欺诈、胁迫、恶意串通事实的证明,以及对口头遗嘱或者赠与事实的证明,人民法院确信该待证事实存在的可能性能够排除合理怀疑的,应当认定该事实存在。

上，司法裁判要求的只能是人类事务所允许的最充分的证明。

(一) 司法事实认定的固有限制

事实认定之于司法裁判来说最富个性或者说理论争议，而这可以通过事实认定在法学与其他学科的两点关键区别来说明。一般而论，在司法过程中，案件事实的确定依靠法庭上由参与辩论者依据诉讼程序所进行的活动本身，法庭在此之前并不能确认有关争议事项。在许多案件当中，事实认定很大程度上依赖非专业人士（如证人）的信息，并且也会征询非专家人士（如人民陪审员、陪审员）对信息的评估等。而其他学科的事实认定，则主要仰赖训练有素的调查者的调查、反省以及报告的方法。在其他学科中，关键事实的权威结论是由专家作出的。这表明，司法所依赖的信息之可靠程度以及决定其可靠程度的决定者可能都远不及其他领域。这永远都将是一个历久弥新的问题。

第一，司法事实认定的信息可靠程度。庭审中所获得的信息总是存在着多种问题。通常，证人究竟说了什么我们很清楚，但这些语言究竟意味着什么则具有模糊性。该证人的可信性有多少、他的记忆力怎样往往都是我们争论的问题。对于过去发生了什么会产生多个不同版本的说法，而与其他学科不同，在庭审中人们根本无法用进一步的实验对这些不同的故事版本进行挑选。所以，弗兰克认为"初审法院的任务就是依据最多属于第二手的、关于事实的报告来重构过去"[①]。

那么，"证据规则"可否帮助确定信息的可靠程度并解决事实的不确定性？答案是，"这些规则常常无法得出结论，因为排除了无价值证据之后，还会有无法减少的、与此案真实情况（true facts）有关的不确定性"[②]。此外，证据规则有很多时候也要让位于各种实质性考量（substantive considerations）。尽管案件事实直接表明刑事被告有罪或无罪，或者民事被告承担责任与否，但相关证据可能因为违反了法律所更推崇的社会价值（这种价值甚至高于诉讼中查明谁

---

① ［美］杰罗姆·弗兰克：《初审法院：美国司法中的神话与现实》，赵承寿译，中国政法大学出版社2007年版，第39页。

② ［美］理查德·波斯纳：《法官如何思考》，苏力译，北京大学出版社2009年版，第163页。

对谁做了什么），而不具有可采性①。法官的推理绝不是"纯粹的事实"，它同样被目标、正当性规范、法律查明真相的有限机制以及其他因素以复杂的方式所影响②。诚如波斯纳所言："不确定性是我们法律体制的一个显著特点，而在不确定性条件下决策，无论是在经济学、组织理论还是在其他领域中，都是一个值得研究的重要课题。"③

第二，事实认定者的可靠程度。英国史学家梅因爵士就曾谈到过，"在从证人的陈述推断他所陈述的事实是否存在的过程中……"没有任何规则可以指导初审法官。"正是在从证人的陈述到这些陈述是否真实的推断过程中，司法探求无法进行下去。"他继续指出，"为证人的无知和胆怯留有一定的余地，并且能够洞悉狂妄自信、花言巧语的撒谎者，是法官极为罕见的和最高超的个人技能。获得这种力量，没有任何普遍的规则可循，这是一种有自身特点的实用方法，而且几乎是不可言状的。"④在这个意义上，我们可以说事实之认定全仰仗法官才能的发挥，而这种技能不可能是任何法官都具备的；亦即，个案事实之认定的正确与否要依赖于当事人的运气，因为运气好的话才可能碰到有高超技艺的法官。

在梅因之后，弗兰克（Jerome Frank）主张，初审法院"认定"的事实是主观的。由此，他将 $R * F = D$ 这一当然的法律等式改写为 $R * SF = D$。其中的 SF 代表的是"subjective fact"，即主观事实。在弗兰克看来，法官（或陪审团）具有"一种实际上不受控制的和实际上无法控制的事实裁决权（fact discretion）或最高权力"⑤，亦即，确定哪个证人的证言是正确的并予以接受的权利。但是这种感觉是主观的，它因人而异。"由法官进行司法，其中人的因

---

① 参见［美］杰弗瑞·A. 西格尔、［美］哈罗德·J. 斯皮斯、［美］莎拉·C. 蓓娜莎：《美国司法体系中的最高法院》，刘哲玮、杨微波译，北京大学出版社2011年版，第21页。
② See Robert S. Summers, "Two Types of Substantive Reasons: The Core of a Theory of Common-Law Justification", *Cornell Law Review*, Vol. 63, No. 5, 1978, p. 726.
③ ［美］理查德·波斯纳：《法官如何思考》，苏力译，北京大学出版社2009年版，引论。
④ 转引自［美］杰罗姆·弗兰克：《初审法院：美国司法中的神话与现实》，赵承寿译，中国政法大学出版社2007年版，第165页。
⑤ Jerome Frank, "Short of Sickness and Death: A Study if Moral Responsibility in Legal Criticism", *New York University Law Review*, Vol. 26, No. 4, 1951, p. 584.

第八章 大数据时代司法中的"可操作性政策"

素是无法抑制的。"① 不仅是初审法院,米勒大法官曾经指出:"在我的经验中,由九名法官组成的美国最高法院在开会时,我惊奇地发现,这些法官们经常很容易在法律问题上达成一致,同时也经常在事实问题上意见不一。"② 据说,唯一的尺度就是"对或然率的感觉"。因为"法学院如何定义法律不可避免地会影响未来律师和法官的思维"③,由此,弗兰克给出的解决办法是,法律改革首要的就是改革法学教育。

承认事实认定具有不确定性,是否意味着事实认定对于司法是不重要的或者可以视而不见,甚至直接在个案中将争端从事实议题转移为法律议题。19世纪上半叶英格兰的司法裁判大致如此,比如在合同法领域,格兰特·吉尔摩(Grant Gilmore)以夸张语气指出:"看来,几乎不可能不将任何合约问题作为法律问题来表达。"④ 然而,回避问题并不能改变该问题依然存在的现实;寻找解决或至少缓解事实不确定性问题的出路势在必行。仔细剖析可以发现,前述有关事实认定上的不确定性问题及相关理论的主张都秉持一种"小数据"时代的思维特性,也就是说,他们都在极力寻找事实认定不确定的原因(事实上,绝大多数学者只关心法律不确定的原因)。比如,弗兰克找到的原因是事实认定中各种"主观性"因素的影响,所以他开出的药方便着眼于法律人的培养与教育,但该药方并非直接针对事实裁判本身。

"可操作性政策"作为一种事实认定方法,着眼于攻克司法事实认定的固有限制。司法裁决中证据缺乏的情况普遍存在,为弥补待决案件的证据不足等问题,在裁判中运用社会科学研究成果、医学知识、经济数据等这类"证据"作为事实认定依据,既可以避免法官在事实认定面前的无计可施,也可以弥补法官在各个专业领域的知识不足。我们有理由期待,颇有些"试错"意味的"可操作性政策"方法有可能最大限度确保审判人员"在每一件诉讼案件中,明智

---

① Jerome Frank, "Mr. Justice Holmes and Non-Euclidean Legal Thinking", *Cornell Law Review*, Vol. 17, 1932, p.580.
② 参见[美]杰罗姆·弗兰克:《初审法院:美国司法中的神话与现实》,赵承寿译,中国政法大学出版社2007年版,第50-52页。
③ Jerome Frank, "Are Judges Human?", *University of Pennsylvania Law Review and American Law Register*, Vol.80, No.1, 1931, p.17.
④ Grant Gilmore, *The Death of Contract*, Ohio: Ohio State University Press, 1974, p.99.

181

地调查了实际上可以获得的所有证据,以便尽可能地查明该案的事实真相"①。同时,我们也不得不承认,"可操作性政策"的适用也必将有其自身的问题。

(二)"可操作性政策"适用的可能责难

在一般的法律推理过程中,法官对案件事实的认定,必然基于常识和经验进行合理的归纳概括;或者说,事实的决定者往往根据其自身有限的经验拷问相互竞争的矛盾情况当中到底哪一种更与实际事实相符合。例如,有一个农夫主张,他的骡子因为受到喷气式飞机"嗡嗡"的惊吓而受伤②。事实是法院更愿意根据目击证人的证词作出相应的裁判,比如农夫作证说,他匆匆瞥了一眼飞行员的帽子,发现它是一顶标有鲜明空军标志的头盔;而不是没有证人证言,只有作为替代性事实的冷冰冰的统计数据(当天大多数驾驶喷气式飞机的飞行员都是空军人员,甚至该农夫可以证明那天在附近的喷气式飞机飞行员多达70%或80%的比例是空军)。法院会认为前一种情形更适宜,即使这类证词的证明价值本身最终是由事实裁判者头脑里朴素的"统计"决定的,即使目击证词相较于空军飞行员在空中比例的证据可能对事实并不具有更多的指示意义。究其缘由,可以发现:

首先,允许判决以纯粹的统计数据证据为基础,而不是根据具体的案件证据,通常会存在"低权重概率"(low-weight probability)的问题③。司法涉及的个人及其事务,需要转化为个人的具体权利和实际义务。这不符合统计证据的情况。正如一句谚语所说,对统计来说没有个人,对个人来说没有统计。这个问题被亚历克斯·斯坦(Alex Stein)表述为"低权重概率"的问题。由于具体案件知识的缺失,诉讼事件和一般分类事件之间的相似性显然是肤浅的,而统计推断正是根据它构造出来的。事实发现者在几乎所有案件中都不得不处理"低权重概率",纯粹的统计数据证据正是"低权重概率"的一个极端形式。

其次,法院如果并非根据一个100%或接近100%的统计数据作出相应的

---

① [美]杰罗姆·弗兰克:《初审法院:美国司法中的神话与现实》,赵承寿译,中国政法大学出版社2007年版,第86页。

② See Henry M. Hart Jr. and John T. McNaughton, "Evidence and Inference in the Law", *Daedalus*, Vol. 87, No. 4, 1958, p. 46.

③ Alex Stein, "An Essay on Uncertainty and Fact-Finding in Civil Litigation with Special Reference to Contract Cases", *The University of Toronto Law Journal*, Vol. 48, No. 3, 1998, p. 301.

事实裁断,这必然会将错误的风险分配给至少一方当事人①。在涉及毫不掩饰的统计数据而没有其他证据的案件中,法官对事实的任何决定都不存在可靠保证,他所作出的任何结论都将会沾染到严重的错误风险。认识论可能会告诉法官,没有任何一个事实认定将满足其真值条件,但是即使在这样的案件中法官也不能优柔寡断。任何案件都需要以这种或那种方式被决定。错误的风险在个案中的具体化意味着将剥夺个人的合法权利。根据被侵害权利的性质不同,这一风险分配的后果可能会产生不同程度的危害。往往只有当统计数据表明当天在附近的喷气式飞机飞行员100%是空军人员,或除了一个微不足道的少数其余飞行员都是空军人员的情况下,法院才会允许救济。在"彭宇案"中也是一样,即使根据社会情理70%或80%的民众都会如同法院所预设的标准情形一样行为,这也无法增加彭宇确实撞倒了原告的可能性。

最后,允许判决以纯粹的统计数据证据为基础,也意味着将伤害公众对司法裁决公信力的信心。这是因为,一方面,鉴于证据的简单性,公众没有理由像在涉及复杂证据的案件中那样服从事实认定者的结论;另一方面,鉴于证据的统计特性,公众不必根据事实认定者处在评估证人举止的更好位置来服从事实认定者的结论②。在证人作证的情况下,事实认定者透过证人提供的背景信息能够对他们的可信度和其观察力的可靠性作出更为明智的判断。而且,在证人描述行为或事件时,事实认定者常常允许他们对其进行详细的描述,这有助于裁判者了解和理解其没有或者不能亲眼所见的事情。总之,在纯粹统计数据证据的情况下,公众会得出结论认为,事实认定者除了对证据下赌注之外,不可能作出任何其他结论。这将使得公众对法院判决的公正性产生根本怀疑。

可以说,"可操作性政策"恰恰是一种在"小数据"时代,却运用了"大数据"思维方式的事实裁判方法。但是,尤其在关键的替代性事实之确立与运用过程中存在诸如错误、不公正等诸多风险,因而"可操作性政策"的适用必须受到

---

① Alex Stein, "An Essay on Uncertainty and Fact-Finding in Civil Litigation with Special Reference to Contract Cases", *The University of Toronto Law Journal*, Vol. 48, No. 3, 1998, p. 302.
② See Charles Nesson, "The Evidence or the Event? On Judicial Proof and the Acceptability of Verdicts", *Harvard Law Review*, Vol. 98, No. 7, 1985, p. 1379.

非常严格的限制以尽可能地减少甚至避免诸种风险,"大数据"时代正为我们的相关努力与思考提供了契机。

三、大数据时代"可操作性政策"的适用原则

在许多案件中,事实认定者都只能根据较预期为少甚至少得多的证据来作出决定,因为证据不足并不会免除法官或陪审员以这种或那种方式来决定案件的责任。虽然法律对事实之不确定性具有一定的容忍度,但为什么公众对待"彭宇案"的判决结果几乎持一边倒的批评态度呢?如果说"可操作性政策"是一种必要的司法裁判方法,那么法院在"彭宇案"中采纳类似方法作出的事实认定为什么会招致广泛非议呢?如果说"彭宇案"代表了"小数据"时代事实裁判所面临的诸多问题,那么当我们意识到"大数据"时代已然来临时,我们又该怎样认识这种时代特性并进而在事实认定方面有所突破呢?在这里,我们将重点剖析在"大数据"时代适用"可操作性政策"应当遵循的原则。

(一) 相关性与权重性相结合的原则

根据学者的论述,"大数据"时代的思想特征就是不再像传统观念那样,非要找到一切事情发生背后的原因,其实在很多场合,寻找数据间的关联并利用这种关联就足够了。"相关关系强是指当一个数据值增加时,其他数据值很有可能也会随之增加。……相反,相关关系弱就意味着当一个数据值增加时,其他数据值几乎不会发生变化。比如,我们可以寻找关于个人的鞋码和幸福的相关关系,但会发现它们几乎扯不上什么关系。"①前述对相关关系的这种阐释与法学界关于何为相关证据的阐述并无实质区别。例如,美国《联邦证据规则》(The Federal Rules of Evidence)给出的定义是:相关证据是指有任何如下倾向的证据,相对于没有该证据的情况来说其倾向于使某一事实更可能存在,也就是其后果为决定行动更有可能还是不太可能的事实。若按麦考密克(Charles Tilford McCormick)的说法则更简单:"据信……相关性最容易被接受的检验标准是这一问题,即所提供的证据使得比没有该证据的情况下所需

---

① [英]维克托·迈尔-舍恩伯格、肯尼思·库克耶:《大数据时代:生活、工作与思维的大变革》,盛杨燕、周涛译,浙江人民出版社 2012 年版,第 71 页。

的推论更有可能。"①对于相关关系的调查,"大数据"时代与"小数据"时代最根本的区别在于,"大数据"时代强大的新信息力量很容易完成在"小数据"时代无法完成的任务,在"小数据"时代,相关关系分析和因果分析都不容易,都耗费巨大,都要从建立假设开始。然后我们会进行验证——这个假设要么被证实要么被推翻。但由于两者都始于假设,所以这些分析就都有受偏见影响的可能,而且极易导致错误。与此同时,用来做相关关系分析的数据很难找到,在收集这些数据时也耗资巨大②。而现今,可用的数据如此之多,用于数据分析的工具如此之强大,也就不存在这些难题了。

然而,一旦相关证据被确定,之后还是需要由裁判者来决定相关证据当中何者具有较高的"权重"。"奇虎公司与腾讯公司垄断纠纷上诉案判决书"被有的论者认为,犯了选择性使用证据的错误③。具体来讲,二审判决书中提道:"2007年6月5日,中国移动推出飞信,不到一年时间其每日用户数量就突破1亿。"刘旭指出,2010年10月飞信的每月覆盖用户却只有8 222.19万人,仍旧只有腾讯QQ的1/4左右,而且明显比2007年6月回落了近2 000万用户,而同期,QQ的用户仍在节节攀升。针对二审判决书的如下内容:"2012年1月,YY语音的用户超过1亿人,其用户数量从0到1亿只花费了34个月,腾讯QQ则花费了37个月。"刘旭指出,腾讯QQ是在2002年达到1亿用户的,并在同年达到了2亿用户。而YY语音是在2012年达到1亿用户。中间相差10年,互联网及PC的普及在这10年里发生了多么大的变化。那么两者的发家史是否有可比性呢?刘旭认为上述事实对比都是二审判决刻意回避的,而用这样的事实,怎么能够证明飞信或YY语音的存在对腾讯构成了有效的竞争约束呢?为什么最高人民法院的二审判决书会给刘旭造成"有选择地"使用证据的印象?这主要是因为最高人民法院和刘旭对同样的证据给予了不同

---

① Charles Tilford McCormick, *McCormick's handbook of the law of evidence* (2nd), Edward W. Cleary eds., St. Paul: West Publishing Company, 1972, p. 437.
② [英]维克托·迈尔-舍恩伯格、肯尼思·库克耶:《大数据时代:生活、工作与思维的大变革》,盛杨燕、周涛译,浙江人民出版社2012年版,第81页。
③ 刘旭:《简评最高人民法院二审奇虎诉腾讯滥用市场支配案》,https://zhuanlan.zhihu.com/p/19899598,最后访问时间2016年6月30日。

的权重考量。

幸运的是,在"大数据"时代,"我们现在拥有如此多的数据,这么好的机器计算能力,因而不再需要人工选择一个关联物或者一小部分相似数据来逐一分析了"①。不幸的是,即便机器能够完成所有相关数据的收集和分析工作,它也无法完成对相关数据及其分析结果的应用。"法律并未提供关于相关性的验证标准。因此,人们只好借助逻辑和一般经验,正像许多别的事情被假定为已经为法官们和牧师们所充分所知那样,我们假定推理原则也为他们所知晓。"②在这种情况下,法官需要依据"逻辑和一般经验"的检验标准对相关证据进行选择和排序。

(二)可能性与可接受性相结合的原则

对于一个案件(尤指民事案件)来说,证据的证明力到底要达到什么程度才会形成一个有关案件事实的决定呢? 我们假设证据的证明力在[0,1]这个区间内变动,0 为完全没有可能,1 为 100%的精确;显然,法律证据的要求只能处于 0、1 之间的某处(通常至少要大于 0.5)。科学需要精确性(precision),但法律需要的是确定性(certainty)。所以,在司法证明中,当我们说确定性的时候,往往只是意味着可能性较高而已。

而在"大数据"时代,这种情况可能需要我们更加直观和勇敢地面对。大数据通常用概率说话,而不是板着"确凿无疑"的面孔。相比依赖于小数据和精确性的时代,大数据因为更强调数据的完整性和混杂性,可以帮助我们进一步接近事实的真相。局限于狭隘的小数据中,我们可以自豪于对精确性的追求,但是就算我们可以分析得到细节中的细节,也依然会错过事物的全貌。大数据要求我们有所改变,我们必须能够接受混乱和不确定性。精确性似乎一直是我们生活的支撑,就像我们常说的"丁是丁,卯是卯"。但认为每个问题只有一个答案的想法是站不住脚的,不管我们承不承认③。因此,法律必须设置

---

① [英]维克托·迈尔-舍恩伯格、肯尼思·库克耶:《大数据时代:生活、工作与思维的大变革》,盛杨燕、周涛译,浙江人民出版社 2012 年版,第 74 页。

② James Bradley Thayer, *A Preliminary Treatise on Evidence at the Common Law*, Boston: Little, Brown & Co., 1898, p.264.

③ 参见[英]维克托·迈尔-舍恩伯格、肯尼思·库克耶:《大数据时代:生活、工作与思维的大变革》,盛杨燕、周涛译,浙江人民出版社 2012 年版,第 49-60 页。

一个适当的弹性标准来进行可能性判定。如果标准是非常苛刻的,只有当待检验的命题接近精确或不可能时它才可以得到满足。但是,一个要求不高的标准,则不会让我们离十足的偶然性推理很远。那么,怎样才能从这种困境当中解脱出来呢?

一个比较有效的进路是,不要将事实决定描述为关于"证据可能性"的判断,而是将其表述为关于"过去发生事件"的陈述①。在司法实务中使用的证据必须被处理和评估为"是"。如果将事实的认定描述为关于"证据可能性"的判断,则传达给人们的信息是:当目前的证据使违反规则在一定程度上似乎可能时,处罚也会随之而来。由此造成的后果是,一方面,民众极有可能会揣测这种表述的言外之意似乎暗示裁判者并未形成一种合理的、完整的事实判断;另一方面,民众很可能将实质性信息从道德维度("如果你做错了将感到内疚")转换到粗鲁的风险计算维度("估计你怎么办能不被抓到")。"彭宇案"一审判决的事实认定极易被转换成如下风险计算:虽然你撞了人,如果你不去扶人、不护送病人去医院、不为病人垫付诊疗费等等,被发现的概率会低很多。而经常以这种非道德的风险计算为根据行为的人更有可能会成为一个不讲道义的人甚至是罪犯。如果事实认定被表述为关于"实际发生事件"的判断,这样则建立起了法律过错与民众自己行为之间的联系。这种联系对于形成如下信念至关重要,即"如果我做 X,我就做错了"。久而久之,当民众在自己的生活中遭遇到类似的情况时,他们将更有可能管理好自己的行为,遵守已经吸收的行为规则并进而成为一个正直、守法的公民。

(三) 扩展公正原则与坚守法治原则

在"小数据"时代由案件双方当事人力量不均衡导致的有失公正的状况,尤其在英美对抗制司法实践中,在"大数据"时代会有所改善。举例来说,在弗兰克看来,美国的"审判模式好比是在一位外科医生做手术的时候,往他的眼睛里撒胡椒粉"。他还认为,"诉讼中的有利条件不可避免地属于能够'购买正义'的一方,因为他可以通过聘用私人助手来获取证据,而对方则不能。……

---

① See Charles Nesson, "The Evidence or the Event? On Judicial Proof and the Acceptability of Verdicts", *Harvard Law Review*,Vol. 98,No. 7,1985,pp. 1361–1363.

这使我接触到了被斗争理论所遮蔽的一个问题,也就是说一份法院的判决不仅仅是一种私人事务"。如果"要完善裁判事实的认定,必须在某种程度上减少诉讼中的尚武精神"①。弗兰克所谓对抗制在实现正义方面的限制和缺陷在"大数据"时代有望不攻自破。这是因为大数据的出现,使得通过数据分析获得知识和社会服务的能力从以往局限于少数象牙塔之中的学术精英圈子扩大到了普通的机构、企业、政府部门甚至个人。大数据逐渐将成为现代社会基础设施的一部分,就像公路、铁路、港口、水电和通信网络一样不可或缺②。随着大数据技术成为日常生活的一部分,人与人之间在获取与利用信息能力方面的差异将逐步缩小。"在一个可能性和相关性占主导地位的世界里,专业性变得不那么重要了。行业专家不会消失,但是他们必须与数据表达的信息进行博弈。如同在电影《点球成金》(*Moneyball*)里,棒球星探们在统计学家面前相形见绌——直觉的判断被迫让位于精准的数据分析。"③这将迫使人们重新认识在司法裁判中当事人与其代理人以及裁判者之间的关系,传统的司法理念也必将迎来变革的契机。

即便如此,在事实不确定的情况下,决定者也不能踌躇不前,而应该在各种可能的决定中优先选择一个,这将意味着任何决定都有可能是在争议的双方之间分配错误的风险。在审判语境下,对不确定事实的最优决策是识别错误的风险,并以适当的方式分配它。这种风险不仅是道德意义上的,而且也具有政治含义,因为任何判决,不管错误与否,都将导致国家权力的运作,最后可能导致剥夺一个人的自由或财产这样的严重后果。因此,在裁判过程中,要竭尽全力做到"误差最小化"。要达成这一目标,最为重要的是,不管是"大数据"时代还是"小数据"时代,司法之事实认定都要时刻坚守法治原则,否则法官可能就什么事都允许做了。这是因为④:

---

① [美]杰罗姆·弗兰克:《初审法院:美国司法中的神话与现实》,赵承寿译,中国政法大学出版社2007年版,第91、101、109页。
② [英]维克托·迈尔-舍恩伯格、肯尼思·库克耶:《大数据时代:生活、工作与思维的大变革》,盛杨燕、周涛译,浙江人民出版社2012年版,序二。
③ [英]维克托·迈尔-舍恩伯格、肯尼思·库克耶:《大数据时代:生活、工作与思维的大变革》,盛杨燕、周涛译,浙江人民出版社2012年版,第20页。
④ See Robert P. Burns, *A Theory of the Trial*, New Jersey: Princeton University Press, 1999, pp.13-14.

首先,事实的准确性(accuracy)对于那些根据实质理由捍卫法治的人显然是重要的。适用法律要满足的条件是事实性的,如果事实被准确地发现,实体正义则一定会实现。要公正地决定个体案件,事实必须被准确地确定并以一种允许首选的规范被"适用"的形式存在。其次,对于那些将法治理解为限制专断政府行为的人来说,事实认定的准确性也很重要:如果允许官员为了追求他们自己的计划、出于适用某些规则的目的而操纵案件事实,则我们可以说这样的官员是完全不受法律约束的。再次,事实的准确性对于规则或法律本身的"良善"是利害攸关的。如果一项法律规则被适用于它原本设想的真实事实,则该规则规定的充分性和它所体现的手段-目标假设的合理性就可以得到检验。如果发现该规则有任何不足之处,也可以通过后续的立法活动等对该规则加以修改和完善。最后,对于那些将法治理解为保障个人权利的人来讲,事实的准确性同样至关重要。没有它,法律的结果将被随机分配而不考虑现实情况之间的相似和差异。在此类政府管制下的公民,则很难享有自由与安全,因为他们将永远无法可靠地确定自己是否逾越了法律保护的边界。诚如学者所指出的那样,在"不同法官的政治、经济、职业背景和活动中",我们可以找到"规制法律判决的动因"①。我们希望这个动因最终会扎根于法治的理想与原则之中。

四、结语

在当下——"推进以审判为中心的诉讼制度改革,确保侦查、审查起诉的案件事实证据经得起法律的检验"——深化司法改革进程中②,依据前文的分析,这需要深究"可操作性政策"的丰富内涵,并且须结合"大数据"时代为司法之事实认定等所带来的挑战与机遇,来最终确立政策适用的条件、方法和原则等问题。当然,对于法院工作重心从法律议题中心转向事实议题中心的理论

---

① [美]杰罗姆·弗兰克:《初审法院:美国司法中的神话与现实》,赵承寿译,中国政法大学出版社2007年版,第160页。
② 十八届四中全会《中共中央关于全面推进依法治国若干重大问题的决定》。这标志着我国刑事司法从"侦查中心主义"转向了"审判中心主义"。这必将改变人们过去对公、检、法三个机构在刑事司法中分工的戏谑看法,即"公安做饭""检察端饭""法院吃饭"。

回应,一定会有多个视角。或许大数据对于司法的全面影响是其中至为重要的一个层面。更坦率地讲,"大数据并不是一个充斥着算法和机器的冰冷世界,人类的作用依然无法被完全替代。大数据为我们提供的不是最终答案,只是参考答案,帮助是暂时的,而更好的方法和答案还在不久的未来"[①]。在这个意义上,我们需要的可能是一种能够克服孤立的个人和群体所面临的严重认知问题的制度,这样,当我们都"退后一步"的时候就可能会看到不一样的司法改革出路了。

[①] [英]维克托·迈尔-舍恩伯格、肯尼思·库克耶:《大数据时代:生活、工作与思维的大变革》,盛杨燕、周涛译,浙江人民出版社2012年版,第233页。

第九章

当代中国"指导性案例"的概念考察

查士丁尼有言,"判决应依法律而非范例作出"(*legibus, non examplis judicandum est*),这在尊崇成文法的社会中是一项司法准则或信条。然而,我们又知道,即便在中外成文法传统里,事实上司法者"以例为法"或"以例破律"也是一个常识。就准则与常识之间的关系,典型的说辞是,无完备的制定法所以需要"判例"来对"制定法规则"进行辅助、补遗或勘误。如此这般的概括性观念,往往无视不同语境中的判例概念之差异,一律视与判例内容相联系的法律规则概念同等一般性上的理性抽象,根本不去理会就适用判例的思维方式而言存在着司法式的与立法式的种类差异问题。因此,它们当然不能阐明制定法与"判例"的关系。在很大程度上,那些概括性观念既曲解了两大法系在判例制度上的实践经验,也无助于我们推进自身的制度实践。简洁地说,从"判例"到"指导性案件",并不能想当然地认为,一定就存在着某种类比关系,但我们应当如何避免争议地说清两者及其关系却始终是一个理论难题。有鉴于此,笔者将在考察那些概括性观念的基础上,同时针对中国法上的指导性案例问题,意图提供一种司法视角来检讨以案例指导制度为例的司法改革,倡议一种更加尊重司法者的法律理论与法律文化。概言之,本章并不是针对指导性案例的对策性的机制研究,而主要是就与它相联系的某些前提性的概念、观念及其思维方式等的分析。

一、制度实践与观念混淆：判例概念的辨析

对于查士丁尼的名言，我们应该相当仔细地甄别：其所言"法律"是谓何物。实际上，即便它被粗疏地估计为今天的"制定法"，这也不会妨碍我们对其要义的把握，或者说，至少不会造成方向性的错误。然而，何谓"判例/先例"（case/precedent）却不能想当然地设定，尤其是当我们在司法实践中建构案例指导制度时。因为在学理上最简单直接却深奥难解的理由是：不要问意义，要问使用①；因为实践上在普通法法系和民法法系两大法系的不同国家里，都有明确或默认的相关制度或法院裁判规程，它们之间存在多大程度的同质性或异质性，这是一个不容回避的现实问题。更确切地说，笔者并不打算也不可能从语言泥淖中爬梳出"判例"概念的真义，而是以概念分析为线索、以实例为证来阐述制度实践经验中的"判例"，来说明某些概括性观念在为我们提供一种指引的同时，却往往导致了观念混淆。

判例，在一般法学概念上，首先指称的是一个司法判决（decision），即司法者赋予某一判决以拘束力，若待决案件以这一判决的理由（ratio decidendi）为裁判依据，则又可称其谓先例。事实上，两大法系的不同国家里皆存在程度不等的以判例为实在法的制度实践。这在英美法中是一个常规或常识，而在大陆法中，人们却往往将之视为观念融合或趋同的结果。因为这种制度实践被认为，突破了大陆法系——"司法判决不是法源"——的传统做法和基本信条，借鉴了英美法的做法。例如，在德国，联邦宪法法院做出的关于解释联邦宪法的判决是具有强制拘束力的先例，其根据是德国联邦宪法法院程序法典第 31 条的规定②。"在日本，现行法上判例的先例约束力没有制度化，审判员没必要必须遵守判例。再则，下级法院做出与上级法院先例不同的判决，在制度上也是可能的。"③日本法上的判例实践，其主要法律依据是，日本法院法第 10 条和刑事诉讼法第 405 条等的相关规定。如此这般的具体实践，似乎意味"先例拘束

---

① 参见［英］维特根斯坦：《哲学研究》，陈嘉映译，上海人民出版社 2005 年版。
② 参见［法］勒内·达维：《英国法与法国法：一种实质性比较》，潘华仿、高鸿钧、贺卫方译，清华大学出版社 2002 年版，第 30 页。
③ ［日］后藤武秀：《判例在日本法律近代化中的作用》，《比较法研究》1997 年第 1 期，第 75 页。

(力)原则"[doctrine of the binding (force of) precedent]这样的观念已经被普遍性接受,区别仅限于程度不同、做法有异而已;似乎意味着判例作为一般概念上的差异,我们可以忽略不计,或者说,观念已融合,甄别已无任何意义。

在这里,笔者认为,问题的症结在于:判例在形式上的重复与各国在实践上的拘束力相近,是否决定了其已然同质化。对此,概括性的观念通常认为,尽管存在这样的事实——"每个法律体系都是'各种决定性因素之特定结合的独特产物'",亦即"每个法律体系都有其独特的个性。因此有必要说,'法律因文化的不同而各有不同'"①,但是由于判例在制度功能上的日趋相似——判例是对制定法的辅助、补遗或勘误,因此其作为一般概念上的差异可以忽略不计。同时,这样的观念还会强调,英美法在事实上存在着越来越多的制定法,来反证判例的这一功能性定位。然而,若以普通法中的判例概念为参照,尤其是英国法②上的,那么这些概略性的认识至少需要在两个方面作出辨析:其一,在功能上,判例是为了实现司法的主要目标——公正审判,还是更多地注重完善保障权利的实体法规则;其二,在法律理念上,判例法是一种"补救之法",还是"权利之法"。

具体地说:从制度功能目标上来看,关于判例的观念混淆,是指通常适用判例时在解决纠纷与完善法律之间的概念曲解。大致来说,将判例视为依赖于法院审判活动的惯例,其目标侧重于使纠纷得以解决,而将之视为源起于制定法不周延,其目标侧重于法律规则之补漏,这是一个饶有兴趣的概念描述与理解问题。当今世界各国,尽管实施法律的体制结构各不相同,但确凿无疑的是判例与法院的审判活动密切相关。由此,在适用判例与法院审判的关系上产生了两种典型的做法:一是将判例视为司法者在解决纠纷过程中的一连串的补救手段,一是将判例视为对现行法律中应当确认的那些权利和义务的补遗,即主要是对制定法缺陷的一种辅助。前一种做法,表现出对司法者的尊重,并且在实践上法官有强制性义务——遵循先例(stare decisis);而后者则是,

---

① [德]伯恩哈德·格罗斯菲尔德:《比较法的力量与弱点》,孙世彦、姚建宗译,清华大学出版社2002年版,第68—69页。
② 本书所述"英国法"皆是指英格兰的法律。需要指出的是,本书所述关于英国法的观点并非没有争议。

通过适用判例表达对立法者的尊崇，在实践上法官更偏好于适用各种解释性技术来解决判例所指向的立法问题。如若认识不到判例概念在这其中的差异，仅仅从判例在形式上被重复适用来论断，那么势必会造成概念曲解，甚至是观念混淆。亦即，以一种概念取代甚至完全遮蔽另一种概念，进而导致描述制度及其实践的话语混乱不堪。就此而言，或许概括性观念忽视了：起码在英国普通法理论当中，判例概念一直是极其重要且清晰可鉴的，学者们几乎一致认为，它与司法者有关；古典普通法法律家们也曾一度持有宣示理论（declaratory theory）来描述判例——法官的判决从来没有制定法律，他们只不过是建构了法律是什么的证据而已[1]。

从法律理念上来看，关于判例的观念混淆，是指将判例法视为"补救之法"还是"权利之法"这两种理念之间的错乱。更确切地说，视判例（判例法）一律为制定法的规则补漏，就会消弭两种法律理念之间的微妙差异，消解法律文化之间的异质性和多样性。作为法律理念，"补救之法"多与普通法法系相关。在英国法上，"救济才是至关重要的"，这一法律文化传统可以表述为："第一，英国法更倾向于先从义务开始，并将权利视为义务的附带结果，而不是先从权利开始，然后强加义务以保护这些权利。当然，这是边沁和奥斯丁时代以来的法律实证主义的结果"；"第二，英国法是不太关注权利本身的"，以其衡平法为例，它"是一种对人法。不管以前还是现在，衡平法都是一个以禁令的终极权力为基础的救济系统"[2]。而"权利之法"的理念则主要与民法法系相关。著名的法国比较法学者勒内·达维指出：英国的判例"是作为一连串的补救手段而产生的，其实践的目的是使争议得到解决；大陆法的目的则与此相反，它是作为一种体系告诉人们，根据正义的观念社会应当确认哪些权利和义务"；若以英国法与法国法的比较为例，那么"在英国，法律的基本概念也仍然和程序的概念联系在一起，并与诉讼意识相关联。在英国人的心目中，法律是一种技术，其主要目的在于解决争议；而不像在法国那样，是通过主持正义维护社会

---

[1] 参见[英]鲁伯特·克罗斯、J.W.哈里斯：《英国法中的先例》，苗文龙译，北京大学出版社2011年版，第31页。
[2] [英]P.S.阿蒂亚：《英国法中的实用主义与理论》，刘承韪、刘毅译，清华大学出版社2008年版，第16-18页。

合作",亦即,在法国,一位法学家会更多地注意保障权利和法律的实体法规则①。由此可见,一律视判例为法律规则的补漏,这是一种不准确的描述与理解,其错误根源很可能在于人们低估了不同法律传统的实际功效及其影响力。尽管我们不能断言,历史传统所揭示的两种法律理念的差异,一直贯穿于所有时代而且在今天仍然具有重要性,但强调将判例概念化过程中所导致的观念混淆却仍然具有价值。除非我们非常清楚正在做什么,否则使用判例概念就须加以甄别。

总之,对判例概念的概略性认识,或者说非语境化的使用,往往会导致观念混淆。本章强调借鉴英国法上的判例概念,其与历史、习惯和理性,与实施法律的体制结构、法律人的地位和作用、法律的分类和概念等密切相关。当然,这需要进一步的阐述,由此才能更好地描述与理解中国法上的指导性案例。

二、两种法律规则概念:判例在内容上的差异

貌似同样的"判例"词语却意味着不同的制度实践,若无甄别,就会造成概念术语的混淆并导致错误的结论。个中原因,表面上来看,除大而化之的观念作祟之外,这似乎也是由于令人遗憾的词义变化,或者说,是由于语言的歧义性和欺骗性。例如,jurisprudence 在英国的意义上指称法学、法理学、法律哲学、法律体系;而在美语中,该词的含义由"法律"扩至"判例法"与"法庭判决",法语 la jurisprudence 与德语 die Jurisprudenz 亦有与美语相似的变换②。实质上来看,这几乎就是因为无视作为"人的法的生存方式与生活方式"之表征③。更确切地说,作为制度实践经验的判例,其在内容上的差异表征了不同的生活方式。这倒不是在重复——对于某一种法律文化的核心表达,根本不可能在另一种法律文化中找到合适的对等表述——这样的陈词滥调,而是强调判例在

---

① [法]勒内·达维:《英国法与法国法:一种实质性比较》,潘华仿、高鸿钧、贺卫方译,清华大学出版社 2002 年版,第 13、16-17 页。
② 薛波:《元照英美法词典》,法律出版社 2003 年版,第 755-756 页。
③ 参见姚建宗:《法哲学批判与批判的法哲学——对法哲学科学本性的一种理解》,《吉林大学社会科学学报》1998 年第 1 期,第 19-28 页。

内容上的差异同样不能被有意或无意地消解掉,强调这些差异至少与两种法律规则的概念密切相关。

判例在内容上的差异首先与司法判决的形式和结构有关。判例内容泛指一个司法判决的内容,它本身并不是一个常用的法学范畴。在英国法上,学者们通常用判决理由和附随意见(obiter dicta)等来指称它。对一个司法判决进行判决理由和附随意见的区分,这是普通法的理论与实践上的一种古老的做法;并且这种做法表明,后者在一定情形之下也会转化成前者,但划定两者间的明晰界限却是最经常遇到的困难①。无论世界各国司法现实是否都如此,单就当下一个司法判决的陈述而言,什么是判决理由或判决据以确立的法律规则,通常这才被认为是判例的真正内容②。事实上,世界各国司法判决的形式或者说风格富有多样性,如卢埃林主要从判决的思维方式入手,将美国普通法上诉审的判决风格描述为宏大的与程式化的③,再如一般而论的判决,民事的、刑事的、上诉审的、有陪审团的等等。这也就是说,司法判决并无一成不变的或统一的确定形式和结构,如英国法院的判决一般采用详细的阐述和各种不同形式,而法国最高行政法院的判决陈述得非常简洁,并且就所有法国民事法院而言,任何具有一般叙述特征的话语都是被禁止的④。进一步来说,司法判决的形式和结构会影响其内容的表达,但真正的问题在于:对于任何一个司法判决来说,判决内容是否存在超越个案裁断所必需的法律规则,这才是我们在遵循先例或者说适用判例的意义上必须予以明确的。亦即,与判例相关的法律规则是否为同等一般性上的理性抽象。

从两大法系相比较的角度上来看,司法判决的诸种差异并不能过分归因于:一方是成文法传统,另一方是不成文法传统;一方法律规则主要存在于法典或制定法;另一方法律规则普遍发现于法院的判决之中。在观念上,与这些

---

① 参见[英]鲁伯特·克罗斯、J.W.哈里斯:《英国法中的先例》,苗文龙译,北京大学出版社2011年版,第47页。
② 参见[英]赖特勋爵:《判例》(上),张志铭译,《比较法研究》1991年第4期,第56页。
③ 参见[美]卡尔·N.卢埃林:《普通法传统》,陈绪刚等译,中国政法大学出版社2002年版,第38-50页。
④ 参见[英]鲁伯特·克罗斯、J.W.哈里斯:《英国法中的先例》,苗文龙译,北京大学出版社2011年版,第55-56页。

第九章 当代中国"指导性案例"的概念考察

差异事实真正密切相关的是,法律规则并不在同等一般性的水准上①:在普通法上,其判决据以确立的法律规则必须与个案事实紧密相关,即判决所陈述的内容通常会包括经由区别技术对案件进行裁决的过程,因而不存在超越个案事实的法律规则,并且确定与表述法律规则主要是法官的职责;而在民法传统里,其判决所依凭的法律规则却是预先设计的、与个案事实相分离的,即判决所陈述的内容通常会包括经由法律解释技术对案件进行裁决的过程,并且确定与表述法律规则是立法者(包括学者)的职责,法官的职责只是适用前者所陈述的法律规则而已。简言之,两大法系在先例拘束力原则之下的判决内容所蕴含的法律规则概念并不能等同,也不能一律被视为理性抽象的某种结果;在该种意义上,如何对待司法判决,这会首先通过我们所持有的法律规则的概念或观念,来影响我们确定一个判决成为判例(先例)的真正内容。

其次,重要的是,判例在内容上的差异表现出了两种法律规则概念的区别性特征。在遵循先例或者说适用判例的意义上,判例在内容上的差异,主要是指一个司法判决之所以成为法律规则的认知性和规范性不同,亦即,判例能否作为一种有效性的法律渊源存在性质上的区别②。在民法法系国家,"法院的实践并不能成为一种法律渊源,直到它被在某一问题上一致的诸多先例一再重复而明确地确定下来"③,即它们存在一种实质上的判例法,但判例的有效性一般被视为源自法律(制定法),而不是那个裁决本身。与之相反,在普通法法系国家里,遵循先例并不与其裁判权不相容,恰恰是其制度原则与基础。若以英国法为例,这也可以表述为:"英国的法律技术所感兴趣的是先例和案件类型,而不是对制定法条文的解释或对具体问题的分析,从而将这些问题按照概念在制度中'对号入座';英国的法律技术热衷于精细而现实地探究生活问题,并倾向于在具体的历史关系中处理这些问题,而不是系统或抽象地思考它们。"④

---

① 参见[法]勒内·达维:《英国法与法国法:一种实质性比较》,潘华仿、高鸿钧、贺卫方译,清华大学出版社2002年版,第33、27页。
② 参见[英]鲁伯特·克罗斯,J.W.哈里斯:《英国法中的先例》,苗文龙译,北京大学出版社2011年版,第182-202页。
③ Edouard Lambert, Max J. Wasserman, "The Case Method in Canada and the Possibilities of Its Adaptation to the Civil Law", *The Yale Law Journal*, Vol. 39, No. 1, 1929, p. 14.
④ [德]K.茨威格特、H.克茨:《比较法总论》,潘汉典等译,法律出版社2003年版,第272页。

197

进一步就两大法系的判例作为法律规则的认知性和规范性而言,勒内·达维在一个略有不同的语境中指出了其中所蕴含的两种法律规则概念:"普通法法律家的法律规则以其直接性(immediacy)为特征;它提供了无须解释程序的解决争议方法。大陆法法律家适用的法律规范则更为广泛;因为它是在法院之外由法学家和立法者设计的,它只是与典型的解决争议方法相关联,与具体案件无涉。法国的法律家不去区分先前判例和当前案件,而是力图通过解释的程序确定那些稍显抽象的法律规则的真实含义,理解这些规则的依据是当时的具体环境。"①

最后,在中国法的语境当中,若具体就判例内容(指导性案例的内容)而言,学者们常会深入剖析判例的生成机制与法律定位、裁判要旨的提炼与评析等,鲜见对判例内容所依凭的法律规则概念等作进一步的研究,即便有也多会落入法律人类学上的"地方性知识"之窠臼。而这种强调法律本土性的视角,在提供某种可理解性的概念的同时,往往又会割裂且阻碍不同法域之间的可沟通性,无法为当今世界的法律发展趋势提供智识上的支撑。本章的研究进路主要在于强调如何适用判例,亦即主要着眼于一项规则之所以成为法律规则的有效性渊源。这种强调法律有效性渊源的进路,既能够促使我们深入考虑先例原则在不同法院(包括不同国家的法院)被实际遵循的程度,也能够提醒我们从判例内容上着眼判决据以确立的法律规则并不存在同等一般性。那种等同对待所有判例的做法,值得质疑;不同实践和语境当中的遵循先例,其契合之处尚须进一步地考察。

显然,在这里,本章的论述主要着眼于"为什么说某些规则是法律规则",而不是"如何说明一项具体法律规则的实际内容"。因此,笔者的区分没有触及,如何确定一个判决的具体判决理由或确定判决据以确立的具体法律规则等方面的复杂问题。换言之,将判例在内容上的差异与两种法律规则概念联系起来,笔者并不是要对学者们关于判例的观念分出优劣高下,而是要强调,我们在适用判例(指导性案例)时所持有的不同的法律规则概念,至少不能导

---

① [法]勒内·达维:《英国法与法国法:一种实质性比较》,潘华仿、高鸿钧、贺卫方译,清华大学出版社2002年版,第33页。

致混淆判例的真正内容(判决理由)与已决案件之间的区别、判例与法律(制定法)之间的区别。因为抵消由判例内容所表现出的法律规则概念之差异,无异于模糊一个判例的效力,进而会减损司法裁判权在行使上的权威并且徒增混乱。

三、司法者与立法者:适用判例在思维方式上的分殊

从严格的法律理论角度来看,概略式地以法律规则之辅助、补遗或勘误的某一个方面,来描述与理解判例(或判例法)与制定法的关系,这会导致貌似相同的法学概念术语(例如,判例、法律规则等)的进一步混淆,也会抵消不同制度实践经验之中的不同角色及其作用。与意大利比较法学者莫诺·卡佩莱蒂的角度不同——他主张法官不得不担当"造法者"(lawmakers)而非"立法者"(legislators),即主要着眼于司法与立法存在程序上的深刻差异,来强调司法者与立法者对法律的创造性程度有别①,本章从遵循先例或适用判例的角度,即主要就适用一个司法判决来说,坚持认为,司法者与立法者存在着思维方式上的种类差异问题。换言之,笔者并不认同,卡佩莱蒂消弭判例法与制定法之差异的理论预设,尽管在很大程度上赞同他对当今社会"司法造法"的精彩阐述。之所以不认同的简要理由在于:判例是否为大陆法国家的一种正式法律渊源,这在理论上仍存争议并没有确凿无疑的答案;消解不同制度环境当中的判例实践经验,这恰恰是现实中观念错乱的一个根源。或者说,对那些争议与观念做出某种回应,这也是本章的目的之一。

毋庸赘述,确定一个司法判决所适用或蕴含的法律规则,或者说,如何适用一个司法判决,这是必须借助一些方法和机制的。这些方法和机制,在整体上,首先与确定者的思维视角密切相关,亦即我们是从司法者的角度还是从立法者的角度来着眼,会导致对司法判决的截然不同的认识结果。更确切地说,在很大程度上,一个司法判决,从司法者视角来说,主要是一个法律渊源问题;而从立法者视角来说,则主要是一个法律内容问题。正如美国学者卡拉布雷

---

① 参见[意]莫诺·卡佩莱蒂:《比较法视野中的司法程序》,徐昕、王奕译,清华大学出版社2005年版,第3—156页。

西在解释"制定法时代的普通法"时所指出的,从司法者的视角来看,我们应该会"强调法院对于原则、对于理性的判决制作,以及对整个法律组织构造(fabric)的恪守。如同首席大法官查理·布雷特尔(Charles Breitel)所言:'司法过程建立在推理之上,并且假定——尽管所有的非理性主义者恰恰相反——其判决只有得到理性地解释或者在理性上可以解释时才能得到辩护。任何民意测验、受影响各方的多数投票、权宜的规则,以及任何据称是主观的或者独特的观点都不能证成一项司法判决。尤其是,任何暴力或者政治权力的要求(claim)都不能证成一项司法判决。'"[1] 从立法者的视角来看,我们可能会强调"许多事情都不适合法院去做,因为它们并不拥有对于知道应当做什么来说是必需的那些数据;因为某些领域的行动要求巨细无遗的规章性用语;因为并非所有的立法机关重新审议揭示出来的、得失攸关的问题,都能在一种对抗性的设置当中得到显明;因为在某些领域,司法的行为不得不具有溯及力,因此会损害正当的预期,或者无法给人以必要的警示;或者因为司法的解释助长了立法机关对自身责任的推卸"[2]。简言之,卡拉布雷西认为,面对当今被制定法主导的美国法,理应建构出普通法与制定法之间的一种新型关系——保持立法在法律创制过程中的主动性,坚持发挥普通法随时更新法律的功能。在笔者看来,这主要是在主张将普通法的传统功能复位,尤其是发挥判例的重要作用,亦即经由分辨司法者与立法者的不同视角来强调判例的重要价值。

实际上,就如何适用一个司法判决,司法者与立法者所表现出的不同的思维方式问题,亦即,司法式思维与立法式思维的种类差异问题,我们也可以这样来阐释:在法庭上,如果存在制定法,则该制定法当然就是法律,但新案件可能不在制定法覆盖的范围之内,那么援引已决判例对于一个待决案件究竟意味着什么,这是需要解释的;从立法者的角度看,判例填补了制定法的空白,因为随着情势变更总会出现新的法律空白;但从司法者的角度看,制定法本身填补了法律空白并修正了先例,尽管已决判例并不像其订立者所想象的那样

---

[1] [美]卡拉布雷西:《制定法时代的普通法》,周林刚等译,北京大学出版社2006年版,第169页。
[2] [美]卡拉布雷西:《制定法时代的普通法》,周林刚等译,北京大学出版社2006年版,第250页。

整全与精确①。这绝非在玩弄某种修辞术,因为若不做此种理解——司法者视角的重心与法律渊源有关,立法者视角的则与法律内容有关,那么我们就根本不可能明白当代英国分析法哲学大师哈特所正确描述的关于英国法的情形:在英国,主流的观点认为法律的内容向来与法律的有效性问题无关,除非涉及授权立法(行政规章),在此情况下所制定的法律的内容,不得越出议会所授予的权力范围;但除此之外,其他所有法律的有效性,都完全是依据其渊源来决定的②。

除了上述一般意义上的阐释,适用司法判决的具体方法和现实机制,当然也存在着司法者视角与立法者视角的云泥之别。就拿当下的司法机制为例,在两大法系相比较的意义上,更准确的说法应该是,它存在着两种制度实践之间的分野——以立法内容为主导的与以司法裁判为基础的差异。对此,学者们往往从司法机构的集权化与等级化程度、法官(或者立法者、法学者等)的职能与地位以及特定历史因素等来说明两大法系存在差异的原因③;并且,由此来强调,如何适用司法判决仅仅存在某种程度上的差异而非种类上的差异,即已决判例被实际遵循的程度有别而已。这正如卡佩莱蒂对"司法造法"问题的论断那样,尽管两大世界性法律制度存在一些基本差异,但一段时期以来一直存在一种日益趋同的发展趋势,这已经减少了差异;因此,普遍性的"司法造法"现象只存在程度不同的差异,但面对的问题基本相同了④。实质上,此种论调不断地重复这样的一种观念——在法律以法官为主导的国家和法律以立法者为主导的国家,通常会产生一定的区别,但这些区别一般仅为技术上的,不涉及法律的实质,从而至少取消了性质迥异的两种差异——司法者视角与立法者视角之别、判例法与制定法之别。在这里,吊诡的是,既然差异仅为程度上的或称技术上的,它们又是很容易被修正的,那么司法机制本身的那些差异

---

① 参见[美]小詹姆斯·R.斯托纳:《普通法与自由主义理论:柯克、霍布斯及美国宪政主义之诸源头》,姚中秋译,北京大学出版社 2005 年版,第 13 页。
② 参见[英]哈特:《法律的概念》,许家馨、李冠宜译,法律出版社 2011 年版,第 90-112 页。
③ 参见[比]R.C.范·卡内冈:《法官、立法者与法学教授——欧洲法律史篇》,薛张敏敏译,北京大学出版社 2006 年版。
④ 参见[意]莫诺·卡佩莱蒂:《比较法视野中的司法程序》,徐昕、王奕译,清华大学出版社 2005 年版,第 3-156 页。

为什么会一直存续呢？另外，此种论调在适用司法判决的具体方法上，能够为我们提供更方便批驳的例证——判例法是一种归纳法，制定法是一种演绎法。

在法律推理方法上，具体将判例法说成是依靠归纳推理，制定法则依赖演绎推理，或者说，一个司法判决被视为个案类推的还是规范演绎的结果，如此这般的认识，在很大程度上可能是似是而非的。换言之，这个问题与它被提出的频繁程度一样并不特别重要，尽管推理方法可能会展现法律及其适用的某些特征，但这些内容绝非法律推理的决定性因素。对此，英国著名法官赖特勋爵（Lord Wright）通过阐述英国法中的判例明确表示，"归纳和演绎的对立是个假象。法律必须通过可能不那么准确的所谓归纳过程去制造特殊规则；它可能基于特殊请求的考虑、运用其有关道德和社会价值以及正义的准则制造规则。然后，它在同样的案件里将这个规则运用于特殊的事实并推演出相应的结论……适用规则的过程可以被称为演绎。在早先的确立规则的案件中，则既有归纳也有演绎"，他极其厌恶这样的区分和术语，"因为它们的使用似乎会掩盖与生活规则相关的法律和作为规范、与同客观的事实和理论一起发挥作用的科学相关的法律之间的差异"①。尽管赖特勋爵针对的观念是，把英国法说成是归纳性的，但我们在同样的司法视角上依然可以说，一个司法判决，无论是适用判例的，还是适用法律（制定法）的，"运用的不是一种狭窄的或形式的逻辑，而是那种为生活和社会的急切需要塑造规则的更真切的逻辑"②。这也就是说，关于法律的司法推理，包括如何适用一个司法判决，在具体方法上是演绎的还是归纳的，这个问题并不能进行一般性的肯定或否定回答，因为一般性的回答至少无法回应这样的司法事实——演绎推理在判例法的适用中所起到的作用同它在制定法的适用中一样多③。进一步来讲，怎样适用一个司法判决，我们的视角何在决定了如何描述与理解法律的性质，亦即，司法者视角与立法者视角之种类差异，从严格的法律理论角度来看，是不应被抹杀掉的，否则不仅会消解不同制度的实践经验，也会消弭法律的多元性存在样态。

---

① ［英］赖特勋爵：《判例》（上），张志铭译，《比较法研究》1991年第4期，第58-59页。
② ［英］赖特勋爵：《判例》（上），张志铭译，《比较法研究》1991年第4期，第58页。
③ 参见［英］麦考密克：《法律推理与法律理论》，姜峰译，法律出版社2005年版。

四、中国法上的一种创制：指导性案例

在关于中国法的理论上，如何认识指导性案例，或者说如何发展以指导性案例为主要内容的案例指导制度，这是一个颇具现实意义的司法变革问题，也是一个攸关中国法的存在样态的重要问题。例如，2010年11月26日，最高人民法院审判委员会讨论通过了《最高人民法院关于案例指导工作的规定》，学界主流的观点认为，这标志着人民法院的案例指导工作进入了一个新阶段——"建立案例指导制度，是人民法院全面落实依法治国方略，建设公正、高效、权威社会主义司法制度的重要工作举措，正在推进的司法体制与工作机制改革的一项重要内容"[1]。除此之外，也有学者认为，案例指导制度前途未卜，需要克服重重障碍[2]。尽管争论不休，但是学者们的意见也并非尽然莫衷一是。例如，在满足当下司法需求解决"同案不同判"这一顽疾的意义上，多数学者们认为，案例指导制度不是一种新的"造法"制度，而是一种审判管理和保障法律统一适用的"技术"和"方法"，当然对如何（甚至包括该不该）管理等意见不一。总结而言，他们大都极力撇清，案例指导制度与立法活动无关，指导性案例不是一种新形式的司法解释；亦即，案例指导制度仅是一项有创新的司法制度，指导性案例仅是一个典型的司法（法律适用）问题而已。在这里，与前文相联系，仅就适用指导性案例的理论前提来说，我们首先应当考虑的是，以立法者的视角还是司法者的视角来审视它。更确切地说，适用指导性案例是否以立法式思维来解决司法问题，这值得再三反思。

以立法者的视角来审视指导性案例，指的是那些强调指导性案例可以有效弥补制定法局限或空白的观念。其典型特征在于，着眼于制定法内容上的不周延与指导性案例的灵活补充性，着眼于适用指导性案例所遵循的逻辑路线——所谓从具体到具体的技术和方法，即，"遵循指导性案例内在要义并在待审案件论证说理时，结合个案事实，融入裁判说理部分的表述中，接受指导。

---

[1] 胡云腾等：《〈关于案例指导工作的规定〉的理解与适用》，《人民司法》2011年第3期，第33页。
[2] 参见秦宗文：《案例指导制度的特色、难题与前景》，《法制与社会发展》2012年第1期；黄泽敏、张继成：《指导性案例援引方式之规范研究——以将裁判要点作为排他性判决理由为核心》，《法商研究》2014第4期。

法官在处理同类或类似案件时,应将对指导性案例整体内容的正确理解转化为针对待审案件合法合理的司法判断"[1]。在实质上,这种视角下的观念否认指导性案例是一种"司法造法",否认指导性案例可能会蕴含某一类法律规则(裁判规则);亦即其坚持认为,法律是立法者制定的法律,任何一个司法判决必须始于制定法的规定。不过,一旦将这种视角与司法事实相联系,除非作鸵鸟状,否则其自相矛盾之处不容回避:确认指导性案例之裁判规则(判决理由)的恰恰是司法者,而不是立法者。这就与尊崇立法者、看重制定法内容本身的认知前提难以协调。这也就是说,在立法者的视角下,立法者的权威与司法者的权威并没有得以妥当调和,行政化地强调法官接受个案指导,既不是出于遵循司法裁判原理的行为,也很难及时做到满足完善制定法的需求。同时,这种论调极有可能为司法者规避社会责任或风险提供借口,从而矮化了司法者的社会角色及其作用。另外,在立法者视角下,我们几乎不去分辨——作为构成一个指导性案例的判决理由或来自指导性案例判决理由的规则,与授予该判决理由具有权威的规则——这两种规则之间的明显且深刻的差异,因为一旦分辨,那么就会造成背离其出发点的观念——承认"司法造法"的实际存在。令人不无遗憾的是,当下关于指导性案例或案例指导制度的讨论,因为拘泥于立法者视角,试图以立法式思维来解决司法问题,所以更倾向聚焦于后一种规则而非来自指导性案例之判决理由的规则。这仍然是在一种预先设计的、与个案相分离的意义上来讨论司法问题;于是,便有不断粉饰如下观念的嫌疑——指导性案例不是法律,即便在它具有拘束力的情形下,那也仅仅是适用被解释了的制定法而已。

与立法者的视角相反,以司法者的视角来审视指导性案例,它主要从一个面对争议的法官的角度来审视案例,而不是将法官作为"法律的阐释者""法律的喉舌",即指导性案例与解决纠纷本身密切相关,它并不必始于一部制定法的规定。其典型特征在于,从一个指导性案例的判决理由之所以成为法律规则的有效性来源出发,使得诸如"法律远远不止一种""法律规则并不在同等一般性的水准上""习俗惯例是一种法律的渊源"这样的问题具有了实际意义。

---

[1] 胡云腾等:《〈关于案例指导工作的规定〉的理解与适用》,《人民司法》2011年第3期,第36页。

若依照普通法理论,这种思维方式的特征也可以这样表述:"普通法一开始只是有关各式各样大量具体案件之经验,从中逐渐确立出某些统一的原则,而不是预设这些原则,这些原则也不是可以毫无困难就找到的;普通法也确定了一些法律规则,但它们是搜集整理出来的,而不是系统地推导出来的。简而言之,普通法理性一般更关注人类事务中几乎是无穷无尽的种类差异,而不会声称,这些差异可以被归入若干概括性范畴中。"① 在实质上,这种视角下的法律观念,从来就不是一个内在一致的理论系统,但这绝非意味着非理性或反理性。同时,在理论逻辑上它主张,司法者应享有一种根据法律原理、法律目的甚至于政策等不断限制或修改既有规则的权力,亦即应该发挥司法者应有的社会角色之巨大影响力。例如,指导性案例可能会触及制定法内容上的不合法或不合理之处,即某种意义上的司法审查。不过,过度强调司法者视角之于指导性案例的价值,也可能会忽略这样的危险,即法官在特定范围内的法律观察是精密的、细微的,其视野可能会受到个案事实的强烈影响,从而不可避免地导致法官的法律视野趋于碎片化。

简言之,笔者始终认为,与其说一个指导性案例是某类案件的法院判决,毋宁说适用一个指导性案例有着重要的法律理由和法律意义。这也就是说,无论以立法者的视角还是以司法者的视角来审视指导性案例,它们都必须使一个司法判决遵从法律的合法性问题。因为任何一个司法判决都需要被整合在一个被接受的、现行的法律体系之中,这是现代社会的法治原则之一。因此,不管采用何种视角来检讨指导性案例都不能脱离中国法治的需要,也不能脱离中国法的制度环境和制度经验。泛泛而言,关于中国法上的创制问题,我们需要结合两大法系上的相关理论认识,结合我们自身的实践经验,以正确对待指导性案例为契机,发展出愈加尊重司法者的法律理论和法律文化。

具体就中国法上的指导性案例问题来说,如何避免以立法式思维(立法者的视角)来对待司法问题是值得深思的。因为即便学者们认同这样的观

---

① [美]小詹姆斯·R.斯托纳:《普通法与自由主义理论:柯克、霍布斯及美国宪政主义之诸源头》,姚中秋译,北京大学出版社2005年版,第184页。

念——法律制度的不同,"在于整个法律的获得途径,在于法律的思维方式,而不仅仅是法律对离婚的规定,或者法律对高速公路最高限速之间的具体区别"①,他们也并未足够注意到如何对待适用判例在思维方式上的种类之别,或者说,并未对 F.A.哈耶克区分 nomos(法官创制的法律)与 thesis(立法者编纂的法律)之深刻洞见有丝毫的理论敏感②。有鉴于此,与指导性案例相关的概念、观念以及思维方式等这些问题都应该予以深刻检讨,它们不是无关宏旨的理论上的矫揉造作,因为它们或隐或显地左右着我们的认识和行动,因为它们会塑造中国法的实际存在样态。

五、结语:对指导性案例的一种期许

从"判例"到"指导性案例",无论怎样回答这一问题——它们是制定法(或其他性质的法律)的辅助、补遗、勘误,我们都不应该采取概略化方式。然而,意味深长的是,事实上,实实在在的相关制度实践经验在许多国家都是丰富的,匮乏的似乎总是一个适当的概括性观念。因此,在理论上,从满足悖论性的司法需求——一方面,法律必须是确定的和可以预知的,另一方面它又必须是灵活的并且能够适应具体情境的——出发,将指导性案例理解为类似普通法历史上的应急措施之救济办法③,并由此发展出一种尊崇司法者的法律理论和法律文化,或许是一种值得思虑的期许。

在积累制度实践经验、提升认知判例或指导性案例的意义上,本章的旨趣或许恰如英国法官拉德克利夫(Radcliffe)勋爵针对判例法的司法解释所说的那样:"一位法官可能最严格地遵从先例原则,可能在其完成一天工作之后,每个夜晚仍深信其口中所言和笔下判决没有任何与其前辈先前所说或裁判不一致之处。但即便如此,当他重复他们的话语时,其意也与该法官口中所言的实质不同,这恰是因为 20 世纪的人无法用 17、18 或 19 世纪人的腔调和口吻来

---

① [比]R.C.范·卡内冈:《法官、立法者与法学教授——欧洲法律史篇》,薛张敏敏译,北京大学出版社 2006 年版,第 1 页。
② 参见 F.A.哈耶克:《法律、立法与自由》(第一卷),邓正来、张守东、李静冰译,中国大百科全书出版社 2000 年版。
③ 参见[英]S.F.C.密尔松:《普通法的历史基础》,李显冬等译,中国大百科全书出版社 1999 年版。

说话。情境不同,参照的范围也不同。且不论其意图如何,权威神圣的言辞本身就是在它的话语中新铸造的新鲜创造物。在那有限的意义上,时间把我们大家当作创新的工具。"①

---

① Viscount Radcliffe, "The Lawyer and His Times", in *Not in Feather Beds: Some Collected Papers* 265, 271(1968). 转引自[意]莫诺·卡佩莱蒂:《比较法视野中的司法程序》,徐昕、王奕译,清华大学出版社2005年版,第8页。

第十章

当代中国司法政策变迁的历时性考察

"《红色娘子军》著作权纠纷案",2011年由法院受理,2012年4月18日第一次开庭审理,但为何直至2016年1月法院才作出终审宣判?一个著作权侵权纠纷为何会被主审法院认为事实认定和技术统计有难度,并且确实历经了5年左右的时间才得以澄清?任何一个了解案情的人都不会认为该案的事实有多么复杂,所涉法律有多么深奥,也即法院之所以难以对它作出宣判主要是因为该案事实发展过程具有特殊的时代性。也正是这种特殊性与典型性为我们把握新中国成立后我国法制建设与发展的历史进程提供了丰富的素材与线索。可以说,《红色娘子军》剧本著作权诉讼所涉及的事项在时间跨度上几乎涵括了新中国成立初期一直到当下,可以说非常难得地集中反映了新中国法制建设的完整历史过程。正因为该案的典型性,笔者拟以它为切入点来透视新中国的法制发展;也因为它引发的争议集中在法律适用领域,笔者拟以司法制度为主线来展开历史追溯;又因为该案需要综合考虑政治的、经济的等多方面社会因素,笔者主要在司法"政策"意义上辨析司法制度建设的发展趋势;更因为该案的时间跨度较为漫长,不同时间段内司法政策具有明显不同的区别性特征,笔者拟以能够标示出这些特征的"范式"概念作为分析单位。

基于上述考虑,本章将分为三个部分。首先对司法政策的内涵加以理论上的明晰,在此过程中需要借助公共政策学国家理论及库恩的"范式"概念等,这表明我们正是在"政策范式"意义上对司法政策进行研究的。其次,依循《红色娘子军》维权案案情的发展线索,依据政策范式的分析指标,概括出我国司法政策发展与转变的三个阶段及其标志性特征,重点探明司法政策转变在"社会学习"①的意义上得以发生的条件和意义,这反映出"政策对社会和经济环境的反映没有对过去政策结果的反映那么直接"②。最后,对于"司法政策范式"的理解和认识还必须借助整体社会结构和制度安排以及观念之间的相互作用,也就是说,"司法政策范式"研究的重要性皆根源于我们的司法问题意识或司法改革要领,这也就决定了我们的研究基点和策略的独特性所在。正是因为存在这种独特性,我们的研究也才具有了理论的和现实的意义。

一、作为一项公共政策的司法政策

何为公共政策意义上的司法政策?为了回答这一问题,我们应当从暂时消除它周围的某些遮蔽其本性的复杂因素,还原它在我们社会中的实际位置入手。我们必须暂时清空有关司法的各种既定观念和想象,以实现我们当前研究所需要的"心灵白板"(tabularasa)。厘清作为公共政策而存在的司法政策,也意味着同时会澄清一些比较容易致人产生误解的重要问题。

首先,司法政策作为一种独立的研究领域或者说作为一种交叉学科存在的根据在哪里?是体现在它的研究范围上、它的标题上还是它的研究方法上?司法政策的存在是否会危及司法独立性观念?进而危及司法作为一个完整的政府分支部门而存在甚或危及司法作为一门自足的学科而存在的意义?关于司法政策,我们是否要建构一套完备的概念体系以及支撑这套概念体系运作的原则框架?或者说是否只有在我们能够充分解释现实的制度安排的前提下

---

① 为了矫正多元主义过分强调政策的社会起源这一倾向,国家理论开始在公共政策研究中发挥广泛影响。国家理论者开始寻找多元主义中政策过程这一概念的替代概念以完成他们对政策的解释。在这些努力中,有一个概念以特别高的频率开始出现,那就是"政策制定即社会学习"(policymaking as social learning)。学习概念强调三个互相关联的要点:过去政策的影响对于社会学习至关重要;行政官员或某个特殊政策领域的专家在学习中特别重要;国家在面对社会压力时具有强大的自主行动能力。参见:Peter A. Hall,"Policy Paradigms, Social Learning, and the State: The Case of Economic Policymaking in Britain", *Comparative Politics*, Vol. 25, No. 3, 1993, pp. 275, 277-278.

② Peter A. Hall, "Policy Paradigms, Social Learning, and the State: The Case of Economic Policymaking in Britain", *Comparative Politics*, Vol. 25, No. 3, 1993, p. 277.

我们才能够谈及司法政策？显然只有在承认法律本身并非一个独立学科的意义上，司法政策才有存在的空间，因为在法学学科独立的意义上，司法政策这种提法本身就是自相矛盾的。

在国内公共政策学领域中，除了在谈到公共政策分类时提到了作为其中一个种类的司法政策之外，较少有专门关于司法政策的研究和总结；而我们知道公共政策学者已经就经济、住房、医疗、教育政策等领域在新中国成立以来尤其是改革开放之后的发展进行了深入的探讨。而法学领域又似乎讳言或诟病"司法政策"问题，夸张地"迷恋"所谓法律人的世界——法律知识的专业性、法律职业的独立性、司法裁判的职业化等，从而人为地构筑政策与法律的鸿沟、搭筑与现实对照即会愈显苍白的象牙塔或城邦，甚至于无视法律与政治的当然联系。"如果法律人考虑政治问题，他们就从描述走向评价，从科学走向玄想，从一个客观的领域走向一个主观的领域。"[①]显然，这是法律的科学研究要着力避免的。

其次，在我们认可司法政策研究意义的基础上，我们所谓的司法政策研究到底是指诸如"调解优先"和"宽严相济"等这类具体的司法政策还是更侧重某一时期内司法领域内较稳定的具有概括意义的总体政策取向？当下法学领域当中涉及司法政策研究的内容多是从某一具体公共政策的角度来评判我国当下司法实践中一些举措的适当性问题，比如苏力曾就2003年最高法院有关"奸淫幼女"的司法解释违背弱势群体权利保护这一公共政策问题进行过深入探讨；或者从某一法律部门的政策变迁着手，比如目前学术界充斥着大量有关"宽严相济"这一刑事司法政策的讨论；等等。而事实上，根据国内外法律政策学发展的现状来看，我国法学界对于司法政策的研究尚处于起步阶段，远远没有形成自觉的理论意识和问题意识。

本章所谓的公共政策是指政府机关和政府官员为处理某一问题或有关事务所采取的活动方式或活动过程，而不是他们所作的那些单独的、彼此毫不相关的决定。举例说，一种政策不仅包括就某一问题通过某一法律的决定，而且还包括随之而来的关系到这一法律的贯彻、实施的那些决定。如果说立法机

---

① [英]马丁·洛克林：《公法与政治理论》，郑戈译，商务印书馆2002年版，第28页。

关通过一项法律，要求雇主支付不少于所规定的最低限额的工资，但并没有采取任何行动来实施这一法律，结果，在经济行为方面没有发生任何变化。那么，我们就有理由说这一例子中的公共政策实际上是工资非调整政策。看来把某种意图当作政策，无视随后发生的一切，这是荒谬的①。基于对以上观点的认同，本章对司法政策的考察不是局限于立法或司法某一个单独部门的单独决定，而是一种总体的司法政策取向，主要根据立法的、司法的以及具体制度建设方面的多重要素进行综合理解和解读而概括出来。因此，本章所谓的司法政策，并不是法官的某个判决或裁定，而是侧重指国家司法机关的活动方式或活动过程。

再次，本章所谓的司法政策研究是一种倚重于我国司法政策之历史发展而建构的解释性理论还是一种通过明晰当下问题而面向未来改革的建设性理论建构？换言之，本章的司法政策研究是一种描述性的理论阐释还是一种批判性的理论构想？也许应当说，本章的研究既是历史性的，同时又是依据对司法政策未来发展走向的关怀与期望而进行的理想性构思。这样来看，对司法政策的概括性研究就不应该无视政策本身的过程属性而孤立地研究某一阶段的政策，因为每一时期的政策取向可能都孕育着和预示着未来的政策新走向。基于以上的考虑，本章拟从"范式"角度展开对司法政策的研究。因为用"范式"来概括我国司法政策的发展与未来，在解释司法政策本身的连贯性与转变等方面具有极佳的解释力，也更符合"社会学习"的概念。

具体来讲，范式是"一些在某段时期内向一个职业共同体提供典型问题和典型解决方案的科学成果"②。政策范式研究的集大成者彼得·霍尔认为，政策范式就是"政策背后的大致目标，决策者为了实现该目标必须解决政策背后的广泛的目标以及相关问题和难点，此外，在很大程度上将会用到各类手段以达到目标"③。霍尔的政策范式具体由政策目标、政策工具和政策问题三个基本要素组成，并且这一范式业已得到公共政策科学界的广泛认同。当政策问题、政策目标和政策工具这三个要素在不同层次上发生根本性转变之时也就

---

① 参见［美］詹姆斯·E.安德森：《公共决策》，唐亮译，华夏出版社1990年版，第4页。
② ［英］托马斯·库恩：《科学革命的结构》，金吾伦、胡新和译，北京大学出版社2012年版，第8页。
③ ［美］托马斯·戴伊：《理解公共政策》，孙彩红译，北京大学出版社2008年版，第22页。

意味着政策范式的一次转变完成了。而实际上范式研究的优越性不仅在于对于研究客体的动态解释上而且更在于它实际上标示了研究主体共同的理论取向。

按照库恩的界定,范式有两个最基本特征:"空前地吸引一批坚定的拥护者,使他们脱离科学活动的其他竞争模式;同时,这些成就又足以无限制地为重新组成的一批实践者留下有待解决的种种问题。"[①]可见同一范式的支持者正是由于所看重问题的共识性而共同推动着某些重大问题的解决,但是往往也由于自己所看重问题的局限,其他重要问题被视而不见,而一旦这些被刻意忽略的其他重要问题到了非解决不可的时候,也往往就是新的研究范式潜隐而现的时候。从范式角度对司法政策的历史把握能够尽可能做到既关注了中国司法发展的历史传统,同时又照顾到了对中国司法发展历程的原则性把握;这种研究方法有望避免"原则将大行其道,而传统则悄然隐退"的情况发生。

最后,为了明确所谓对司法政策的范式研究的具体所指,我们可以进行简短的语义分析。汉语中的司法政策研究至少可以包含以下三种不同的路径:一是"司法政策—学",即对司法政策的研究;二是"司法—政策学",即对司法的政策(学)研究;三是"司法—政策—学",或称作政策司法学,即对政策的司法学研究。本章采取的是第一种研究路径,即从"政策范式"的角度展开对司法政策的研究。

本章的基本观点是,为了概念上的清晰,对司法政策的研究要关注司法政策本身的系统(contexts)依赖品性,注意司法理念自身的学习品性;或者说本章将借助国家理论的社会学习概念,在系统中来理解司法政策及其指导理念的相应变迁。如果在系统中来理解的话,我们发现中国司法现今所奉行的一系列指导思想和政策方针实际上都有其历史和现实等方面的缘由,也就是说我们现时段的政策受到前一时段政策的影响,而前一时段的政策又受到它之前政策的影响。有些司法理念在某一时间点来看,也许是成问题的,但是这都是一个社会在学习的过程中不得不付出的"学费"。

---

① [英]托马斯·库恩:《科学革命的结构》,金吾伦、胡新和译,北京大学出版社2012年版,第8页。

二、新中国"司法政策范式"的变迁

以赛亚·柏林曾经表达过这样的见解:"思想和文化的历史……是不断变化的伟大的解放性观念争相上映的舞台,先前的解放性观念不可避免地转变为压抑创造性的观念,并因此激发了新的解放性观念对其自身的破坏,而这些新的解放性观念同时也不可避免地具有奴役性的一面。理解人的第一步是认识那些主宰人的行动并弥漫于人的行动之中的观念模式。"①我们可以认为,对于理解司法机构及其作为来讲,人们需要重点关注其所践行的实践及其行为所引以为据的法律法规,但是如果想要对作为一个整体的司法机构的作为作出合理的解释,司法机构的某种观念模式会有很大的帮助。下文将要探讨的更迭中的司法政策范式就可以被看作具有这种功用的观念模式。如果从公共政策范式的几项主要分析指标来看,即根据政策问题界定、政策目标和政策工具等几个方面,本章将尝试辨识并勾勒出我国司法政策范式的三次转变,如表一所示:

表一

分析指标	阶级斗争政策范式 (1949—1978)	规则性政策范式 (1978—2012)	"后规则性"政策范式 (2012—)
政策问题界定	强调法律是阶级斗争的产物	突出法制的全面恢复与重建	重视因经济发展不平衡导致的日益严重的社会不公平现象,促进社会公平正义,增进人民福祉
政策目标	一方面,反对日本帝国主义,保护抗日的人民,调节各抗日阶层的利益;另一方面,保护人民的利益,重心在促进社会主义经济建设	发展经济,满足人民的温饱要求并进而实现全民族的共同富裕,司法要为改革开放和经济建设保驾护航	突出良法善治,建构法治中国
政策工具	无产阶级领导的、工农联盟为主体的人民民主专政,包括无产阶级自己的法律、自己的司法机构和司法人员	突出司法的中立性特征,尤其是法治理想本身所要求的法律的统治	能够切实有助于实现个案正义的巡回法庭这类制度安排和审判中心主义等司法理念

---

① 以赛亚·柏林:《政治理论仍然存在吗?》,转引自[英]马丁·洛克林:《公法与政治理论》,郑戈译,商务印书馆2002年版,第52页。

（一）司法的阶级斗争或共识性政策范式（1949—1978）

一个社会所取得的共识性程度越高，规则所能够发挥作用的空间就越小。这一观点最能代表这一阶段我国司法的典型特征。我们认为，从1949年新中国成立到1978年改革开放之前为司法的阶级斗争政策范式或共识性政策范式阶段（甚至可以追溯至新民主主义革命时期），此时突出的是司法的共识性特征或价值即司法如何能够保证始终站在人民这一边而远离敌人以便更有效地保护人民并打击敌人。所以，此时人们对于司法的认识必然是非中立性的，因为我们要建立和发展的是属于人民自己的司法。

在阶级斗争政策范式阶段，问题界定的重点是认为法律和国家一样是阶级斗争的产物，是"提高为规律的统治阶级的意志"（《共产党宣言》），"是统治阶级公开以武装强制执行的国家意识形态"（《中共中央关于废除国民党六法全书及确定解放区的司法原则的指示》）。因此，一定的法律只是为一定统治阶级服务的，只是为统治阶级所据以实现其统治的社会经济基础服务的，超阶级的法律从古到今都是没有的。于是，为了维护无产阶级革命成果，进行社会主义现代化建设，实现赶超英美发达国家的任务，保护人民群众的利益就必须借助无产阶级自己的法律。1949年2月发布的《中共中央关于废除国民党六法全书及确定解放区的司法原则的指示》奠定了新中国初期立法的基调，"在无产阶级领导的工农联盟为主体的人民民主专政政权下，国民党的六法全书应该废除。人民的司法工作，不能再以国民党的六法全书为依据，而应该以人民的新的法律作依据"。这段时间颁布了1949年9月的《中国人民政治协商会议共同纲领》、1951年的《中华人民共和国人民法院暂行组织条例》《中央人民政府最高人民检察署试行组织条例》等，以及1950年的《中华人民共和国婚姻法》和"五四宪法"。这些法律正是共产党领导下的全国人民共同智慧的体现和结晶。

这一阶段的政策目标，一方面是延续抗日战争时期的任务，陕甘宁边区法院的任务与国民党反动法院的任务有着根本的不同。"国民党反动法院是血腥统治的恐怖工具，它的任务是镇压劳动人民及其先进代表的活动，保护地主、官僚买办和资产阶级的政权和财权。陕甘宁边区各级法院的任务，在抗日战争中,根据'应以反对日本帝国主义,保护抗日的人民,调节各抗日阶层的利益,改良工农的生活和镇压汉奸、反动派为基本出发点'。"①人民法院要通过审判的职能巩固人民民主专政,"公安、检察和法院三个部分要相互约制相互配合,共同向反革命和一切犯罪分子作斗争,是正确的,更是必需的"②。

另一方面,要顺应无产阶级在新中国成立后的新任务,人民法院要保护人民的利益,人民司法工作重心逐渐转移到促进社会主义经济建设方面来。政法工作"总的要求,是进一步健全人民民主制度,健全和运用人民民主法制……以保障经济建设和各种社会主义改造事业的顺利进行"。"随着大规模的有计划的经济建设时期的到来,保卫经济建设的立法工作、公安工作和检察工作也需要大力加强,使人民民主的法制逐步地健全和完善起来。……司法方面要加强有关经济建设如工矿生产、基本建设、交通运输、农村互助合作中的案件和资本主义工商业的违法案件的检察和审判工作。"③从董必武先生的有关论述来看,政策目标的这两个专政方面的任务显然是服务于经济建设方面任务的,只可惜后来这两个方面之间的主次关系发生了根本变化。

仔细甄别这一阶段的政策工具,可以发现最主要的是无产阶级领导的、工农联盟为主体的人民民主专政,这包括无产阶级自己的法律、自己的司法机构和司法人员。1951年的《中华人民共和国人民法院暂行组织条例》《中央人民政府最高人民检察署试行组织条例》等明确规定了人民法院和人民检察署的组织体系。新中国的司法体系、司法制度体现了人民性,"人民"二字体现了一切权力属于人民,体现了社会主义新中国司法制度的本质属性,也体现了从法律制度上确保人民当家作主、依法管理国家。1952年6月到1953年2月全国司法系统发起的大规模司法改革运动,其任务"在于根本地解决人民司法机关组织不纯、思想不纯和作风不纯的严重问题,把人民司法建设引导到一个正确的方向去,以适应国家经济建设的需要"④。该运动主要包括四个方面,即清除旧司法人员、肃清旧法思想、纠正旧司法作风以及发展政法教育。其基本考虑

---

① 马锡五:《新民主主义革命阶段中陕甘宁边区的人民司法工作》,《法学研究》1955年第1期。
② 董必武:《董必武政治法律文集》,法律出版社1986年版,第441页。
③ 董必武:《董必武政治法律文集》,法律出版社1986年版,第171、172页。
④ 周继湖:《驳斥资产阶级右派对司法改革运动的诬蔑》,《中南政法学院学报》1957年第2期。

是:"司法机关是直接实行无产阶级专政的工具,司法工作是一种政治性、阶级性最强烈的工作。专政工具这个刀把子必须掌握在绝对服从党的领导、忠于国家和人民、忠于社会主义事业和共产主义事业的干部手中。"①按照黄文艺的说法,新中国成立初期的司法实际上经历了一个三步走的过程:"如果说第一步解决了适用什么样的法律的问题,那么第二步解决了由什么样的机构适用法律的问题。但是,还有一个重要的问题没有解决,这就是由什么样的人来适用法律的问题。司法改革运动实际上就是建国初期摧毁旧法制、创建新法制的第三个重大步骤,其主要目的就是要解决由什么样的人来适用法律的问题。"②

而且,根据对一些典型案件处理方法的分析,我们还发现当时形成了一种与司法所服务的目标相适合的司法方法。我们在此处以马锡五审结的"封捧儿婚姻上诉案"③为例来说明这种司法方法的特点。此案判决可以说既符合法律关于婚姻的相关规定,同时又照顾到当事人以及人民群众的意愿。审判工作中贯彻民主的精神,这也是马锡五一贯奉行的司法方法,即实行"认真贯彻群众路线,依靠群众说理说法,实行审判与调解相结合,司法干部与人民群众共同断案"。但是这种对人民群众的信赖与依靠又不是没有原则的,而是以科学的调查研究为基础的,也就是做到"客观全面深入细致地进行调查研究,重证据不轻信口供,证据口供都要经过核实";同时这种民主司法也是以法制原则为指导的,也即"坚持党性原则,忠于职守,以身作则,严格依法办事"④。令

---

① 黄文艺:《1952—1953年司法改革运动研究》,《江西社会科学》2004年第4期。
② 黄文艺:《1952—1953年司法改革运动研究》,《江西社会科学》2004年第4期。
③ 华池县温台区四乡封家园子居民封彦贵,有女儿名叫捧儿,民国十七年(1928年)许与张金才次子张柏儿为妻,尚未过门。三一年(1942年)五月,封彦贵见女儿既已长大,而现时聘礼又复大增,遂企图赖婚。一面教唆捧儿以"婚姻自主"为借口要求与张家解除婚约,一面却以法币二千四百元、硬币四十八元暗中许与城壕川南源张宪芝之子为妻。被张金才得悉告发,经华池县府判决撤销后一次之婚约。三二年(1943年)二月,捧儿赴赵家疙子钟聚宝家吃喜酒,遇张柏儿亦到,由第三人介绍,虽未当面谈话,捧儿已表示愿与结婚。但同年三月,封彦贵复以法币八千元,硬币二十元,哔叽四匹另许庆阳新堡区朱寿昌为妻。张金才得悉后,即纠集张金贵等二十人,携棍棒为武器,于三月十三日深夜闯入封彦贵家,封姓惊恐四散,遂将捧儿抢回成婚。封彦贵控告到县,经判决:张金才徒刑六个月,张柏儿封捧儿婚姻无效。当时张两家都不同意,附近群众亦感不满。适值马锡伍同志赴华池巡视工作,经上诉前来。另请见张希坡:《马锡五审判方式》,法律出版社1983年版。
④ 关于马锡五审判方式的相关论述请参见张希坡:《马锡五审判方式》,法律出版社1983年版,第54页。

人痛惜的是，从 1957 年的下半年"反右"运动开始，极"左"思潮泛滥，法律虚无主义猖獗，宪法和法院组织法规定的司法原则和制度受到批判，公检法工作萎缩，司法部及各地司法厅、局竟于 1959 年被撤销。在"文革"中，随着"以阶级斗争为纲"，社会主义经济建设遭到严重损失，公、检、法机构被砸烂①。董必武先生的司法工作为经济建设服务的法学思想遭到了极大破坏。

（二）规则性政策范式——从十六字方针到依法治国建设社会主义法治国家（1978—2012）

从 1978 年到 2012 年，中国经历了规则性政策范式阶段，这一阶段强调的是司法的规则性特质。发生这一转变的根本原因是司法发挥作用的总体环境以及其所服务的目标已经发生了根本性的变化，即改革开放和市场经济建设的发展从根本上突出了人们的个人性目的或追求。这主要是由于国家领导权力的转移和新的国家发展战略政策转变的影响，本阶段的司法政策范式注意吸取了前一阶段政策范式一系列举措及其政策失败的教训，克服了前阶段的政策范式弊端。人们逐渐认识到阶级斗争政策范式在保护无产阶级利益方面不仅没有任何优势，而且甚至置人民群众于各种困苦的境地。可以说，阶级斗争政策范式指导下的司法实质上根本背离了司法本身，是对司法本身的否定，对于这一点最好的佐证就是在"文革"期间法律受到轻视甚至被废弃。基于对前一范式阶段的各种积弊的深刻认识，人们发现必须突出法律本身的规制作用，必须要用严格的法制、一般性的规则来保障新中国社会各方面的平稳发展。因此，这一阶段问题界定突出的是法制的全面恢复与重建。

在立法方面，中国的法制建设在这一阶段取得了突飞猛进的发展，各项重要的法律法规相继出台。如果说共识性政策范式阶段的重要任务是巩固无产阶级革命成果，那么规则性政策范式阶段的司法政策重心则在于巩固和发展社会主义各项社会建设成果，尤其是经济建设成果。市场经济一直被称为"法治经济"，法治为市场经济的发展提供的是一种总体的运作框架，在这个框架内，市场经济主体才能将注意力放在经济本身；否则，如果人们的大部分时间

---

① 杜兴华、萧波：《董必武司法为经济建设服务思想浅析》，载孙琬钟、张忠厚：《董必武法学思想研究文集》（第九辑），人民法院出版社 2010 年版，第 224-229 页。

不得不用来搞清楚什么才是社会"共识"的话,哪里还有那么多精力专注于发展经济。标志性政策标语是党的十一届三中全会确立的"有法可依,有法必依,执法必严,违法必究"(简称"十六字方针")的重要方针政策。1978年12月13日,邓小平在中央经济工作会议上强调:"为了保障人民民主,必须加强法制。必须使民主制度化、法律化,使这种制度和法律不因领导人的改变而改变,不因领导人的看法和注意力的改变而改变。"[①]于是,1979年7月,五届全国人大二次会议审议通过了《中华人民共和国刑法》《中华人民共和国刑事诉讼法》等七部重要法律,使我国社会主义法制建设进入了新阶段。1986年4月12日通过并颁布《中华人民共和国民法通则》,1987年1月1日起实施。1989年4月4日通过并颁布《中华人民共和国行政诉讼法》,1990年4月1日起正式施行。1990年4月4日通过了《中华人民共和国香港特别行政区基本法》,标志着"一国两制"法律制度的建立。1993年3月31日的《中华人民共和国澳门特别行政区基本法》,是"一国两制"制度在澳门的成功应用。

在"十六字方针"的指导下,调控人民政治、经济、文化和社会生活等方面的基本法律已经制定得初见成效,因此接下来立法的任务就是要从原则上来明确中国未来法制建设的基本方向和重点,所以"依法治国""法治"等概念最终得以写进宪法。1996年3月,八届全国人大常委会四次会议正式批准的《关于国民经济和社会发展"九五"计划和2010年远景目标纲要》,第一次以具有国家法律效力的文件形式,提出了"依法治国,建设社会主义法制国家"。1997年9月,党的十五大报告进一步把"依法治国"确立为执政党领导人民治国理政的基本方略,并把"建设社会主义法制国家"改为"建设社会主义法治国家",并将其作为社会主义政治发展的目标。1999年修改宪法时,把"依法治国,建设社会主义法治国家"载入宪法总纲,并将宪法第五条增加一款,作为第一款,规定:"中华人民共和国实行依法治国,建设社会主义法治国家。"从此,真正实现了从"人治"到追求"法治"的历史性跨越。

政策目标则是要发展经济,满足人民的温饱要求并进而实现全民族的共

[①] 邓小平:《解放思想,实事求是,团结一致向前看》,邓小平同志在1978年12月13日的中共中央工作会议闭幕会上的讲话。

同富裕,而司法则要为改革开放和经济建设保驾护航。在司法机构和司法人员方面,这一阶段不再强调其无产阶级特性和工具特性,转而将侧重点放在如何从制度上保障司法机构及其工作人员能够独立地、不受干预地并严格依照法律来解决纠纷。法律和司法不再优先保护某一个阶级,所有人所寻求的保护不再能够来自其所属的阶级,而都只能来自法律本身。1979年9月,中共中央发出了《中共中央关于坚决保证刑法、刑事诉讼法切实实施的指示》(中发〔1979〕64号)。该指示对各级党委加强和改进党委对司法工作的领导提出了明确要求:严格执行刑法、刑事诉讼法,坚决改变和纠正一切违反刑法、刑事诉讼法的错误思想和做法;党对司法工作的领导主要是方针政策的领导,加强党的领导主要是切实保证人民检察院独立行使检察权,人民法院独立行使审判权,不受行政机关、团体和个人的干涉。

司法机关要忠实于法律制度,忠实于人民利益,忠实于事实真相;党的各级组织、领导干部和全体党员,都要带头遵守法律,坚持法律面前人人平等,绝不允许任何人有凌驾于法律之上、超越于法律之外的特权。1980年中央恢复了中央政法委员会;人民检察院、司法部等机构得到恢复、重建和发展。1999年10月,最高人民法院颁布了《人民法院五年改革纲要(1999—2003)》,标志着当代中国的法院改革进入了第二个阶段,这一时期法院改革主要在内部层面上全方位展开,涉及审判方式改革、审判组织改革、法院内设机构改革以及法院人事管理制度改革等七大领域。这一时期,还有一些重要的司法文件也指示了司法发展总的目标和任务,包括《最高人民法院关于为构建社会主义和谐社会提供司法保障的若干意见》(法发〔2007〕2号)、《最高人民法院关于进一步发挥诉讼调解在构建社会主义和谐社会中积极作用的若干意见》(法发〔2007〕9号)、《最高人民法院关于进一步加强司法便民工作的若干意见》(法发〔2009〕6号)、《人民法院第二个五年改革纲要(2004—2008)》(法发〔2005〕18号)、《人民法院第三个五年改革纲要(2009—2013)》(法发〔2009〕14号)等。

我们认识到"以人为本、司法为民",是我国司法工作的根本出发点和落脚点,也是司法体制改革的根本原则。不管是作为阶级斗争的工具也好,还是作为经济发展的保障也好,从根本上来说司法是为人民服务的,这才是社会主义司法的根本任务。其他方面的努力全部都可以在这里找到根据和归宿,其他方面的努力都是服务于为人民服务的。因此,这一时期的司法机构和司法人员的重点不再是机构和人员的纯粹化、素质和业务的专业化,而是司法机构及其人员如何能够在保持其基本业务素质和法官职业操守的前提下,开拓服务于人民的途径和方法。为了达到这一政策目标,则要借助于法制、法规、司法组织机构、司法程序等全方位的改善和变革,此时已经不再固执于强调法律或司法所谓的阶级性问题,转而突出其中立性特征,尤其是法治理想本身所要求的法律的统治,而这也正是此一阶段的主要政策工具。

如果按照西方的判断标准来看,这一阶段中国的司法是最符合所谓的"法治精神"的。这个时期的司法机关和法官已经不是仅仅机械地执行宪法和法律,而是积极投身于法治的建设当中,比如,山东的"齐玉苓案"就被称作新中国宪法司法化的第一案。针对此案,最高人民法院以司法解释的形式赋予了山东省高院以宪法中的公民享有受教育权为依据,判定相关责任人的行为违法。再如四川泸州遗产继承案体现了法官在法治的背景下期望对中国社会道德风尚建设有所贡献的努力。诚如苏力所言:"法治是规则化的治理。以前纠纷解决就是纠纷解决,而现在由于通信发达,就不能只是关注这个纠纷怎么解决,还要考虑这个纠纷解决之后别人会得到什么信息。每个纠纷解决都在某种程度上涉及规则,这就要求我们要有政策眼光,要有事先的预判。……此类案件的处理涉及国家和法律如何处理家庭内的人际关系和财产关系。因此处理问题时还是必须有点全局眼光,要考虑是否具有普遍性,能不能得到老百姓普遍的认同。"①四川泸州遗产继承案至少从结果角度来讲,传达给人们这样一种信息,即即便是符合法律规定的行为,但是只要能够证明这类行为违反了所谓的"公序良俗"等法律原则,也是断然不会受到法律保护的;做"二奶"等这类为大众所共同谴责的行为是不会得到法院保护的。在"以人为本、司法为民"司法理念的指导下,我国各级法院审理了若干颇具代表性的案件,如2008年的"许霆案",从最开始的无期徒刑到最后的有期徒刑5年,既体现出了对当事人权利的保护,也体现出了对人民群众意愿的尊重。再如2012年的"吴英案",某种程度上可以说正是死刑复核制度的改革"挽救"了吴英的生命;这也

---

① 苏力:《中国司法的规律》,《国家检察官学院学报》2009年第1期。

是社会舆论对司法的参与促成了上述结果的出现。

(三)"后规则性"政策范式(2012年至今)

规则性政策范式虽然使我国社会享受到了规则之治所带给我们的经济发展和人民生活改善等方面的诸多好处,但是法治要求的往往比规则所能确立的更多。而且规则性政策范式阶段的司法取向也有可能在某种程度上侵蚀社会整体价值观或价值共识,这样一来,不仅规则本身的遵奉程度大打折扣,而且在规则有漏洞可利用或规则所不及之处,因为缺少了那些非工具性的规则或体现共识的价值准则的指引,在前述个人性的目的或追求的驱动下,如果有利益需要,违反法律或规则的诱导因素大大地增加了。在某些情况下人们行为所表现出来的唯利是图、为达目的不择手段等倾向则非常明显。最显而易见的例子是,虽有食品安全等相应的调控法规,但是国内食品安全领域还是屡屡曝出令人触目惊心的问题,诸如"毒奶粉"、苏丹红、地沟油、速成鸡等无时无刻不在侵蚀着百姓的餐桌。

于是,我们看到司法实践当中出现了一些似乎有悖于"法治"理念的政策取向。如调解政策从原先的"调判结合"改为"调解优先"并构建了"大调解"格局,诉调对接机制也接着出台,"和为贵"的传统司法理念再次彰显,"宽严相济的刑事政策"不断被强调。于是经过几年的酝酿,2009年最高人民法院王胜俊院长提出"能动司法"观点,引发了司法界、学术界的一系列相关大讨论,基本的态势是司法界大都持支持态度并积极组织相应的细化性质的讨论,而学术界质疑与赞美参半,至今莫衷一是。比如,近年司法权威日益失落、人民群众对司法满意度不高等司法问题丛生,才导致我们急需"能动司法"这样的特效药方。综观各种讨论,无论是将"能动司法"作为司法指导理念还是作为司法追求的适当理想,多是就司法谈"能动司法"或是就理念来谈理念。其实这类讨论既有道理,也不无问题。问题在于忽视了"能动司法"是作为一种司法指导思想被提出来的,当然,其本身具有特定的含义,但是我们却不能仅仅就其本身来理解。中国式"能动司法",简言之,就是积极司法、主动司法,服务大局,服务地方,服务中心工作。而且,如果急于对其是否是当下中国司法问题的适当应对之策作出评析和判断也并非明智之举。这是因为"能动司法"仅仅是当下中国总的司法政策变革当中的一个环节或风向标,透过以"能动司法"

为指向的这些司法指导理念,我们新的司法政策范式正待破茧成蝶。从系统的维度来考察,我们发现,中国历史上的发展政策范式、司法政策范式以及当下经济社会等各方面的问题和需要等几个主要方面共同选择了我们目前正在积极培育的司法政策范式模型。

从 2012 年开始,"后规则性"司法政策逐步彰显。所谓"后规则性"政策范式关注的不仅仅是司法的工具性或规则性问题,而且更关注司法如何创造或维护非工具性规则或价值共识的问题,以及一般性规则在现实具体个案当中对正义的维护和保障。此时的中国法治建设必须解决前一阶段饥不择食的情况下引发的"消化不良"问题,比如苏力所分析过的中国破产法立法问题[①]。此时的司法观尚在逐步界定和明确的过程当中,也许我们会看到前两阶段司法政策范式的有机融合,它着眼的是未来中国要"更加注重社会公平,使全体人民共享改革发展成果"。根据前文的回顾,我们甚至可以说时至今日新中国的司法政策范式经历了一个矛盾律所谓否定之否定的螺旋式前进过程,这本身就是一个政府"社会学习能力"的充分体现。

在"后规则性"政策范式阶段,政策问题界定重视了因经济发展不平衡而导致的日益严重的社会不公平现象,促进社会公平正义,增进人民福祉。"从 1978 年开始到 20 世纪 90 年代中期,在某种意义上可以说中国只有经济政策,没有社会政策。自 90 年代末期,中国的社会问题和社会矛盾越来越多,也越来越严重。在这种大背景下,中国政府的政策导向出现松动,在坚持'效率优先'的同时,公平得到了更有力的'兼顾'。到 2004 年召开十六届四中全会时,执政党最终放弃了'效率优先,兼顾公平'的提法。"[②]经过几年的酝酿发展,十八届四中全会提出了良法善治的概念,这要求立法应该进一步提高质量,更加注重科学化、民主化,应该从过去片面地追求数量转向追求质量,要从粗放型转向精细化,要从解决单项的问题转向法治的系统化。这一阶段不再满足于有法可依,而是开始重新思考我国社会需要的法律到底呈现何种面貌这一根本问题了。

---

① 苏力:《市场经济对立法的启示》,《中国法学》1996 年第 4 期。
② 岳经纶、郭巍青:《公共政策评论》(第 1 卷),上海人民出版社 2007 年版,第 30 页。

2013年6月19日开始施行的《最高人民法院 最高人民检察院关于办理环境污染刑事案件适用法律若干问题的解释》，使得环境污染犯罪无处遁形。《中华人民共和国老年人权益保障法》于2012年12月28日修订后，最受关注的内容是明确规定了与老年人分开居住的家庭成员，应当经常看望或者问候老年人，否则将构成违法。这也是中国首次将"常回家看看"纳入法律。2015年4月对已于2009年出台《中华人民共和国食品安全法》进行了修订，修订之后被称为"史上最严厉食品安全法"。不仅如此，十八届四中全会首次提出要对部门间争议较大的重要立法事项，由决策机关引入第三方评估。为了充分保障立法质量，《中华人民共和国立法法》于2015年3月15日第一次修正时建立了立法后评估机制。2015年6月7日，我国首个公共政策与立法第三方评估研究机构——"北京城市学院公共政策与立法第三方评估研究中心"成立。

从这一阶段的立法问题选择、价值选择以及对待立法的官方态度来看，此时的立法已经走过了粗放式的扩张与建制阶段，而进一步向着以审慎的方式促成精细化的发展与完善迈进。环境污染问题、食品保护问题甚至老年人权益保障问题这样一些与国计民生关系重大的立法早已有之，因此，此时的法律解释或法律修正主要不是填缺意义上的，而是重构意义上的价值完善与再抉择。而且这一时期的政策选择还特别突出了价值重构的长效与监督机制，首次引入了第三方评估。这无疑为我国能够真正实现良法善治，进而促进社会公平正义，增进人民福祉奠定了坚实的基础。

政策目标则是突出良法善治，建构法治中国。2012年11月8日，党的十八大提出了"法治中国"的理念，明确了打造法治中国必须要由内而外、由表及里，从内外两方面入手，推动法治中国成为社会生活的现实。从这段表述中可以看到，新时期的"法治中国"建设已经在向制度的精神内核方面用力，而不仅仅是制度建设本身。大会对全面推进依法治国作出重大部署，强调把法治作为治国理政的基本方式。2013年11月召开的中国共产党十八届三中全会，通过了《中共中央关于全面深化改革若干重大问题的决定》，对加强社会主义民主政治制度建设和推进法治中国建设提出明确要求。2014年10月20日，中国共产党十八届四中全会在北京召开，首次以全会的形式专题研究部署全面推进依法治国这一基本治国方略。全会提出,法律是治国之重器,良法是善治之前提。

党的十八届四中全会特别强调,公正是法治的生命线。司法公正对社会公正具有重要引领作用,司法不公对社会公正具有致命破坏作用。为了捍卫司法公正,努力让人民群众在每一个司法案件中都能感受到公平正义,必须完善司法管理体制和司法权力运行机制,规范司法行为,加强对司法活动的监督。2015年9月,最高人民法院、最高人民检察院、公安部、国家安全部、司法部联合印发《关于进一步规范司法人员与当事人、律师、特殊关系人、中介组织接触交往行为的若干规定》,其中心思想为切实保障案件当事人的合法权益,维护国家法律统一正确实施,维护社会公平正义。

因此这一阶段的政策工具着眼的是能够切实有助于实现个案正义的巡回法庭这样的制度安排和审判中心主义等司法理念。在优化司法职权配置方面,最为重要的一项举措为推动实行审判权和执行权相分离的体制改革试点,最高人民法院设立巡回法庭,探索设立跨行政区划的人民法院和人民检察院。根据中央批准的试点方案,2015年1月底,最高人民法院第一、二巡回法庭分别于广东省深圳市和辽宁省沈阳市挂牌成立。两个巡回法庭于2015年初受理、审理案件,主要审理跨行政区域重大行政和民商事案件。巡回法庭在制度定位上相当于最高人民法院的派出机构,在审级上等同于最高人民法院,判决效力等同于最高人民法院的判决,均为终审判决。而且巡回法庭的法官也来自最高人民法院,由最高人民法院各业务庭选派,按两年的时间轮流派驻巡回法庭。借助巡回法庭,"最高法院将司法触角伸向地方,真诚参与审判实践,有面向未来与针对过去两方面功效:对未来而言,通过主动介入审判,积累经验甚至教训,能够更多获得待审案件指导意义的判例。……对过去而言,通过超越地方利益的公开听审,让司法裁判有稳定的既判力,减少烙饼式的无休止的重审与再审"①。

为了切实实现个案公正,十八届四中全会还指出,要推进严格司法,坚持以事实为根据、以法律为准绳,推进以审判为中心的诉讼制度改革,实行办案

---

① 邓子滨:《巡回法庭是个好东西》,《南方周末》2015年2月6日。

质量终身负责制和错案责任倒查问责制。这标志着我国刑事司法从"侦查中心主义"转向了"审判中心主义"。这必将改变人们过去对公检法三个机构在刑事司法中分工的戏谑看法:即"公安做饭""检察端饭""法院吃饭"。从"侦查中心主义"转向"审判中心主义"体现出了法院工作重心的变化,即从法律议题中心转向事实议题中心。案件是由事实推动的,正义只能通过个别、专案的方式来实现,即通过非常详细地检查特定案件的事实,并考虑到已经发生的事情来确定什么看起来是公平的。它强调的是每一个案之事实的特殊性,也就是法院更愿意在特殊意义上来考察行为,更愿意去描绘与所谓个殊化正义高度相关的事实方面的差别。

三、"司法政策范式"的完整问题域

从前述司法政策范式的更迭现象中,可以辨别出我国法律发展的两种趋势之间的较量与紧张:其一,法律的技术化和复杂化趋势。在现代社会中,随着利益不断地扩展,越来越多的社会领域要求权威性的法律作为协调利益冲突的手段,这就使得法律越来越被以工具主义的方式对待。法律制度的创新与改革的决定因素来自法律或法律学理之外,诸如各种利益的考虑、社会压力、政治要素或经济命令,而其中起决定作用的则是法律对于社会共同体的想象。一个社会的多种复杂关系构成一个典型的完整共同体,其构成了检验法律规则制定与适用的实际条件。经由我们前述对司法政策范式的概括与描述,可以从中提炼出一个特定的法律共同体概念"人民",而对这个概念在法律场景中的应用则可以表述为"人民性"。需要注意,我们此处所谓"人民性"要与司法的"民主化""大众化"等这样一些概念相区分。在严格的意义上,司法的"民主化""大众化"相对应的应该是司法的"职业化""专业化"等,这种分类更多强调的是决策技艺方面的内容,具体到制度层面涉及的应该是在专业性的司法活动中是否容留民众某种形式的参与空间,在我国当下应该是指人民陪审制度的"适当形式"的问题;而不应该将司法的"民主化""大众化"概念扩展到包括对司法的舆论监督与大众监督。

另一种发展趋势则是法律作为社会中主导机制,其审慎运用要求为法律基础寻求一个无法改变的原则。然而,现代社会法律持续和迅速变化的预设,使得找到某种持久原则几乎不可能。人们寻求的这些原则往往是有时间限制的,往往受制于具体情况的实用性原则。正如社会学家卢曼所说,"在现代社会中,从变化和相关性中提炼出的各种原则和根本观点(如自然法),是否能够提供稳定和调控性的合适机制,越来越值得怀疑了"①。问题在于,复杂、技术化、不断变化的现代法律尤其需要一种令人信服的指导和基础,也就是其对于"法律性"的渴求。对于这个问题,我们需要思考,类似于由主权者命令的定义、承认规则或者基本规范所提供的法律有效性的准则,是否足以防止合法性衰微乃至滑落到专制权力的工作。具体而言,当"法律性"与"人民性"遭遇时,如何能够碰撞出清晰且可预测的普遍性规则,防止管理者恣意拟定、调整和实施政策,而不是为现实中无约束的自由裁量提供宽泛权威的模糊性普遍规则。

综合前述司法政策范式的发展阶段,可以发现,"法律性"与"人民性"之间的张力一直贯穿我国司法改革与发展的整个过程。因为不同阶段对它们各自内涵与要求的理解不同,它们之间也呈现出具有重要意义的相异关系,由此决定了不同政策范式阶段的核心特征。

在阶级斗争政策范式阶段,"法律性"与"人民性"之间的相互关系经历了重要的转折:"封捧儿婚姻上诉案"的审判可以说诠释了马锡五司法方法既坚持"法律性",又坚守"人民性"的高超平衡艺术。但是,这种平衡的司法艺术最终被群众运动或民众动员打破,造成"人民性"的内涵被错误解读,因而"法律性"遭到废弃的结果。"人民性"遭到扭曲夸大,导致彻底压倒"法律性",然而最终不仅伤害了法律也伤害了"人民"。正是在这一时期(1960年),梁信创作完成了电影文学剧本《红色娘子军》,1961年由天马电影制片厂根据该剧本拍摄成同名电影公映发行。1964年前后,梁信获悉中央芭蕾舞团(简称"中芭")依据其电影剧本改编了同名芭蕾舞剧,以口头方式予以许可并亲自参与改编工作。鉴于当时社会并无著作权法律概念、制度及相应的法律意识,双方未就此达成任何法律协议。这种人民内部问题的解决方式为后来的"《红色娘子

---

① Niklas Luhmann, *The Differentiation of Society*, New York: Columbia University Press, 1982, p.103.

军》著作权纠纷案"埋下了伏笔。

为了纠偏,在规则性政策范式阶段,"法律性"得以凸显,而"人民性"只能战战兢兢地在夹缝中求生存①,结果"人民性"受到了压制,而"法律性"也就丧失了灵魂。这种新的发展趋势,从"《红色娘子军》著作权纠纷案"在这一阶段的新发展当中也可以窥见。1993年为复排该芭蕾舞剧,"中芭"与梁信就支付著作权许可使用报酬的问题签订协议,"中芭"一次性向梁信支付10年的著作权许可使用报酬人民币5000元。这是由于20世纪90年代我国法律体系已经渐趋完善,立法上已经颁布了《中华人民共和国著作权法》(简称《著作权法》)(《中华人民共和国著作权法》由1990年9月7日第七届全国人民代表大会常务委员会第十五次会议通过),现实中当涉及相关事项时人们必然也会意识到需要依据法律行为,即签订著作权许可使用协议。协议于2003年6月25日到期终止并未续约,此后"中芭"继续上演该芭蕾舞剧。显然,双方不仅对于当时的协议内容在理解上存有差异,而且对于《著作权法》的相关规则在认识上也有分歧。若要弥合甚至解决双方的差异与分歧似乎并非易事。

后规则性政策范式阶段可以说开启了一场司法"法律性"的"寻魂"之旅,如何正确认识司法的"人民性"内涵并保持"人民性"与"法律性"之间的微妙平衡至关重要。法院对"《红色娘子军》著作权纠纷案"的处理体现的正是这样一种思路。2011年,在与"中芭"协商未果后,梁信决定诉诸法律,要求"中芭"在未经许可的情况下不得演出据其电影文学剧本改编的同名芭蕾舞剧《红色娘子军》,公开致歉并赔偿合理损失。2016年1月,《红色娘子军》著作权纠纷案终审宣判,北京知识产权法院判决中央芭蕾舞团赔偿《红色娘子军》编剧梁信各项费用共计12万元。法院最终的判决结果需要结合该案的特殊案情才能给予最合理的理解。如果说,"公平愈是屈从于规则上的逻辑,百姓的正义感

---

① 举例来讲,当1979年我国恢复司法系统建制时,仰赖的是专业人士,而不是群众。回顾人民陪审制度的这段发展历程,可以发现它一直是新中国司法制度的自然的和必要的组成部分,但是也可以发现,基于"文革"的经验教训,我国司法制度自那以后一直迫使自己克制对人民陪审制度的依赖。所以,1982年宪法条文中没有关于人民陪审制度的相应规定,转而由《中华人民共和国刑事诉讼法》等法律进行规范。

之间的差距也就愈大。从而,在老百姓的眼中,法律就会渐渐地失去自身的可理解性和合法性"①。那么,我们可以较为谨慎地认为,未来法律(司法)的发展方向应该是以"人民性"为核心的价值指引下的升级版规则逻辑或"后规则性"逻辑的完美演绎。我们最终希望达成的状态应该是人民与法院之间依循规则的良性互动,即在谙熟法律和相应司法方法的基础上,根据我们所共同赞同的某种价值准则来衡平案件。

总之,司法的"人民性"概念也应该去除其在本书所谓"司法的阶级斗争政策范式"阶段所具有的那种阶级特性②,转而发掘其在民众权益保护方面的意义;类似于"人权"或者"正义"这样一些概念之于西方主要国家一样,如何使得"人民性"成为既有自己的传统也有自己的独特文化内涵的标志性概念将是非常有意义的课题。也即,当下中国司法观念要想实现某种转换性创造,要摆脱既定认知类型的束缚性限制,不是转换到某个司法模式里去,如所谓三权分立之下的司法独立,而是要充分发扬自己的优良传统,这是一种以多种思想观念为背景的改良式的不断摸索探求。其最终的目标是使得中国司法的某些概念能够进入世界法学通用的思想概念体系,中国司法所发现和解决的一些普通问题进入世界法学公认的思想问题体系。我们认为,当下中国司法观念的转换性创造应在深入挖掘司法的"人民性"内涵基础上,追求那种以共鸣、理解、宾服和爱意为支撑的"自然"③的司法观,并以此为契机开创中国司法文明、中国文明本身可能的新局面、新未来。"我们需要一幅地图来指导自己在法律的领地上穿行。即使一幅地图从总体上看是不准确的,它也能提供一定的指导,因为在没有地图的情况下,人们无法规划或组织自己的旅程。地图甚至可能既是错误的,又是富有启发性的。"④这或许也正是探讨"司法政策范式"的意义所在。

---

① [美]R. M. 昂格尔:《现代社会中的法律》,吴玉章、周汉华译,译林出版社2001年版,第198页。
② 比如像我国现阶段"人民代表大会制度""人民法院"以及"人民检察院"等这样一些称谓,没有人会继续在阶级斗争的意义上来看待它们。
③ 对"自然"的理解以及何为"合乎自然的司法观",笔者已经另行撰文讨论,在此不作赘述。
④ [英]马丁·洛克林:《公法与政治理论》,郑戈译,商务印书馆2002年版,第55页。

第十一章

中国司法改革进程中的制度变迁

司法改革,无疑是当代中国整部改革史的基本主线之一[①]。改革开放以来,司法改革在总体进程上先后历经了司法的恢复与重建、审判方式改革以及司法体制和工作机制逐步调整等阶段[②]。如果归结起来的话,这些改革措施愈发明确地以理顺司法运行机制为特征、以法治思维和法治方式促进社会公平正义为方向,其目标则是建设公正高效权威的社会主义司法制度、实现社会主义民主和法治。尤其是 2012 年 11 月以来,中共十八大从发展社会主义民主政治、加快建设社会主义法治国家的高度,作出了进一步深化司法体制改革的重要战略部署;2013 年 11 月中共十八届三中全会通过的《中共中央关于全面深化改革若干重大问题的决定》,确定了推进法治中国建设、深化司法体制改革的主要任务;2014 年 10 月中共十八届四中全会通过的《中共中央关于全面推进依法治国若干重大问题的决定》,将建设中国特色社会主义法治体系、建设社会主义法治国家作为全面推进依法治国的总目标,从科学立法、严格执法、公正司法、全民守法等方面提出了一系列重大改革举措;2015 年 2 月,最高

[①] 本章所谓司法改革,仅指法院及其相关制度的变革,即在狭义上使用司法概念。
[②] 参见夏锦文:《当代中国的司法改革:成就、问题与出路——以人民法院为中心的分析》,《中国法学》2010 年第 1 期,第 17-25 页;卢荣荣、徐昕:《中国司法建设三十年:1978—2008》,《法治论坛》2010 年第 2 期,第 120-170 页。

人民法院制定的《最高人民法院关于全面深化人民法院改革的意见——人民法院第四个五年改革纲要(2014—2018)》,确立了全面深化人民法院改革的总体思路,提出了全面深化人民法院改革的5项基本原则,围绕建成具有中国特色的社会主义审判权力运行体系这一关键目标,提出了7个方面65项司法改革举措。可以说,中国的司法改革事业已经全面深化提升到了一个新阶段。

考察改革开放以来的司法改革,特别是针对中共十八大以来的战略部署与重大举措,起码能够引出两种不同的理解。一种理解着眼于总体性的制度设计,视司法改革为不断克服制度和规范之各种缺陷的规制(或立法)过程,相信自上而下地推广适用已经试点后的"新规范"便能够解决影响司法公正、制约司法能力的深层次问题[①];而另一种则倾向于对司法运作过程进行具体分析,它们强调指出,尽管制度设计对司法改革有着重要影响,但实施某些具体举措往往会有"未意图的结果"、背离制度设计的目标与方向这类情形时或发生,由此主张回到以"司法为中心"(根据现有法律,用法律方法去探寻解决问题的具体方案)的改革路径,或者说,尤其重视司法制度的"内生"性质[②]。大致来说,有关司法改革的这两种研究,最主要的方法就是从立法论及解释论的角度来论述我国司法"应当"实现的制度设计与程序内容。无论从确立改革的方向及提供制度建设的一般框架,还是从司法本身的规范性质来讲,这种主流的研究方法都非常重要,今后还需要进一步深化发展。但满足于在立法、政策和司法体制等宏观层面上提出一般性的改革主张这种普遍存在的倾向,也带来了类似研究及观点的不断重复。另外,较为系统的实证调查还未真正得到开展,法院组织内部进行的调研也因强调服从实际工作需要而存在许多局限;同时,法律社会学上的研究又往往囿于某种功能主义的理解,亦即,把法律及司法活动主要视为直接的社会控制和社会化过程,而忽视了"由规则和日常实践构成的制度可以从任一个层面开始发生改变,但真正的制度变迁却只是当规

---

① 参见陈光中、龙宗智:《关于深化司法改革若干问题的思考》,《中国法学》2013年第4期,第5-14页;秦前红、苏绍龙:《深化司法体制改革需要正确处理的多重关系:以十八届四中全会〈决定〉为框架》,《法律科学(西北政法大学学报)》2015年第1期,第36-47页。
② 参见陈金钊、张其山:《对中国司法改革理论的反思》,《山东社会科学》2003年第6期,第59-64页。

则(或行为样式)与日常实践之间的循环出现明显的'共振'时才会成为现实"①。因此,发展出某种综合性的考察视角与分析进路,警惕某些本身未经认真反省的看法和主张,使我们保有对法治与司法改革等重大问题的提问能力,也许不失为接近问题、深化研究的一条有效途径。

事实上,改革开放以来的司法改革,已经在很大程度上改变了中国司法的面貌,并给整个司法制度和作为组织的法院自身带来持续而意义深远的冲击。面对这场制度变迁,如何对中国司法改革进行准确的描述、理解和解释,也早已成为当前司法改革研究中的重要课题,特别是中共十八届三中全会提出"建设法治中国"后,更是让这一理论概括问题显得极为迫切。而且从逻辑上看,唯有当我们获得了对中国司法改革的准确描述、理解和解释,才能更好地从事具体领域中的司法研究工作。那么,如何才能获得对中国司法改革的一般性理论概括呢?我们认为,必须建立在对中国司法当前所处的结构和制度处境,以及中国司法自身的行动策略和机制的研究基础之上,而这首先涉及的是对社会转型的认识问题,亦即,中国司法改革面临哪些结构条件、其理论意义何在。特别是在当前全面深化改革的社会进程中,某些结构条件可能还未定型,中国的司法制度与法院组织也仍在变革之中,某些工作机制仍在调整之中,换言之,对社会转型时期中国司法改革的制度分析,直接决定了研究者能否准确地描述、理解和解释中国司法或对中国司法未来改革进行恰当的预测和指导。在某种意义上,这些问题与司法改革进程中的法律政治性论题密切相关。

一、社会转型:中国司法改革的基本处境

在社会科学中,"社会转型"是对社会变迁的一种事实描述,通常被用来表述社会系统因发生结构性变动而引起社会运行机制、国家/社会治理模式的转换。若依据丁学良的研究,"'转型'最初是一个限定很狭窄的概念,指的是经济的转型(transitional economy),后来才逐渐扩展到涵盖经济之外的众多方

---

① 所谓"共振"的含义是,"或者规则的改变更新了实践主体的视界而导致日常实践的重构;或者被日常实践所不断汲取消化的情境状况所伴随的流动性和偏离是如此的显著,以致直接影响了规则或行为样式的重新形成。"参见王亚新:《程序·制度·组织——基层法院日常的程序运作与治理结构转型》,《中国社会科学》2004年第3期,第84-96页。

面。不过,国际上也有少部分学者不赞成'转型'这个提法,认为它体现了单一'目的论'(teleology),预设了仅仅一个固定和明确的终端目标。而在现实生活里,并不存在这样的一个目的地。从前实行中央指令型经济体制的社会,并不都齐齐奔向该目的地,最终呈现一样的结构和面貌。这派研究学者争辩说,那些众多的原计划经济体制的社会朝什么方向演变,是多元的自然过程,无人可以预设单一目标"[①]。也就是说,一个社会的系统转型(systemic transition)是高度分化和极其复杂的,若只用某个统一的称谓及逻辑来表述"社会转型",除了制造困难与误解外,并不能更好地帮助我们描述、理解与解释现实。例如,人们通常会将市场经济、市场制度理解抽象为竞争性的交易关系、价格机制等,这是会增强市场概念的分析能力但也会净化其具体内容——如市场是如何嵌入社会结构之中的[②],进而会限制我们对于经济转型、社会转型的认识与研究。更何况,中国的社会转型绝非寻常意义上的社会变迁,"因为它不只是发生在社会的某一方面或领域,也不只限于某一社会阶层;这是一场'整体性危机',它涉及整个社会、整个文明,涉及社会与文明的重建和寻找新的自我认同"[③],它本身也需要更具张力的理论阐释。

在这个意义上,我们考虑司法改革时,若只把它视为回应社会转型的一种制度需求,难免既会弱化社会转型的理论意义,也会减损司法改革本身的社会价值[④]。或者不妨说,我们要考虑的司法改革及其所植根的社会转型,借用梁治平的话,则是一种"规划的社会变迁",有一个文化移植的背景[⑤];又如罗豪才所指出的那样,当代中国的社会转型"主要是指经济体制从计划经济向市场经济转轨,所有制结构由单一的公有制向以公有制为主体的多种所有制转变,治国方略从人治向法治转变,社会环境由封闭型逐步向开放型发展,以及国家社

[①] 参见丁学良:《转型社会的法与秩序:俄罗斯现象》,《清华社会学评论》2000年第2期,http://www.aisixiang.com/data/4048.html。

[②] 参见[英]波兰尼:《大转型:我们时代的政治与经济起源》,冯钢、刘阳译,浙江人民出版社2007年版。

[③] 参见梁治平:《法治:社会转型时期的制度建构》,载梁治平:《法治在中国:制度、话语与实践:艾德华教授荣休纪念文集》,中国政法大学出版社2002年版,第84-153页。

[④] 参见叶传星:《论我国社会转型对法律治理的挑战》,《法商研究》2009年第2期,第3-11页。

[⑤] 参见梁治平:《法治:社会转型时期的制度建构》,载梁治平:《法治在中国:制度、话语与实践:艾德华教授荣休纪念文集》,中国政法大学出版社2002年版,第84-153页。

会高度统一的一元结构向国家和社会二元结构过渡"①。无论如何,这些社会转型深刻地注解着中国持续调整的经济发展方式、迭出的各项改革举措、亟须重构的各种治理体制以及激变的社会价值观念等所有社会现象,也从根本上决定了中国司法改革研究所必然面临的一系列困境和难题。

实际上,有关中国司法改革的研究,一开始就会面临一种理论困境:"在这样一个改革成为社会惯性或习惯、改革本身作为正当性和合理性的时代里,'变'(change)成了一种社会意义上的常态(regularity)",这样的常态或常规性融汇着各式各样的复杂因素,且它们时刻处于变动中,"许多社会现象所反映出来的社会变化和变迁,并不具有具体的、实在的意涵,而在很大程度上是'为变而变'这种形式上的动力促成的"②,因此,对社会转型时期的社会现象的研究,都必然会面临现有的理论解释力不足的状况。而就法学研究来说,中国社会长期以来形成的变迁格局和态势,很难让我们有可能针对某种具体的组织形态与制度安排做出长时段上的"规范式"(normative)考察。换言之,立足于立法论和解释论对各种制度设计及组织规范的解读式研究,往往会在社会变迁之中迅速地失掉存在价值或被转移掉。例如,以前的五花八门的关于"调解优先、调判结合"的皇皇大论,在中共十八届四中全会提出的"推进以审判为中心的诉讼制度改革"面前价值顿失、意义几无。因此,有关中国司法改革的研究难题,就在于如何避免简单地从某一司法政策、某一理论框架和价值体系出发来认识与研究中国的司法制度及司法组织等,就在于如何克服只从某些制度安排及其社会效果的分析中提出"零打碎敲式和头痛医头脚痛医脚式的"政策性建议③。

以制度变迁为基本范式来描述、理解与解释司法改革,或许既能够解决社会转型时期所带来的这些困境和难题,又是一个不坏的理论选择。米尔伊安·R.达玛什卡的研究恰恰对此做出了榜样。他认为,考察现代国家中的司法及其制度变迁一般会有两种理论视角:其一主要关注于司法与国家权力结

---

① 罗豪才:《社会转型中的我国行政法制》,《国家行政学院学报》2003年第1期,第4页。
② 李汉林、渠敬东、夏传玲等:《组织和制度变迁的社会过程——一种拟议的综合分析》,《中国社会科学》2005年第1期,第94页。
③ 参见郑成良:《司法改革四问》,《法制与社会发展》2014年第6期,第12-14页。

构之间的关系,而另一则是把研究重点放在司法与政府职能的关系上①。在综合这两种理论视角的基础之上,达玛什卡指出:现代国家中的司法制度的确可以区分为"纠纷解决"与"政策实施"这样两种类型;但更重要的是,司法活动的组织方式的类型与国家权力结构安排的类型之间并不存在某种固定的安排,或者说各种类型之间互有交叉、借鉴与学习②。这也就是说,我们很难用某一特定的制度模式与制度变迁路径来确定一个国家的司法类型。在这个意义上,制度变迁与社会转型是互为因果的,社会转型即意味着制度的变迁、结构的重构以及行动的创新。因此,在对法治与司法改革的具体研究过程中,我们就必须克服各种规范式的制度类型所带来的局限,并使司法的制度变迁分析回到构成司法组织及其活动之特质的更原初的制度条件上来。

超越制度类型这样的研究范式,并不意味着具体的制度变迁分析会漠视不同国家司法上的区别性特性或制度条件。若与西方国家的司法及其制度变迁相比较,中国的则具有相当程度的独特性。宽泛地讲,西方国家的司法制度早已十分成熟。尽管对它们的描述与分析也会莫衷一是,但由于当前西方国家的司法,无论是在宏观的结构和制度层面还是微观的行动和机制层面上,都具有较高稳定性,这样一来,关于它们的研究往往集中于分析"司法悖论"问题,例如:视司法作为中立第三者的"社会逻辑"与事实上由政府的一个分支来担任司法者的"政治逻辑"之间的冲突问题;作为国家政权一部分的法院和法官,如何能够维持自身的中立性,甚至形成对于主权者权力的监督与制约问题等③。而有关中国司法制度(改革)及其研究则具有鲜明的区别性特征。亦即,中西方司法制度具有根本的制度属性差异。从制度结构上来看,这一差异尤其体现在法院组织上。一般而论,与西方的法院组织建立在国家与社会权利分立与权力对张的基础之上不同,中国的法院组织不与国家构成分立与对

---

① 参见[美]达玛什卡:《司法和国家权力的多种面孔:比较视野中的法律程序》,郑戈译,中国政法大学出版社 2004 年版,第 19 页。
② 参见[美]达玛什卡:《司法和国家权力的多种面孔:比较视野中的法律程序》,郑戈译,中国政法大学出版社 2004 年版。
③ 参见[美]夏皮罗:《法院:比较法上和政治学上的分析》,张生、李彤译,中国政法大学出版社 2005 年版;[美]威廷顿:《司法至上的政治基础:美国历史上的总统、最高法院及宪政领导权》,牛悦译,北京大学出版社 2010 年版。

张,不是一种与政治分离的裁判组织,而是中国共产党统一领导下的国家机关,是党实现其意志的重要统治工具之一。换言之,中国的法院组织、司法制度等的区别性特征恰恰在于,它们努力地勾连起国家与社会之间的紧密联系,似乎一直在避免两者之间的分化、分立与对张。若不然的话,怎么会有"专政司法"、"维稳司法"及"大局司法"等称谓和现实,怎么会有司法权是"中央事权"这样的主张和制度变迁?或者说,在中国司法制度之中,法院组织的角色与职能很大程度上是围绕着国家治理来展开的,而社会治理这一维度是极其弱势的,甚至可以说是可有可无的,至少是常被忽视的①。概言之,关于中国司法制度(改革)的认识与研究,必须紧扣中国的政治体制或结构和制度条件,这是我们进行司法制度变迁分析的最根本的前提条件,当然也是中国司法之区别性特征的渊薮。

　　超越制度类型这样的研究范式,意味着具体的制度变迁分析应既着重于结构与制度分析也侧重于行动与机制分析,并以此来探讨整个司法的根本变迁。前文已经指出,西方国家的司法面对的结构与制度具有较高稳定性特征,从而使得西方司法在研究过程中具有很高程度的自足性;而中国司法的结构与制度在很大程度上具有变动性,事实上我们常用"社会转型"来指称中国目前的各种状态,这就决定了有关中国司法的研究过程中,中国司法本身就不能作为一个封闭的、自足的研究对象,不能就司法论司法,而应将其纳入中国社会转型的总体格局中。对此,季卫东深刻地指出,即便我们"可以说司法改革能够成为政治改革、行政改革的突破口和杠杆,但决不可幻想离开了政治改革、行政改革也能够把司法改革进行到底"②。同样,我们也就不能简单地套用或预设某种制度类型或模式来对中国司法进行判断或预测,而须以结构和制度的分析为出发点,特别不能漠视中国的政治体制或结构和制度条件。但这并不是说对中国司法制度及法院的角色和职能考察,只需停留在结构和制度层面上,或者说通过对现行政治及司法政策的演绎即能做出判断和预测。事

---

① 在有关中国司法的研究文献中,我们很难发现"社会治理"这一维度,更多的论述着眼于"国家治理",例如,曹士兵、施新州:《国家治理视野下的中国司法权构建》,《中国社会科学》2015年第3期,第39—57页。

② 季卫东:《宪政新论——全球化时代的法与社会变迁》,北京大学出版社2002年版,第295页。

实上,正是因为中国目前还处于转型之中,结构和制度的变革仍在持续,所以司法的组织与制度也必然具有较大空间的制度和机制创新的可能性,这恰恰给了中国司法改革进行自主性和创造性的机遇。例如,不同区域的司法改革试点及其经验等表明司法工作方式和体制创新层出不穷[1]。如此一来,它们就对中国司法的结构和制度前提产生了重要影响。因此,法院组织的行动同样具有非常重要的理论意义,因为行动层面的创新能够带来结构和制度层面的变革。这种行动与结构之间的不断相互作用,恰是"社会转型""制度变迁"的理论意义之所在。

总结而言,转型时期的中国社会,既给中国司法改革带来了结构与制度上的约束,也给其带来了行动和机制上的创新可能,二者的相互作用和勾连形塑出中国司法的独特性。在这个意义上,司法改革首先是回应社会转型与重建的一种社会过程,以保证司法制度内核处于相对稳定的状态,并在渐进状态下实现制度变迁。因此,以制度变迁为基本范式来描述、理解与解释司法改革,需要从结构/制度与行动/机制双重层面展开,并寻求在这两个层面上建立起关联。更为明确地说,从上述进路出发,在对法治与司法改革的具体研究过程中,有如下几个方面的问题值得我们注意:"政治正确性"(political correctness)作为司法改革的嵌入性结构[2],直接决定了制度变迁的方式、方向和效果;路径依赖则是司法改革中一种不可避免的行动策略或惯性,它主要体现为"技术性治理"的理念及其实践;另外,社会转型正义等价值体系在司法改革过程中也具有重要的地位和作用。

二、政治正确性:中国司法改革的嵌入性结构

考虑到对中国司法改革的分析既要关注结构和制度层面,又要关注行动和机制层面,与此同时,如果"我们将制度看作是在意识形态及其价值观念基

---

[1] 例如,2013 年 10 月以来广东深圳市和佛山市、江苏江阴市、辽宁葫芦岛市等地就审判权运行机制进行改革试点,探索建立以主审法官为核心的审判团队,或者随机产生合议庭,已经取向了某些成效。
[2] 依据周濂的看法,"政治正确性"主要考虑的是"正确的"而不是"真的",这暗示了,政治领域是一个与真理无涉的意见世界,一个此时此地正确的政治理论并不代表它永远正确或者放之四海而皆准,因为正确这个词既不保证时间上的永恒也不保证空间上的无限。参见周濂:《与正确无关的政治正确性》,http://www.aisixiang.com/data/26319.html,最后访问日期 2010 年 10 月 10 日。

础上确立起来的、得到认可和强制执行的、内化为相应的社会角色的某些相对稳定的行为规范和取向"①,那么不难看出,法院作为一种制度,即具有这样的属性与特征。也就是说,相对稳定的行为规范和取向,规制着法官们在司法活动中所扮演的社会角色及其所具有的社会地位,调整着法院和法官们对内与对外的各种社会关系,并构成了司法活动的最基本的社会结构。在这其中,从系统论的角度来看,意识形态是抽象程度最高的,同时也是最核心的结构性要素②。也就是说,司法制度、法院具有政治属性并深受它们本身所依托的政治体制状况的规制,或者更明确地说,司法改革不可能也不能脱离中国的实际政治体制状况,现行政治体制或结构和制度条件对于司法改革具有根本的主导性与制约性。此外,还需要指出的是,这些社会结构及其条件和它们相互间的复杂关系,又都受经济-社会转型所影响。诚如苏永钦所言:"同时在许多国家进行的司法改革,其实是在十分不同的社会经济条件下蓄积了改革的动力,并决定了改革的大方向。"③

在中国语境里,"政治正确性"应该是具体表述上述判断的恰当观念。对此,我们也可以做出如下解释④:一方面,政治正确性可等同于意识形态,类似于制度的内核,主要是指制度文化,或者更确切地说,是一种制度化的文化(institutionalized culture)、一种被特定制度深刻影响和内化的文化,它具有反身性,会主导与限制着特定制度本身的变迁。在应然上,政治正确性与良好的宪政制度安排有关;在实然上则主要与现行政治的实际运作及其各种制度条件有关,或者说,它既牵涉到人们实际行为过程中所遵循的行为规范和规则,也与信仰问题相关。另一方面,政治正确性同时也可以理解为一种制度化的行为取向。它可能隐含在占主流地位的意识形态之中,也可能通过一种合法化的程序固定下来。在制度变迁这一社会过程中,政治正确性一如李汉林所

---

① 李汉林、渠敬东、夏传玲等:《组织和制度变迁的社会过程——一种拟议的综合分析》,《中国社会科学》2005 年第 1 期,第 96 页。
② See N. Luhmann, *Social Systems*, Stanford, California: Stanford University Press, 1995.
③ 苏永钦:《飘移在两种司法理念间的司法改革——台湾司法改革的社经背景与法制基础》,《环球法律评论》2002 年第 1 期,第 47—58 页。
④ 参见李汉林、渠敬东、夏传玲等:《组织和制度变迁的社会过程——一种拟议的综合分析》,《中国社会科学》2005 年第 1 期,第 94—108 页。

指出的,"在一个国家所有的单位组织和制度中,各种不同的角色有着特定的行为规范,人们在其中的资源分配与消费有着特定的规则。这种组织和制度内有着各种不同的机构设置以保证规则的实施。人们认同这些规则,在其中社会化。通过一定的程序和仪式,这些规则被合法化,要求人们强制性地执行,并以此来区别于其他非国家所有的单位组织和制度,进而构成了这种制度的内核"①。或者不妨说,在经由司法改革实现制度变迁的意义上,政治正确性也可以理解为赫希(Ran Hirschl)所阐释的"统治权保持"(hegemonic preservation)这样的观念②。

"统治权保持",是赫希在《迈向司法治理:新宪政主义的起源与后果》(*Towards Juristocracy: The Origins and Consequences of the New Constitutionalism*)这一著作当中的重要观念。他指出:司法权自"二战"后在全世界得以急剧扩张,并且在晚近的30年间达到高潮,主要表现为许多国家的最高法院被赋予司法审查权,最高法院业已演变成重要的,甚至是关键的政治决策的机构。在全世界范围内,有80多个国家以及几个超国家实体,进行了宪政改革,史无前例地把大量权力从代议制机构转移到司法机构;全世界见证了一种令人震撼的政治治理范式的急剧转型,亦即,运用司法审查权的法院成为政治、社会治理的关键机构,呈现出"法官统治"的现象③。赫希把这些社会变迁称为司法治理(juristocracy),在这种治理范式转换的背景之下,他追问道:"第一,近来声势浩大的宪法化趋势的政治根源是什么?换句话说,在一个特定的政体中,通过权利宪法化,确立司法审查达到司法权的扩张,在何种程度上反映的是真正的进步革新?或者说,这些变革只是先前的社会政治斗争的另一种方式吗?第二,权利宪法化、确立司法审查的实际影响是什么?第三,司法赋权的政治结果是什么?采取权利宪法化、确立司法审查来实现前所未有的政治司法化

---

① 李汉林、渠敬东、夏传玲等:《组织和制度变迁的社会过程——一种拟议的综合分析》,《中国社会科学》2005年第1期,第97页。
② See Ran Hirschl, *Towards Juristocracy: The Origins and Consequences of the New Constitutionalism*, Cambridge, Mass.: Harvard University Press, 2004.
③ 参见扶摇:《司法治理与政治司法化——读赫希〈迈向司法治理:新宪政主义的起源与后果〉》,《清华法治论衡》2011年第1期,第486—501页。

(judicialization of politics)对于21世纪的民主政府有何启示?"①

主要围绕着这些问题,赫希认为,司法权的扩张确实与后威权政体或准民主政体中政治的、经济的自由化有关联,但民主扩张带来司法权的扩张这一解释论题带有一定的局限性;考虑到新兴民主国家中司法权的实际运作、司法审查设置的模式所存在的重大差异,单单基于"全球范围民主的转型"并不能为司法权扩张、司法赋权、确立司法审查,提供一个合理自洽的解释;更重要的是,"民主扩张"这一论题不能解释在那些民主已确立的政体中司法权的扩张在时间、范围和本质方面所呈现的重大差异②。由此,赫希提出了所谓"统治权保持"这样的观点,用来解释宪政革命的政治根源,透视宪政变革时期确立司法审查权威的背后动因等。

赫希认为,权利宪法化、司法审查的确立,并不是孤立于一个国家核心的政治纷争与经济利益之外而发展起来的;法官也不是在政治的真空中运用其司法权的,因此,"统治权保持",或者说,作为国家的统治精英阶层之所以可能会把治理权力转移到司法机构,确立司法审查,授权司法进行重大的政治决策,形成司法治理,需要三个条件:第一,统治精英的统治权与实行多数决策制的关键领域的控制权,正在遭受那些持有政策偏向的次级集团不停地挑战;第二,该政治体制中的法官因其清廉和政治公正而享有相对高的威望;第三,该政体中的法院总体上倾向于遵照占主导地位的意识形态上、文化上的习性来运作③。但是,赫希相当蔑视理性选择对"司法治理"的作用,他特别倚重利益导向的分析路径。赫希明确指出:"那些看起来人道主义的宪政改革,经常

---

① Ran Hirschl, *Towards Juristocracy: The Origins and Consequences of the New Constitutionalism*, Cambridge, Mass.: Harvard University Press, 2004, p. 5. 转引自扶摇:《司法治理与政治司法化——读赫希〈迈向司法治理:新宪政主义的起源与后果〉》,《清华法治论衡》2011年第1期,第489页。

② Ran Hirschl, *Towards Juristocracy: The Origins and Consequences of the New Constitutionalism*, Cambridge, Mass.: Harvard University Press, 2004, pp. 38-49. 转引自扶摇:《司法治理与政治司法化——读赫希〈迈向司法治理:新宪政主义的起源与后果〉》,《清华法治论衡》2011年第1期,第490页。

③ Ran Hirschl, *Towards Juristocracy: The Origins and Consequences of the New Constitutionalism*, Cambridge, Mass.: Harvard University Press, 2004, p. 98. 转引自扶摇:《司法治理与政治司法化——读赫希〈迈向司法治理:新宪政主义的起源与后果〉》,《清华法治论衡》2011年第1期,第491页。

掩饰了那些本质上只是自利于掌权者的议程,所谓宪政改革只不过是对统治阶层利益的一种粉饰。换句话说,权利宪法化既不是一个给定政体中进步变革的原因也不是其反映,它只是先前就存在的并且还在持续的、社会-政治斗争所采取的一种手段。因此,宪政改革、权利宪法化、司法审查的确立,不但要明确制度选择的内在动力,还要追问其实际的影响。"①

结合社会转型处境里的当下中国,我们应该在很大程度上理解、认同并接受赫希关于"统治权保持"及"司法治理"的主张。因为通过"司法治理"而实现的"统治权保持"正如经由司法改革而实现的政治正确性一样,都是一种回应社会转型与重建的社会过程,皆在维系社会基本结构及其内核处于相对稳定的状态,并在渐进状态下实现制度变迁;究其实质,作为一种嵌入性的社会结构,"统治权保持"或政治正确性直接决定了制度变迁的方式、方向和效果。但是,考虑到转型时期中国的特殊性,与赫希认为的——实现"统治权保持"与"司法治理"的运作密切相关,亦即实施权利宪法化、确立司法审查、向司法机关转移治理权力,是国家社会中三方势力即政治精英、经济精英、司法精英战略博弈的产物——不同,我们认为,在中国司法改革中的"统治权保持"或政治正确性——例如坚持中国共产党的领导,它早已嵌入整个社会结构当中,但它绝非几方博弈的结果。实际上,中国共产党对中国各项事业的领导地位,既是一项宪政原则,即业已制度化的文化,也是一项现行政治的实际运行的规则,即业已制度化的行为取向;其实现与其说在社会主义理论或经典民主理论、市场经济理论和法律(司法)理论之中,还不如说是在中国共产党治理国家与社会的实际能力的表现之中②。当然,这些表现在现阶段是以"法治中国建设""深化司法体制改革"等为重要目标的。

换言之,作为一种无法摆脱的嵌入性社会结构,无论是名之政治正确性还是"统治权保持",它们都类似于 DNA,从根本上决定了司法组织、司法制度及其变迁;同时,它们也是司法组织和司法制度中稳定的和深层的内涵,从根本

---

① See Ran Hirschl, *Towards Juristocracy: The Origins and Consequences of the New Constitutionalism*, Cambridge, Mass.: Harvard University Press, 2004. 参见扶摇:《司法治理与政治司法化——读赫希〈迈向司法治理:新宪政主义的起源与后果〉》,《清华法治论衡》2011 年第 1 期,第 492 页。
② 参见徐湘林:《转型危机与国家治理:中国的经验》,《经济社会体制比较》2010 年第 5 期,第 1-14 页。

上抗拒变迁,而且就其自身的性质来说也不会轻易发生变迁。进一步来讲,构成司法组织和司法制度之内核的政治正确性,在制度化过程及内容上具有隐含性(深藏在日常的组织行为和制度表述之后)、抗逆性(面临灾变性环境变化时也不会轻易妥协)和稳定性(不会因为时空的延伸、内外的变故而数变其身)等基本属性①;因此,历经三十多年的改革发展与经济-社会转型的中国所具有的这种政治正确性或意识形态属性与特征,无论对它们支持抑或反对,焦点可能并不完全在于政治正确性或"统治权保持"的具体内容以及意识形态是对还是错,而主要在于我们在主张和推行它们时的方式是否真正具有适应性和为社会成员所信任。

在这个意义上,人们通常所批评的中国司法改革过分遵循政治逻辑或者司法的"政法化",多半可能并非将所谓西式司法悖论里的"社会逻辑"或"司法逻辑"与"政治逻辑"直接对举那么简单,或者更确切地说,误解政治正确性就会错判司法改革的实际影响,从而无视制度适应与制度信任问题②。例如,"政治逻辑主导着二十余年来司法改革的决策、实施、评估和纠偏等环节。从决策来看,司法改革往往源于政治上的考虑而非系统、科学和深入的研究。从实施来看,司法改革往往被当作政治任务来完成。从评估来看,几乎所有的司法改革都会被政治话语评述为取得了良好效果。从纠偏来看,尽管司法改革产生过不少偏差,但由于种种原因尤其是'政治'原因,目前尚无专门的司法改革纠偏机制。因此,司法改革常常是推行时红红火火,但往往不久便停滞不前,或不了了之,或领导换届后推倒重来,或明知有误仍坚持不懈。司法改革需要从政治逻辑回到事物本身的逻辑,建立科学的决策-实施-评估-纠偏机制,从摸着石头过河到加强理论指导,探索科学的司法改革方法"③。进一步来讲,无论在理论上还是事实上,司法、法律与法治一样都是政治最主要的产物,但它们

---

① 参见李汉林、渠敬东、夏传玲等:《组织和制度变迁的社会过程——一种拟议的综合分析》,《中国社会科学》2005年第1期,第94-108页。
② 参见[美]福山:《国家构建:21世纪的国家治理与世界秩序》,黄胜强、许铭原译,中国社会科学出版社2007年版;孙立平:《断裂——20世纪90年代以来的中国社会》,社会科学文献出版社2007年版。
③ 马长山:《新一轮司法改革的可能与限度》,《政法论坛》2015年第5期,第3-25页。

不仅仅是政治的产物，它们也构成政治本身①；通常对司法逻辑本身的强调并无不妥，但对政治正确性的批评、对"政治逻辑"的非难，若是无视其早已嵌入于社会结构当中就会严重失焦——在遵循所谓司法逻辑彻底改革、进行分权制衡的制度安排，及与它们相反的主张之间做出"二选一"式的提问。

因此，关于司法改革的真切提问，就应是对司法制度内核的追问。诚如陈卫东对司法改革方式的检讨那样，"我国的司法改革在起初是带有自发的性质的，因而改革的进行更多的是依据理论界的讨论和司法机关的自我摸索与实践进行的。而司法改革的目标是要通过改革以实现司法公正，它所涉及的领域不仅仅是司法机关自身能够解决的，或者说主要不是司法机关自身所能够解决的，它尤其需要来自司法系统之外的机制的调整和权力配置的变化，也就是说司法改革需要司法机关之外的力量介入"②。不过，无论在理论上还是事实上，"由于制度的硬核具有隐含性、抗逆性和稳定性的特征，所以，一般的改革所涉及的只是制度的表层或表现，其内核常常被厚厚的一层保护带包裹着，维护着。而制度的保护带主要是指围绕在特定制度周边的相关政策和措施以及由此引发的或直接对应的组织行为和规范。所谓保护带的调整，主要是指人们相应地改变政策、行为、规范以及局部的制度安排，以期达到保护制度的硬核不受外部变化或压力的影响，维护自身免被改变的目的。"③因此，如果司法机关外部力量的介入之后，还只是调整司法工作方式和工作机制这样的制度保护带，还远远没有涉及嵌入整个社会基本结构的制度内核，那么我们就应对那些自信——尽管当代中国在政权合法性方面面临着巨大的挑战，但整个国家体制和结构仍然具有相当程度的适应性，并在一定程度上正试图经由"法治"及"司法改革"等来重构国家和社会治理制度，以应对日益复杂和充满挑战的诸种转型问题——保持足够的警醒。

总结而言，如何对待嵌入中国司法改革的政治正确性，或许我们应该像梁

---

① 参见姚建宗：《法律的政治逻辑阐释》，《政治学研究》2010年第2期，第32-40页；姚建宗：《论法律与政治的共生：法律政治学导论》，《学习与探索》2010年第4期，第59-63页。
② 陈卫东：《中国司法改革十年检讨》，《中国律师》2002年第11期，第41页。
③ 李汉林、渠敬东、夏传玲等：《组织和制度变迁的社会过程——一种拟议的综合分析》，《中国社会科学》2005年第1期，第97页。

治平对"法治"的反思那样,"指出当代中国'法治'论说的意识形态色彩,并不是要拒绝法治的理念,或否定法治理论与实践对中国社会发展可能具有的意义;相反,这样做的目的是要对'法治'理念本身进行理性的和批评性的检视,通过把'法治'理论置于中国特定的历史、文化和社会情境中加以反思,重新认识其历史的和现实的意义,进一步确定其性质、力量和限度"①。或者更为宽泛地讲,"中国建构新的现代文明秩序的过程,一方面,应该不只是拥抱西方启蒙的价值,也应该是对它的批判,另一方面,应该不只是中国旧的传统文明秩序的解构,也应该是它的重构"②。个中缘由,至少是在社会结构上,中国司法制度和法院组织的变迁与创新,"不仅仅是组织本身的系统变化,改革一种制度,也不是依靠单纯的制度移植或更替就可以一蹴而就,一个组织和制度的形成、生长和变迁并不能简单等同于组织结构及其制度模式内在的构造或重构过程,而必须考虑到组织嵌入其中的整体社会的结构性环境,也必须考虑到组织自身的路径依赖的惰性,不考虑这些,在组织和制度变迁与创新的具体过程中,势必会出现'拔苗助长'的效果,有可能使一些本来有本土社会基础并能够自发生长的组织系统受到破坏"③。

三、技术性治理:中国司法改革的行动策略

不可否认,改革开放以来的中国司法制度及其法院组织等,既有它的原生形态,也有其承继发展的次生形态,当然还夹杂着许多成型或不成型的制度移植的形态。对此,黄宗智指出,当代中国法律所继承的主要是三大传统:一是清代的旧法制,二是模仿西方的民国法制,三是老解放区在否定前两者之下而形成的法制,也是受乡村习俗以及其公正制度影响较深的传统。"随着二十世纪八九十年代的新立法,中国再次在许多方面恢复了晚清法律改革者和国民党立法者草创的工作:确立一个既与西方主导的现代立法趋势相一致(及与

---

① 参见梁治平:《法治:社会转型时期的制度建构》,载梁治平:《法治在中国:制度、话语与实践:艾德华教授荣休纪念文集》,中国政法大学出版社2002年版,第84-153页。
② 金耀基:《中国现代化的文明秩序的建构》,载刘军宁:《经济民主与经济自由》,生活·读书·新知三联书店1997年版,第54页。
③ 李汉林、渠敬东、夏传玲等:《组织和制度变迁的社会过程——一种拟议的综合分析》,《中国社会科学》2005年第1期,第107页。

由改革引起的社会现实相一致),又保持中国传统习俗的法律体系。我们也许可以说今日中国法律的出发点更接近国民党法律而不是清代法律。"①然而,梁治平则认为,从一种历史的和世界性的立场出发,把中国当下的法律(司法)改革放在中国近代史和世界近代史的大背景下来观察和理解,尽管存在着政治、经济以及社会发展方面的种种差异,晚清变法与当代法律运动这两次法律改革远不是彼此孤立的事件,它们其实是同一历史进程中的同一事件,亦即,"把晚清变法理解为传统中国向现代社会转变的一种努力,把当代中国的法律改革视为这种努力的继续,虽然并不意味着无视一个世纪以来中国社会所经历的变化,但确实包含了一个判断,即法治是现代性事业的一部分,实现法治是中国现代化实践中的一项重要任务"②。也就是说,尽管两位著名学者对当代中国的法律运动或者司法改革的认识有冲突,但在强调过去的法律制度之于今天的甚至未来的重要影响这一点上是一致的。由此看来,当下的法治与司法改革在多大程度上改变了既有制度或者说摆脱了既有制度的影响,又实现了何种意义上的制度变迁,这些问题的确值得深思。

按照制度经济学家诺斯所开创的路径依赖理论,一种描述和解释过去的制度对现在和将来所实施的制度、人们过去的行为对现在和将来的行为产生影响的过程和机制的理论,那么,一种现存的制度及其所塑造的人们的社会行为,都会具有一种"惯性",一旦采取了某种制度,贯彻了某种社会行为,进入了某种特定的路径,那么这种制度或行为就会形成一种惯性,为人们进一步的路径选择制造出一种依赖结构③。在诺斯看来,制度变迁有多种形式,但在制度变迁的过程中,都存在着报酬递增和自我强化的机制。"这种机制使制度变迁一旦走上了某一条路径,它的既定方向就会情不自禁地在以后的发展中得到自我强化;或者,沿着既定的路径,经济和政治制度的变迁可能进入正反馈的

---

① 黄宗智:《法典、习俗与司法实践:清代与民国的比较》,上海书店出版社2007年版,第7页。
② 参见梁治平:《法治:社会转型时期的制度建构》,载梁治平:《法治在中国:制度、话语与实践:艾德华教授荣休纪念文集》,中国政法大学出版社2002年版,第84-153页。
③ 参见李汉林、渠敬东、夏传玲等:《组织和制度变迁的社会过程——一种拟议的综合分析》,《中国社会科学》2005年第1期,第101页;孙立平:《从市场转型理论到关于不平等的制度主义理论》,《中国书评》1995年第7期,第57-69页,第8期,第64-79页;韦森:《社会制序的经济分析导论》,上海三联书店,2001年版;卢现祥、朱巧玲:《新制度经济学》,北京大学出版社2007年版;[美]诺斯:《制度、制度变迁与经济绩效》,杭行译,格致出版社2008年版。

轨道,迅速优化;或者,也可能顺着原来错误的路径继续下滑,被锁定在某种无效率的状态中,无法自拔。"①诺斯进一步指出,决定制度变迁的轨迹有两个因素,即收益递增和不完全市场。随着收益递增和市场不完全性的增强,制度就会变得愈来愈重要,自我强化的机制才会起着愈来愈重要的作用。

从制度经济学所提供的分析进路来看,法治与司法改革在多大程度上改变了既有制度或者说摆脱了既有制度的影响,这取决于制度及组织嵌入其中的社会环境,其中最重要的是路径依赖和自我强化。这意味着,在司法制度和法院组织变迁过程中,一旦它们在自我强化机制下选择了一条路径,就会很强势地沿着已经选定的路径继续走下去,这些组织和制度的既定方向也很可能会在接下来的发展进程中得到强化。换句话说,司法制度和法院组织的初始选择对它们变迁的轨迹和将来发展的方向具有相当强的影响力和约束力,一旦有了明确的选择,这些组织和制度就会对该种选择产生依赖。在学理上,"有人把这种路径依赖比喻为物理学中的惯性。一方面,这种路径可能会通过惯性和动能产生所谓的'飞轮效应',推动一种制度和组织朝着一种正反馈的方向去变迁与发展;另一方面,这种路径可能会通过惯性和动能触发一种负反馈机制,从而造成制度与组织陷入或锁定在一种死循环(doom loop)的状态之中,最终导致组织无效或停滞状态"②。显然,这种状态应该是中国司法改革力争克服与避免的。

从改革开放以来的中国司法制度和法院组织变迁的初始条件和过程来看,中国的司法改革一直较为注意依托现有制度及其组织条件等进行体制创新。同许多其他经济-社会转型的国家或地区的变迁与改革不同,中国的各种制度及其组织变迁并不是简单地采取激进变革的方式,如在经济制度上不是采取所谓激进的自由竞争市场,更不是完全地抛弃既有制度条件和组织架构另起炉灶,用全新的制度设计和组织来推动变迁和拉动改革,而是充分利用了

---

① 李汉林、渠敬东、夏传玲等:《组织和制度变迁的社会过程——一种拟议的综合分析》,《中国社会科学》2005 年第 1 期,第 102 页;参见[美]诺斯:《制度、制度变迁与经济绩效》,杭行译,格致出版社 2008 年版。
② 李汉林、渠敬东、夏传玲等:《组织和制度变迁的社会过程——一种拟议的综合分析》,《中国社会科学》2005 年第 1 期,第 103 页。

原有体制中既存的经济、政治和社会组织,依托长期积累起来的组织和制度资源,通过有序的边际组织创新的方式来稳步推动组织和制度的变迁与创新。在某种意义上,中国司法制度和法院组织的确也可以与赫希所阐释的"统治权保持"及"司法治理"等内容结合起来,但其间的不同之外,或者说中国的司法改革是何种意义上的制度变迁,又克服或避免了哪些停滞状态,这些问题应该历时性地予以深刻检讨。

回顾改革开放以来的中国司法制度变迁过程,在总体上,它服从于"政治体制改革"并且体现了两个显著特征:坚持中国共产党的领导权和采取渐进式的改革策略①。首先,坚持中国共产党的领导权包含了坚持党的执政地位和维护党的领导人尤其是领导核心的政治权威。"从改革开放以来,党的重要领导人都反复强调中国的民主不能完全照搬西方的模式。政治改革不是削弱党的领导和改变现行制度,而是要完善和加强党的领导和执政能力,提升国家政治制度、政治结构和政策的合理性,发挥现有制度的优越性。改革应该是根据中国的实际政治需要来设计和运行,并根据现实问题在时机和内容上进行有效的调控。"②事实上,中国的司法改革与政治体制改革一样,都是高层领导者自上而下推动并主导其进程的一个政治过程,改革是在不根本改变现行制度的条件下对现行运行体制的改良和变革。其次,在司法改革的政策选择和实施方面,我们的改革采取的是渐进的或试错的策略。实际上,在改革开放早期,任何一项改革几乎都可以被形象地形容为"摸着石头过河",都是在坚持政治正确性的前提下逐步展开的。特别是"20世纪90年代中期以来,随着市场化转型和社会的多元化的深入,以及社会的'反向'社会保护运动的日益发展,中国政治体制改革的政策选择也进入了自上而下和自下而上的互动时期,而党的领导在这一过程中仍然占据主导地位"③,在改革的各种局面日益复杂和不确定性增多的形势下,坚持渐进改革方式越来越成了一项共识,也成了一种制度变迁上的路径依赖,但怎样改善党的领导尤其是在司法这样的专业领域里,似乎越来越变得棘手或者说处于某种锁定状态。

---

① 参见徐湘林:《转型危机与国家治理:中国的经验》,《经济社会体制比较》2010年第5期,第1-14页。
② 徐湘林:《转型危机与国家治理:中国的经验》,《经济社会体制比较》2010年第5期,第7-8页。
③ 徐湘林:《转型危机与国家治理:中国的经验》,《经济社会体制比较》2010年第5期,第8页。

第十一章 中国司法改革进程中的制度变迁

回顾改革开放以来的中国司法制度变迁过程,在不同阶段选出的各项改革举措及其实施上,它们试图遵循"司法规律"并且表现出了一种技术性治理的理念或特征。所谓司法规律,正如陈光中和龙宗智所言,它"是由司法的特性所决定的体现对司法活动和司法建设客观要求的法则。遵循司法规律的基本意义,就在于有效发挥司法的功能,以保障实现社会公正、践行国家法治、化解社会矛盾、维护社会秩序"①。更为确切地说,司法规律的核心要义在于审判权的独立行使,司法制度改革遵循司法规律就在于保障审判权的独立行使、理顺并规范司法权力运行机制。这些问题皆涉及司法体制的实际运作或者说司法制度变迁的具体过程。

首先,宪法对司法权的配置、宪法和法律对司法机关的设定,无疑造就了我国审检并列的二元司法格局,以及公检法三机关相互分工与制约的诉讼模式②。不过,尽管我国《中华人民共和国法院组织法》《中华人民共和国检察院组织法》《中华人民共和国人民警察法》等单行立法对法院、检察院以及公安机关的组成、职能、履职形式及责任等进行了较为具体的细化规定,但就这些法律的内容而言,它们明显存在权力交叉、责任不明等情形,而且在实践中,基于政法委的协调工作以及秩序高于公正的价值追求——"稳定压倒一切",公检法三机关达成一种"共识",即力求"快速解决矛盾"。因此,这一目标价值极大地强化了公安机关的侦查权,进而逐步形成一种以"侦查为中心"的诉讼模式和审判模式③。

其次,不同阶段的司法改革,在很大程度上就是在寻求克服既有诉讼模式和审判模式之各种弊端的技术性治理方案。既有司法体制在实际运作上明显存在着多种弊端——法院、检察院成为侦查机关的执行机关,检查监督职能淡化、庭审形同虚设,宪法所设定的司法机关分工制约的职能未能得到有效发挥等,它们集中表现为司法"三化"问题:地方化、行政化、腐败化。其中,司法地

---

① 陈光中、龙宗智:《关于深化司法改革若干问题的思考》,《中国法学》2013年第4期,第5页。
② 参见江国华:《司法改革前沿问题研究:论司法改革的五个前提性问题》,《政治与法律》2015年第3期,第2-9页。
③ 参见江国华:《司法改革前沿问题研究:论司法改革的五个前提性问题》,《政治与法律》2015年第3期,第2-9页;韩大元、于文豪:《法院、检察院和公安机关的宪法关系》,《法学研究》2011年第3期,第3-26页。

方化,是指"司法机关及其工作人员在司法活动过程中受到地方机关或者地方利益团体的不当控制和干扰,导致司法机关及其工作人员丧失其应有的独立权力和地位,从而出现的一种司法异化现象"[1]。在日常运作过程中,司法机关往往屈从于地方保护主义,究其原因[2]:(1)法院设置的地方化,在形式上形成了司法权地方化。地方法院的设置、审级与地方行政区域重合,县以上各级地方行政区域都相应地设立了法院,法院的名称为某某省高级人民法院、某某市中级人民法院、某某县人民法院,亦即,法院的名称就以高度地方化的方式呈现。在传统政治与法律的实践上,地方党委政府通常会自觉不自觉地将法院作为地方管辖的一个部门。(2)法院人事体制的地方决定权形成了司法权地方化。对于法院人员的升迁,地方党委政府有很大的决定权。具体来说,法院院长由人大选举和任命,副院长、庭长、副庭长、审判员经院长提名由人大常委会任命,而且助理审判员被任命为审判员的条件并不明确。所以,地方人大常委会任免审判员的随意性很大,因为地方党政对人大的影响是有相当力度的,法院从上到下自然都要受地方权力的影响,都可能受到地方保护主义的影响。(3)法院的财政保障主要来自地方政府,这也助长了司法权地方化。法院人员的工资、福利、兴建法庭都需要地方政府予以解决。所以,地方政府的财政状况以及对法院的好恶态度决定着法院物质待遇的多寡。所以,法院必须和地方政府处好关系,否则很难从地方政府争取到资金财物;另外,法院为了获取地方党委政府的支持,换取地方对法院司法资源的更大投入,必然要不遗余力地为地方利益服务,使得法院在审理涉及地方利益的案件时可能受到有实权机构的压力,关系案、人情案难以克服,后果就是损害国家法制的统一与威信,也和建设法治国家的目标相冲突。针对上述问题,2015年1月以来,最高人民法院先后建立了两个巡回法庭,同时按照建立与行政区划适当分离的司法管辖制度这一改革方案,正在探索设立跨行政区划的法院,等等[3]。

司法行政化,"即以行政的目的、构造、方法、机理及效果取代司法自身的

---

① 张卫平等:《司法改革:分析与展开》,法律出版社2003年版,第36页。
② 参见韩大元、于文豪:《法院、检察院和公安机关的宪法关系》,《法学研究》2011年第3期,第3-26页。
③ 参见《最高人民法院关于全面深化人民法院改革的意见人民法院第四个五年改革纲要(2014—2018)》,http://www.chinacourt.org/law/detail/2015/02/id/148096.shtml。

内容,形成以行政方式操作的司法",其主要表现在案件审判活动、上下级法院关系、司法人事制度和法院结构等方面①。具体地说,法院的司法权行使本应遵循司法规则,按照司法工作方式运作,以独立公正为原则和特征,但在我国目前却存在着较为严重的行政化的司法运作方式。它们表现为②:(1)法官人事管理行政化。法官的人事管理包括法官的录入、级别、升迁、奖惩、退休等。首先法官录用上,根据现行人事体制,成为法官要先通过国家统一组织的公务员考试,这很明显是将法官等同于公务员管理,法官的身份也是行政人员。其次,法官都有行政的级别,什么科员级、正科级,以至处级、部级审判员等。"法官的工资与福利待遇都与行政级别挂钩,这种模式是完全行政化的。"再次,法官可以在审判业务部门与非业务部门轮岗。只要是法院的部门,法官都可以去任职,可见,这与行政机关工作人员的工作转换是没有区别的。最后,从法官的升迁管理来看,法官无论是行政级别,抑或是法官级别的提升,都由政治部门负责考核,然后上报到地方组织部门或上级法院政治部门,法官的升迁与行政人员的升迁并无二样。此外,法官的退休制度与公务员也是相同的。整个法官人事管理体制完全行政化了。在这种结构中不能培养起法官的独立性,只能塑造法官的依附性,甚至奴性。(2)法院内部审判权行使方式行政化。首先表现为院、庭长层层审批制。在司法实践中,院领导凭借着行政领导权,"法院院长在审判权的各个环节上,都有着指示权、批准权和决定权,并对法院的全面工作都有组织权和监督权"。院、庭长对自己并不参加的合议庭或独任审判庭审理的案件参与讨论和进行审批,可以决定或改变合议庭或独任审判员的意见。这样的"判而不审"的审判权行使方式已经脱离了独立审判的体制,转变成了一种行政化的行使方式。"层层审批的后果导致过多的人干预案件的审理和裁判,但无人对裁判结果负责,从我国情况来看,法官不能独立审判根本不利于裁判的公正"。其次,审判委员会讨论案件也是行政化。从实践来看,审委会讨论决定案件也是行政化的运作方式。案件承办人在审判委员会上,向各委员书面汇报案件事实,提出拟处理意见。委员们听完汇报逐一发

---

① 参见龙宗智、袁坚:《深化改革背景下对司法行政化的遏制》,《法学研究》2014年第1期。
② 参见韩大元、于文豪:《法院、检察院和公安机关的宪法关系》,《法学研究》2011年第3期,第3-26页。

表意见,最后实行少数服从多数,决定案件的处理结果。从决定主体和决定程序看仍然是行政性的,"各地法院的审判委员会一般由正、副院长和各审判业务庭庭长(有的还有非业务部门的负责人)组成,基本上是一个法院院领导和庭室领导的综合体,带有明显的行政性质,是行政管理模式在司法活动中的集中体现"。审判权行使方式行政化直接导致审判权主体独立行使权力虚化,"更为严重的是它导致了法官体制和法官素质低下的恶性循环"。(3)上下级法院关系行政化。下级法院对一些重大疑难案件,在没有进入二审程序前,就向上级法院汇报案情,进行口头或书面的、正式或非正式的请示,以求自己的裁判意见与上级法院意见一致,保证所谓的案件质量。虽然上级法院并无答复义务,但往往都会做出答复。既然上级法院掌握着发改案件的大权,下级法院又怎能不按其意见裁判。"这种制度在法律上并没有明文规定,但在审判实践中却非常普遍,并得到司法解释的认可。"这种有请示、有答复、又按答复处理,这种上下级法院关系不就是行政化模式吗?这种模式的后果就是"如果允许上级法院干涉下级法院对案件的具体审理,必将架空审级制度,使审级制度徒有虚名"。从《人民法院第四个五年改革纲要(2014—2018)》的内容上来看,"去行政化"的司法改革举措具体涉及如何"优化人民法院内部职权配置"、如何"健全审判权力运行机制",例如,健全主审法官、合议庭办案机制,完善主审法官、合议庭办案责任制,改革审判委员会工作机制,等等。

  司法腐败化,从其实质上来说,司法地方化、行政化伴随且逐步恶化极易导致司法腐败,而司法腐败必然葬送司法公信力和司法权威,最终葬送公众对法律的信仰。因为"行政再腐败,只要司法不腐败,就有惩治腐败的希望,而一旦腐败在司法领域大面积地蔓延,它所带来的就不仅仅是社会腐败风气的加剧,或整个权利体系和法律秩序的紊乱、失控,……而是一种信念的失落——对法律"①。司法实际运作上的这些问题,或者说,现行司法体制存在的弊端与不足,必须予以改革矫正。对此,江国华从五个方面做出了相当典型的概括,或者说,提出了遵循司法规律、建立良性司法所必须克服的一般事项:"(1)司

---

① 林喆:《文化,司法公正,法院文化与司法文化》,《中国审判》2012年第1期,第27页;参见江国华:《司法改革前沿问题研究:论司法改革的五个前提性问题》,《政治与法律》2015年第3期,第2-9页。

法独立的保障机制不健全,表现为:司法机关依法独立行使审判权和检察权缺乏强力的制度保障;依法抵制党政机关和领导干部违法干预司法活动缺乏有效的依据;司法人员依法履行职责缺乏必要的保护屏障;司法职业化的实现缺乏有效的机制建设;等等。(2)司法权力配置不科学,表现为:公检法三机关的权力界限不清、衔接机制不畅、制约机制乏力;审判权与执行权合二为一,法院既是裁判者,又是执行者(民刑案件);司法管辖与行政区划高度重叠;等等。(3)司法评价机制缺失,表现为:事实认定缺乏科学的标准;办案结果评判缺乏科学的指标体系;法律适用缺乏统一的标准;证据认定缺乏科学的检验指标;裁判质量缺乏科学的评估体系;等等。(4)司法参与机制以及人权保障机制不完善,表现为:在司法调解、司法听证、涉诉信访等司法活动中缺乏人民群众参与的保障机制;司法公开性不足;诉讼过程中当事人和其他诉讼参与人的知情权、陈述权、辩论权等缺乏制度保障;罪刑法定、疑罪从无、非法证据排除等法律规则未能落实;等等。(5)司法监督机制运行不畅,表现为:对限制人身自由司法措施和侦查手段的监督不力;冤假错案的防范和纠正机制不健全;人大对司法的监督形同虚设;民主监督缺乏必要的制度保障;检察监督避重就轻;人民监督缺乏规范;等等。"①总结而言,从不同时期的司法改革纲要或具体改革举措来看,不同阶段的司法改革不过是对既有司法体制进行的程度不等的不断调适而已,并试图从根本上遵循司法规律、克服司法弊病。

纵观改革以来的司法具体举措,寻求司法良性运作的努力,几乎皆是一种技术性治理的方案。"治理"(governance)概念原是指在公共事务的管理上并非政府之专责,公民社会也参与其中,并与政府密切合作②。在本章中,鉴于我们检讨的对象是司法改革,因此"治理"指的是司法机关除了坚持中国共产党的领导、履行"服务大局"的政治职责之外,更要承担对社会正义的维护和对法律正义的坚守、保障与实现。在这个过程中,司法职能的发挥不仅依赖其合法

---

① 江国华:《司法改革前沿问题研究:论司法改革的五个前提性问题》,《政治与法律》2015年第3期,第4页。
② 参见[英]格里·斯托克:《作为理论的治理:五个论点》,华夏风译,载俞可平:《治理与善治》,社会科学文献出版社2000年版,第31-51页。

性和因其裁判正义获得的权威,而且也依赖其不断改进的程序和技术[①]。也就是说,从司法的角度,若在根本上解决经济-社会转型时期的诸种社会问题,那么司法体制改革或者说司法制度变迁的路径无非就是法治化、规范化、技术化和标准化,其目标则是最终建立公正高效权威的司法制度,实现法治中国。以现阶段的备受质疑的法官员额制改革为例,这一方案更加鲜明地表现出技术性治理的特征,亦即,极为强调理性化的目标管理(确定的法官员额比例)和过程控制(法官、法官辅助人员及司法行政人员的职业化分工与管控)。也就是说,试图从法官员额比例这一数字的确定与管理上,强化对所谓法官职业化权力分工过程的控制,从而使法院机构内部人员管理及审判权行使受技术化、形式化规则的约束和严格按照程序办事的规范,并意图以程序公正和效率作为司法运作的基本准则。这在很大程度上一如韦伯所言的"科层制"(bureaucracy)的某些基本特征,或者不妨说,司法改革中的技术性治理方案实质上遵循的是有别于传统司法行政化的另一种行政化思维——科层化思维[②]。技术性治理方案在表面上的变化并没有改变其实质,首先审判主体——法官依然具有行政级别,参照什么样的专业技术职称的评定办法,是否设立独立的法官考评委员会以及进行哪些专门的业务培训、考试、考核等这些问题依然悬而未决,未从根本上得以改观。其次,合议庭或独任审判员,在审理案件过程中仍然受多种外在因素制约,而不能充分独立公正地行使审判权。例如,审判庭设立审判长,这在法院组织法中并未规定,也不是法定职务,其作用相当不明确;在审理案件过程中,若主审法官与审判长并非同一人,那么到底谁承担审判责任?最后,现行法院审理案件是两审终审制,一个案件经过两级法院审理后即告终结。但在很多情况下,案件并未就此终结,当事人申请再审或经审判监督程序再审,一个案件往往会经三审才能最终产生法律效力。不仅审级结构不合理,而且往往会引起涉法涉讼上访事件频发,从而在反方向上促使行政力量介入案件审理,造成进一步的司法行政化,等等。

---

① 参见季卫东:《宪政新论——全球化时代的法与社会变迁》,北京大学出版社2002年版。
② 参见[德]韦伯:《支配社会学 I》,康乐等译,台北远流出版公司1993年版;周雪光:《基层政府间的"共谋现象":一个政府行为的制度逻辑》,《社会学研究》2008年第6期。

综上所述，我们认为，当前的司法改革在机制或行动策略上已经陷入一种技术性治理状态，或者说，高度依赖于技术性改革路径。因为无论是在总体上还是在具体改革举措上，以科层化方式展开的技术性治理改革方案，只触及了司法体制中的工具层面，并未从根本上改变司法权力运行的布局和机制。表面上规范化和标准化的改革举措，一方面的确强化了形式意义上的规则或程序，另一方面却并没有获得司法公信力和司法权威，也未从根本上遏制和杜绝司法腐败现象。从司法体制实际运行的角度说，技术性治理方案的一个矛盾之处，亦即，它越是在责任目标上强调司法效率的提高，就越会在复杂的程序技术设计上付出高昂的成本，越是在司法责任或考核指标上力图规划得细密和周全，就越会显露出技术监管的不充分性，进而越会使司法改革工具化和技术化，从而减损了任何意义上的司法制度变迁的实际效果。

四、简短的结论

改革开放以来的大规律立法运动与司法改革实践，无论接续的是何种传统、实现的是哪些现代性任务，它们一直都处于某种相对稳定的渐进式制度变迁当中。在社会结构上，它们都是在政治正确性或"统治权保持"即制度内核稳定的状态下进行的制度变革。在社会行动机制上，它们以技术性治理的策略方案为理念及特征，即外围制度的规范化和标准化处于不断的调适状态之中。也就是说，如果仅从司法改革的性质或者说其政治正确性上考虑中国司法改革的问题，而无视司法改革的调整机制及其实际社会效果，那么我们也就只会不断重复强调，"战后西方国家的司法改革从性质上看是一种技术性改革，……这种改革是在司法制度的基本理论相当完备并且已经深入人心的前提下进行的。而我国目前进行的司法改革，主要是改革原有计划条件下形成的传统司法体制，重新构建适应社会主义市场经济和现代民主政治要求的司法体制。从性质上看，它应当是一种制度性或者结构性变革，是一场意义深远的司法制度'革命'。因此，我国现行的司法改革与目前西方国家展开的司法改革是两种性质完全不同的改革"[①]。或者说，这种着意于改革性质的进路，往

---

① 张卫平等：《司法改革：分析与展开》，法律出版社2003年版，第80页。

往又会因社会转型处境而强调中国司法改革本身的特殊性,从而减损了司法制度变迁的理论意义。

另外,如果从转型社会正义的角度来看,经济-社会转型所产生的种种经济和社会问题最终都会成为政治问题,需要通过政治体制改革来应对和化解,其中的司法制度改革极其重要①。可以说,司法制度在现代法治国家中的地位尤为重要,诚如英国著名大法官丹宁勋爵说过的一句话:"当你走上这条路时,你必须记住,有两个伟大的目标要达到:一是要看清法律是正义的;另一个是它们被公平地执行。二者都是重要的,但其中法律被公平地执行更为重要。"其中的理由很简单,法律规定的权利义务,只有通过适用于具体案件的司法过程才能真正"降临尘世"。或者更为明确地说,"法律一开始就明显不仅仅是法律问题,而且也是政治问题、社会问题、历史问题和文化问题"②。因此,我们应当充分认识司法改革的系统性、长期性和复杂性,不断进行总结和反思。同样地,面对司法改革进程中的法律政治性论题,它们也需要更具张力的理论阐释。

---

① 关于转型社会正义问题,尤其是中国语境里的,请参见邓正来、郝雨凡:《转型中国的社会正义问题》,广西师范大学出版社2013年版。
② 梁治平:《法律的文化解释》,生活·读书·新知三联书店1994年版,第6页。

第十二章

中国司法治理中的"善治"维度

在当下中国,司法须遵循"政治正确",或者说,司法服从于服务于政治,这既是中国司法的实际,也是一大特色。由此,如何实现司法与政治之关系的规范化、程序化与法治化就需要一种真切的法律认识,并以此来描述与理解当下中国司法的本地认识与本地想象①,而不是抱持某种先见,如司法独立性(中立性)与政治逻辑当然冲突,并完全以此类先见为根据来度量评判当下中国司法现实。更为确切地说,面对繁复的司法与政治之关系问题,我们至少需要将司法与社会治理,或者说,司法与转型期法治等问题联系起来思考。为此,笔者首先将检讨司法治理的概念缘起、内涵衍化及其规范性原则,然后以这些原则为主要依据,尝试释明关于中国法院迈向"善治"的革新建议等。

一、司法治理的概念缘起

与"管理"一词相比,"治理"概念一段时间以来十分流行,究其实质它应当和人类历史一样古老。不过,20世纪中叶以降,治理概念才开始在西方学界逐渐被强调,并不断被赋予新内涵。大致来说,在国家内部,治理概念主要用

---

① 参见[美]克利福德·吉尔兹:《地方性知识:事实与法律的比较透视》,邓正来译,载梁治平:《法律的文化解释》,生活·读书·新知三联书店1994年版,第73-171页。

来描述社会和经济发展的国家主导模式;在国际层面,它愈发跟与日俱增的非国家行为体的影响力和日新月异的新技术在全球化时代的实际效用等联系在一起。如果单就西方的理论认知而言,实际上并非所有的学术流派都作出了理论回应。例如,在某种意义上,法律现实主义和自由主义制度理论等就未曾及时作出理论调适。在司法理论领域,包括从"司法管理"到"司法治理"概念与理念的衍变情形等也大抵如此。但若具体就中国法学界的学术探讨来说,情形则有所不同。

通常,学者们往往以最高人民法院的影响力为例,来阐释司法管理或司法治理的概念缘起与理念变换等内容。除了从所谓社科法学进路来经验地分析最高人民法院的政治功能之外[1],也有针对最高人民法院是否可以创制公共政策这个议题的具体法理分析。例如,有学者从分析最高人民法院创制公共政策的正当性、当代中国社会转型、立法的粗疏与滞后以及最高人民法院角色变迁等问题出发,侧重于论证最高人民法院创制公共政策的可行性和必要性[2];也有学者以经验描述方法为主着力解释,"至少在金融司法领域,最高人民法院扮演了公共政策制定者的角色,这不仅体现在通常理解的司法解释功能和案例指导功能中,而且体现在案件受理的筛选机制、金融审判专业化的努力和金融监管中行政权与司法权配置等各个方面"[3]。总之,既有的研究几乎都聚焦于最高人民法院的政治功能或政策能力,即便有将注意力投向基层法院及其具体判决的,大多也只是疑虑法院以政策手段行政化方式来处理社会纠纷会不会违背司法运行规律影响司法权威;几乎都将视角局限于法院的内部关系和运作过程,即使涉及司法的整体制度框架与社会背景,往往也只是以"回应型法"为理论前设,充其量只会追问司法是否充当了现实政治的附庸。可以说,多数既有研究皆是一种国家主导模式下"司法管理"的进路,因为它们的重点更多的在于,一定时间内、一定条件下、在规定的组织结构中司法权限及其内容的实现问题。与这样一种自上而下的经验考察方法或者说政策的线性模

---

[1] 参见侯猛:《中国最高人民法院研究——以司法的影响力切入》,法律出版社2007年版。
[2] 参见张友连:《最高人民法院公共政策创制功能研究》,法律出版社2010年版。
[3] 强世功:《法律社会学研究的困境与出路》,载黄韬:《公共政策法院:中国金融法制变迁的司法维度》,法律出版社2013年版,第8页。

式不同,"司法治理"的进路,则侧重强调从策略创制到执行的整个环节,在法律认识上,它是一种根据参与、反馈、包容与互联而开展的循环模式。

申言之,司法治理,既包含传统的"司法管理"层面的内容,即司法是如何被实现的,也包括传统视角未曾企及的新内涵,即司法如何影响社会治理。前者指的是司法机构通过正式规则和程序来管理其司法权限的方式。也就是说,这一方面的研究重点关注,如何组织和管理司法机构、如何分配权力和决策权,以及如何评估和报告绩效等。与之不尽相同,后者则侧重分析社会如何被管制、如何设定社会目标、实现这些目标的机制是什么,以及如何监督和执行这些机制。因此,它们的着眼点并不是司法机构作为国家有权机关的权力与功能,而是作为社会治理的变量如何与其他社会治理主体实现互动与合作。

二、司法治理的"善治"内涵

作为社会治理的一个因素,司法治理实质上是良法善治的重要事项。在这种意义上,治理指的就是治理的全部过程,无论是由政府、市场还是网络进行的,无论是对家庭、部落、正式或非正式的组织或领土,还是通过有组织的社会的法律、规范、权力或语言来进行。它们都涉及"导致创造、加强或复制社会规范和制度的集体问题的参与者之间的相互作用和决策过程"[1]。例如,全球治理委员会将"治理"定义为"公共和私人的个人和机构管理其共同事务的多种方式的总和"[2]。这是一个持续不断的过程,通过这个过程,冲突的或不同的利益可以被容纳,并使得人们可以采取合作行动。在美国治理问题研究权威詹姆斯·N.罗森诺(James N. Rosenau)看来,无论是在地方还是在全球层面,治理不仅包含了政府的活动,而且还包含了"命令"形式,如以目标框定、指令发布和政策推行等环节[3]。就此而言,戈兰·海登(Goran Hyden)的如下见解

---

[1] Marc Hufty, "Investigating Policy Processes: The Governance Analytical Framework", in U. Wiesmann, H. Hurni, et al. eds., *Research for Sustainable Development: Foundations, Experiences, and Perspectives*, Bern: Geographica Bernensia, 2011, pp. 403-24.

[2] Commission on Global Governance, *Our Global Neighbourhood*, Oxford: Oxford University Press, 1995, p. 2.

[3] James N. Rosenau, "Governance in the Twenty-First Century", *Global Governance*, Vol. 1, No. 1, 1995, p. 14.

是极具启发意义的:"政治正确不同于政策正确,因为它要求政体本身的重构。与政策正确有关的结构调整方案,专制政府和民主政府皆可加以推行。"①这促使我们进一步反思,我们提倡社会治理的初衷就在于:我们需要的不仅是社会治理,而且是作为"善治"(good governance)的社会治理。

一般来讲,西方国家在探索"善治"的过程中经历了一个极端的阶段,即简单追求国家主导经济和社会发展的对立面,最初提出所谓的"经济自由化方案",继而是20世纪90年代后期的政治自由化方案,它更加强调领导和管理以及民主、人权、法治、诉诸司法和基本自由等。然而,几十年过去了,今天的善治不再被认为要抛弃国家机构,而是要改善和改革民主机构的运作,包括民主的"深化"和探索为非国家行为者提供更积极的和更有创造性的角色。例如,赫希(Ran Hirschl)在《迈向司法治理:新宪政主义的起源与后果》这一著作当中着重阐释了"司法治理"(juristocracy)和"统治权保持"(hegemonic preservation)等核心观念②。在那里,他将司法治理视为一种根本性的社会结构。赫希指出:司法权自"二战"后在全世界得以急剧扩张,并且在晚近的30年间达到高潮,主要表现为许多国家的最高法院被赋予司法审查权,最高法院业已演变成重要的,甚至是关键的政治决策的机构,在全世界范围内,有80多个国家以及几个超国家实体进行了制度改革,史无前例地把大量权力从代议制机构转移到司法机构;全世界见证了一种令人震撼的政治治理范式的急剧转型,亦即,运用司法审查权的法院成为政治、社会治理的关键机构,呈现出"法官统治"的现象③。赫希把这些社会变迁称为"司法治理"。同时,他认为,民主扩张导致司法权的扩张这一解释,具有明显的局限性。这主要是因为,考虑到新兴民主国家中司法权的实际运作、司法审查设置的模式所存在的重大差异,单单基于"全球范围民主的转型"并不能为司法权扩张、司法赋权、

---

① Goran Hyden, "Sovereignty, Responsibility, and Accountability: Challenges at the National Level in Africa", in F. M. Deng and T. Lyons eds., *African Reckoning: A Quest for Good Governance*, Washington, DC: Brookings Institution, 1998, p. 38.

② See Ran Hirschl, *Towards Juristocracy: The Origins and Consequences of the New Constitutionalism*, Cambridge, Mass.: Harvard University Press, 2004.

③ 参见扶摇:《司法治理与政治司法化——读赫希〈迈向司法治理:新宪政主义的起源与后果〉》,《清华法治论衡》2011年第1期,第486—501页。

确立司法审查,提供一个合理自治的解释,更重要的是,民主扩张这一论题,不能解释在那些民主已确立的政体中,司法权的扩张在时间、范围和本质方面所呈现的重大差异①。因此,赫希提出了所谓"统治权保持"这样的观念。也可以说,从根本上来看,司法制度设计及其变迁受社会结构支配,它并不是孤立于一个国家核心的政治纷争与经济利益之外而发展起来的;法官也不是在政治的真空中运用其司法权的。因此,作为司法(改革)的结构性环境,政治正确性如"统治权保持"一样,要求国家的统治精英阶层把治理权力转移到司法机构,形成司法治理。当然,这需要具备三个基本条件②:第一,统治精英的统治权与实行多数决策制的关键领域的控制权,正在遭受那些持有政策偏向的次级集团不停地挑战;第二,该政治体制中的法官因其清廉和政治公正而享有相对高的威望;第三,该政体中的法院总体上倾向于遵照占主导地位的意识形态上、文化上的习性来运作。这些前提条件,究其实质,蕴含着司法制度设计及其变迁的方式与方向,即确立司法审查,授权司法进行重大的政治决策,等等。

当然,赫希相当蔑视理性选择对"司法治理"的作用,他特别倚重利益导向的具体分析路径。与赫希认为的——实现"统治权保持"与"司法治理"的运作密切相关,亦即实施权利宪法化、确立司法审查、向司法机关转移治理权力,是国家社会中三方势力即政治精英、经济精英、司法精英战略博弈的产物——差异明显,我们认为,在中国司法改革中的"统治权保持"或政治正确性——例如,坚持中国共产党的领导,它早已嵌入整个社会结构当中,但它绝非几方博弈的结果。事实上,中国共产党对中国各项事业的领导地位,既是一项宪政原则,即业已制度化的文化,也是一项现行政治的实际运行的规则,即业已制度化的行为取向;其实现与其说在社会主义理论或经典民主理论、市场经济理论和法律(司法)理论之中,还不如说是在中国共产党治理国家与社会的实际能

---

① Ran Hirschl, *Towards Juristocracy: The Origins and Consequences of the New Constitutionalism*, Cambridge, Mass.: Harvard University Press, 2004, pp. 38-49. 转引自扶摇:《司法治理与政治司法化——读赫希〈迈向司法治理:新宪政主义的起源与后果〉》,《清华法治论衡》2011年第1期,第490页。

② Ran Hirschl, *Towards Juristocracy: The Origins and Consequences of the New Constitutionalism*, Cambridge, Mass.: Harvard University Press, 2004, p.98. 转引自扶摇:《司法治理与政治司法化——读赫希〈迈向司法治理:新宪政主义的起源与后果〉》,《清华法治论衡》2011年第1期,第491页。

力的表现之中①。当然,这些表现在现阶段是以"法治中国建设""深化司法体制改革"等为重要目标的。

由此来看,当下中国的司法改革,或者说,当下中国所追求的司法治理,应该是一种作为"善治"的司法治理或司法的"善治",它应该致力于建立一个参与式、回应性和负责任的司法体系的结构和过程。它服务于人的基本需要,因此会增加对公众开放的机会以及必须赋予公众自我组织管理的能力。它并不一定意味着更少但更合适的司法,而是我们需要的更有可能产生真正符合公共利益的行动的决策程序或决策规则。它需要平衡司法机构和其他社会治理主体之间的合作与博弈关系,有时甚至需要抵消外部性的侵入力量。总之,所谓司法的"善治",显然包含了司法机构本身,也包括在公共领域内运作的非正式的非政府机构。在受尊重的和合法的规则基础之上,加强建设民主程序化的司法、广泛参与的非政府机构以及有规制的网络,以确保建立一个发展运作良好的司法体系。

三、司法治理的"善治"原则

作为"善治"的司法治理,既牵涉实际的改革举措,也促进我们对司法理论的思考,尤其是会促使我们在前述意义上重新考虑如何将司法治理概念化。在一般法理学的意义上,司法治理概念化,首先标志着从单一形式的治理转向混合形式的治理,将机构、市场和网络导向的协调和控制诸形式结合起来。其次,它从一个主权当局的静态和形式化治理转向更加碎片化、突发性、分散化、情境化和问题为导向的治理模式。换言之,司法治理的主要思想包括:从官僚结构向互联与合作关系转变;非国家行为者被纳入政策过程当中;在决策中更高水平的公众参与;依赖更具反思性和回应性的公共政策模式。这意味着,现在深刻理解合作伙伴关系对理解司法治理是必要的,而这需要一套不同于传统政治理论的知识和能力。公私合作伙伴关系最大的挑战在于,从司法机构向多行为者司法治理的转变放宽了我们对司法部门应该负责的内容以及如何实现它们的一些假设,我们甚至不能确定司法部门的边界在哪里。因此,这

---

① 参见徐湘林:《转型危机与国家治理:中国的经验》,《经济社会体制比较》2010年第5期,第1-14页。

是否意味着我们越来越需要创制新的司法组织形式,以适应处理社会问题的活动的多样性。为了回应这些关键问题,本章依据治理及"善治"的基本理念,在一般法理学的意义上认为,作为"善治"的司法治理需要遵循的约束性或指导性原则,包括合法性、参与性、回应性、问责性、有效性和连贯性等。

1. 合法性。实质上,合法性是一个规范性概念。它质疑法院通过司法所塑造的政策取代民选立法机构之价值选择的权威。当下的诸多研究,大都遵循了霍洛维茨(Donald L. Horowitz)的思路,即关于法院的司法权能——是否法院具有处理极为复杂的和持续性议题的资源,限制传统的对抗式审判的界限。而司法权能有时表示法院处理特定类型问题的内在能力,有时则指,它们在管理特定种类案件方面的"有效性"。无论在哪一种意义上,司法权能都必然与合法性联系在一起。法院的合法性依赖于过程和结果。在其依赖于有感知地遵守"法院性"(courtness)的特定属性的范围内,它是过程主义的。合法性的过程主义观念,表面上是非政治性的,但其弦外之音则恰恰是政治的,通常体现了有限的司法角色。法院本质上不同于其他政治制度;这种差异要受到尊重,因为它们要维护履行司法职能的法院所必须具有的独立性。忠实于这些内在的合理性规范是特别必要的,要不然法院就无法为政治秩序负责了。另外,结果的合法性则强调外在的理由:法院是按功能和结果来判断的,而不是单纯的形式。它们对实现社会的目标所做出的贡献比维护一个虚构的——或者充其量理论的——自治更重要。

2. 参与性。参与性的重点在于,法院如何在其结构与权限的限制之下,最大可能地与其他机构和主体展开互动与合作。法官必须在与政府其他机构的合作中实现自己的政策目标,因为法院不能单枪匹马获得任何一个目标。因而,对法院的政策创制功能的研究就不能局限于对其判决意见的逻辑分析,而应对其判决的一系列事后效应进行追踪与分析。这期间当然包括对其他国家机构、案件当事人及更大范围内的社会公众的调查。比如,霍洛维茨认为①,法院很难完全依靠它们自己来强制政策改变。法院极其缺少检测和纠正意想

---

① See Donald L. Horowitz, "The Courts as Guardians of the Public Interest", *Public Administration Review*, Vol. 37, No. 2, 1977, p. 153.

不到的政策后果的机制,因为它们没有监督机制,没有督察,也没有内幕消息。这些正是司法正当性的当然要求,判决的制作者被隔离于其决定必须起作用的环境。除非当事人向法院提供有关它们的决定所带来后果的反馈,而这种私人的主动性似乎不足以作为政策反省的坚实依靠。

3. 回应性。人们通常断言,由于司法是关注法律关系的——权利和义务——而法官往往会忽略救济和可行性,因此并没有试图去查明判决将如何起作用,或者如何被广义的社会和政治环境所影响。即便一位法官想要注意补救的议题,他也缺少方法来揭示未意图的后果并去纠正错误。在某种意义上,这类批评过于简化了;法院并不必然能力不足以至于不能干预政策和管理或执行的问题。司法并不必须是被动的或遭受信息狭隘的限制。为了便利收集数据和评估救济的选择,法官可以使用比如听证,在此过程中他们从理论家与实践从业者那里接触到不同的观点。他们也能够离开法官席进行调研,任命各领域的专家、证人以及顾问。法官还可以利用社会科学的研究成果。最后,在实施的过程中,法院能够雇佣专门的专家、外行的委员以及其他实施的专门小组。通过使用这些不同的技术,司法机构能够收集设计和执行救济所需要的信息。

4. 问责性。民主问责制建立在法院执行正义和以其他方式帮助改善人类状况的能力基础上。现代政治体系依赖法律作为主要机制之一甚至是主要机制去贯彻实施国家的目标并分配权利和义务。因此,法院和法官,在他们帮助决定和使用"法律"的范围内,不可避免地参与到政治过程当中[①]。对此,我们应当承认这一简单的事实,即所有的决定都是根据有限的职权范围(terms of reference)作出的。这对于个人的和私人的决定、政治的和行政的决定,以及司法判决都是正确的。行政的、政治的和司法的决策都涉及有限的职权范围这一关键的限制条件[②]。这正是阿蒂亚(P. S. Atiyah)所坚持的观点。在他看来,现在的司法判决,通常比其他大多数的决策更为有限,并在严格界定的职权范围内进行。不仅法庭审理的议题是由诉状和当事人决定的,而且在法

---

① See Walter F. Murphy, C. Herman Pritchett, Lee Epstein, Jack Knight, *Courts, Judges and Politics* (6th edition), New York: McGraw-Hill College, 2006, pp.3-6.
② See P. S. Atiyah, "Judges and Policy", *Israel Law Review*, Vol.15, No.3, 1980, p.352.

庭作为裁判根据的规则的性质,通常非常严格地限制了法官的职权范围。如果因为直接可以适用的规则是不清楚的或不适当的,法官不得不诉求道德或政策问题,他通常受限于与他正在审理的案件密切相关的公平和政策问题。换句话说,他必须向上移动他的职权范围至必需的最小范围。如果他不能找到一个简单明确的适当规则,他应当向上走一个等级去发现派生规则的政策或原则。所以,当法官说,"这是法律,我必须这样判决,即使我认为这在道德上是错误的",实际上,他在说的是"鉴于我工作的职权范围而言,这是结果,虽然如果具有更广泛的职权范围,结果很可能是不同的"[①]。鉴于法官职权范围以及司法"善治"的考虑,我国司法系统实行的错案责任追究制度显然无法满足形势需要,探索建构新的司法问责机制势在必行。

5. 有效性。近年来,司法在公共政策中的角色已经极大地被扩展了:法院已经积极地参与到刑罚的、福利的、教育的、经济发展的以及环境保护的政策当中。法官不是仅仅试图监督这些机构的行为,而是已经尽力去重构它们,尽力去改变它们的过程和政策。关键的问题是法官是否装备得当以便干预到政策和执行的问题当中。在此过程中,首要的关注不应该放在决定是否法院能够使用各种装备来协助其判决制定的过程,而是放在为法官完成重构官僚机构和其他主体的任务做准备方面。如果一个救济要成为有效率的,那么法官在设计救济时必须考虑他试图去改变其政策和过程的组织机构等主体的本质。法院必须正确评价其制度能力的限制以及变革的机会。当然,法院应当谨守的前提是,只要这样做能够使得司法行为创造性地校正非正义并且保证权利的行使。

6. 连贯性。法院单个决策的拟议和决定,需要一种稍长时段的对于特定领域政策的大量的集合研究和深入分析。首先,在特定的政策领域,检验政策的内容和可能的变动。其次,对特定政策的深入检验允许我们去发掘先前被创制出来的政策被其他人遵循的程度、比较早期的内容和接下来的革新,并发现早期的政策采纳者是否经由革新他们早期的决定继续对政策进行再创造。但是,也许后来的政策采纳者,当他们努力形成他们自己对于社会问题的解决

---

① P. S. Atiyah, "Judges and Policy", *Israel Law Review*, Vol.15, No.3, 1980, p.354.

办法的时候,抛弃了某些革新和再创造。因此,后来的政策采纳者可能创造出不同的和革新的政策,而且早期的革新者可能发现他们的政策对于其他的采纳者只具有微乎其微的影响。最后,对于特定政策议题的调研允许法院集中于为最初采纳革新负责的政治过程以及该议题是如何转移到其他机构或单位的。就此而言,考虑到革新是否为政治机构的一种持久特征以及法院和立法等机构之间的政策扩散过程是否缺乏实质的不同意见时,这是尤为重要的。

四、司法治理之"善治"化的变革策略

依据前述一般法理学意义上的作为"善治"的司法治理原则,我们可以在四个方面总结概括出司法治理的变革建议:

1. 在塑造和实施司法政策中增进司法参与性。在法治框架下,完善司法组织的体系建设,意味着司法治理的广泛参与性。"一个合法而强大的政府可以被形容为对其合法性有足够的信心,能允许建立强大的公民社会,包括建立一个发展运作良好的经济体系、民主程序化的司法、广泛参与公共生活的非政府机构以及有规制的网络等。"① 司法治理不仅需要政府角色逐渐由"划桨者"向"掌舵者"转变,由公共权力的掌管者向服务者转变,而且需要建立和完善公共参与机制,鼓励公民通过合法的形式、制度化的渠道去参与社会事务,关心公共事务,解决社会问题。依法解决社会矛盾,特别是上访等,要破解"信访不信法"的困局,加强法制宣传,强化教育疏导,引导公民依法维护自身的合法利益。令人关注的是如何使公共政策在公众眼中更加有效、更具合法性。网络、参与和包容都可被看作提升这些特定目的的手段。今天司法治理需要找到有效的政策以解决主要问题,并且克服公众对司法治理机构某种程度的不信任问题。这就是说,公共政策的线性模型必须被一种良性循环模式取代,依靠反馈、网络和参与等方式在从策略创制到执行的整个过程中贯彻。

2. 在提供更好司法政策的前提下改善司法执行。虽然网络、参与和包容可以被视作"更有效的和更相关的政策"的启动条件,但它实际上传达了这样

---

① UN Development Programme, *The Shrinking State: Governance and Human Development in Eastern Europe and the Commonwealth of Independent States*, New York: UNDP, 1997, p.1.

一种信念,即除非政策是以一种更具包容性的方式被准备、实施和执行,否则它将不再有效。如果市场和网络正在取代官僚机构,也许我们需要新手段来确保后者的机制仍然具有合适的民主;我们甚至可以说司法治理提出了一系列关于民主治理的规范性问题。司法的善治强调司法的政策制定不会逾越所谓转型社会法治的要求。"法治是规则化的治理。以前纠纷解决就是纠纷解决,而现在由于通信发达,就不能只是关注这个纠纷怎么解决,还要考虑这个纠纷解决之后别人会得到什么信息。每个纠纷解决都在某种程度上涉及规则,这就要求我们要有政策眼光,要有事先的预判。……此类案件的处理涉及国家和法律如何处理家庭内的人际关系和财产关系。因此处理问题时还是必须有点全局眼光,要考虑是否具有普遍性,能不能得到老百姓普遍的认同。"①我们应当将注意力集中在对于法院这样"有着特定能力和局限性的特定机构"来说,它应当怎样在自己的判决中创制公共政策。

3. 在调整司法政策的过程中促进实现司法价值。正如博阿斯(Morten Boas)所言:"国家和公民社会是通过迭代的互动来组成的,治理的产生(坏的或好的)是这个过程的结果。"②我们需要更好地分析和建构司法治理的证据和理论,并解决如何使司法的善治与其他价值观相一致的问题。基于价值的思考提出了两个重要问题:司法的"善治"代表什么价值?它可以代表其他的价值吗?具体来说,它如何解决许多其他关键的规范性问题(及其逻辑的经验推论),例如:谁设定了目标和措施?谁被制度授权?公众应该扮演什么样的合法角色?司法的善治如何与传统的民主参与形式等相互作用?因此,司法的"善治"也可能需要改善司法机构和健全司法发展管理,需要对关键变革机制进行分析处理。司法的"善治"尤其要确保尊重人权和法治、加强民主、提高司法的透明度和司法权能,并以此为根据不断地创制和革新政策。

4. 在合理建构司法机构权能的同时,注重社会组织的法治化。从国内外各种治理体系及其实践来看,能够有效形成既充满活力又和谐有序的社会运

---

① 苏力:《中国司法的规律》,《国家检察官学院学报》2009年第1期。
② Morten Boas, "Governance as Multilateral Bank Policy: the Cases of the African Development Bank and the Asian Development Bank", *The European Journal of Development Research*, Vol. 10, No. 2, 1998, p. 129.

行机制,是法治化了的对"社会公正"的维护机制。这种机制可以有多重组织形态和实践样式,并且它们对于补充宏观政治体制具有无法替代的作用。同时,社会治理依赖这些机制的活跃工作,但具体采取哪种组织形态实现它,则基于历史和路径依赖,并不能断然采取应急性或一刀切的立法或政策来硬性规制①。更为明确地说,主要不是社会组织建设而是其维护社会公正的职能之实际发挥作用,实现了社会治理,造就了价值认同及秩序良好与稳定。因此,重视司法机构权能的合理建构,或者说,创新社会治理,培育各类社会组织,其关键目标就在于依法合理定位与改造社会组织的实际职能。

总结而言,我们究竟如何看待作为"善治"的司法治理?在一般法理学的意义上,我们认为,作为"善治"的司法治理倡导通过市场和网络增加参与,倡导加强磋商以建立共识,努力促成一种多元主义,在多个方面加强社会组织的合作与互动。它不是在决策之前进行形式主义的咨询,而是促进公众在制定和实施公共政策中发挥积极作用的对话。它包括公民和群体表达自身的利益,行使其合法权利和履行义务,并调整解决分歧的机制、过程和制度②。简言之,作为"善治"的司法治理,通过增强司法机构的代表性,提升非政府体系的互动性与效率,来实现"共建共治共享的社会治理格局"。

---

① 参见张静:《中国社会治理:演变与危机》,http://www.aisixiang.com/data/93057.html,最后访问日期 2022 年 5 月 1 日。
② UNDP, *Governance for Sustainable Human Development*, New York: UNDP, 1997, pp. 2-3.